公民社会与公共财政

——良政与善治的政治经济学分析

孙凤仪 / 著

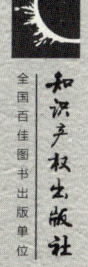

知识产权出版社

全国百佳图书出版单位

责任编辑：刘　睿　罗　慧　　　　　责任校对：韩秀天

特约编辑：李　娇　　　　　　　　　责任出版：卢运霞

图书在版编目（CIP）数据

公民社会与公共财政：良政与善治的政治经济学分析／孙凤仪著．
—北京：知识产权出版社，2014.1
ISBN 978 - 7 - 5130 - 2555 - 3

Ⅰ.①公…　Ⅱ.①孙…　Ⅲ.①公共财政 - 财政改革 - 研究 -
中国　Ⅳ.①F812.2

中国版本图书馆 CIP 数据核字（2014）第 009816 号

公民社会与公共财政

——良政与善治的政治经济学分析

Gongmin Shehui yu Gonggong Caizheng

——Liangzheng yu Shanzhi de Zhengzhi Jingjixue Fenxi

孙凤仪　著

出版发行：知识产权出版社

社　　址：北京市海淀区马甸南村 1 号	邮　　编：100088
网　　址：http：//www. ipph. cn	邮　　箱：bjb@ cnipr. com
发行电话：010 - 82000893　82000860 转 8101	传　　真：010 - 82000923
责编电话：010 - 82000860 转 8113	责编邮箱：liurui@ cnipr. com
印　　刷：北京市凯鑫彩色印刷有限公司	经　　销：新华书店及相关销售网点
开　　本：880mm×1230mm　1/32	印　　张：10.25
版　　次：2014 年 1 月第一版	印　　次：2014 年 1 月第一次印刷
字　　数：243 千字	定　　价：32.00 元

ISBN 978 - 7 - 5130 - 2555 - 3

摘　要

　　本书的基本假设是：公民社会是公共财政的必要条件和结构性动力。基于公共物品配置效率和财政公共化的生成逻辑，本书在文献述评的基础上，首先运用现代经济学工具对公民社会的纳税人偏好集中和显示功能、公共物品志愿提供行为进行理论分析。接着基于发生学的视角，运用历史实证主义方法，对英、法、中三国公民社会推动财政公共化，进而带动良政与善治的历史过程及机理展开实证分析。经检验，基本假设及其推论的效度与信度均很高，尽管公民社会在三个国家的侧重点有所不同。本书主要包括以下内容。

　　（1）公共财政有四个主要标志：第一，财政决策需要公共选择以厉行纳税人偏好集中和偏好显示；第二，财政执行需要匹配严格的法治监督和约束；第三，财政支出主要用于民生等社会领域；第四，财政收入主要来源于税收和非国有经济。控制与反馈相结合的现代预算是四个方面的联系纽带与基本运行制度，财政的法治化和民主化则是公共财政的灵魂。据此判断，当前中国财政公共化改革徘徊与加速趋势同在，但加速趋势更明显，实质性的公共财政建设刚刚展开。公民社会可能是财政公共化的必要条件和结构性动力。

　　（2）"civil society"的内涵在思想史上发生着流变，公民社会的结构性要素：私人领域、结社和志愿性活动、公共领域和社会运动，在不同历史时期、不同国家侧重点有所不同。在英国传统中，公民社会主要指私人领域，兼及公民权利和公共领域；而在法国传统中，公民社会则主要指社会运动、公民权利和公共领域，兼及私人领域；美国传统早期强调私人领域，后来日益有强调公共领域和结社生活的趋势。国际公共财政研究认为，财政公共化和良政必须由激励和约束政府官员的制度框架来保障，公民社会恰处于该制度框架的核心。国内公共财政研究主要限于市场经济和私人产权视角，以公民社会视角检视，难免有遗珠之憾。因为，汲取型政权和没有公民性的纳税人是"非公共财政"的"共犯"，公共领域、结社和志愿性活动是再生产公共性的重要源泉和力量，公民参与和公民责任为财政公共化所不可或缺。已有视角无法准确解释和评估英、法、美、中等国家，尤其是法、美、中三国财政公共化的进程。公民社会与公共财政两个主题的研究均深度触及法治化、民主化，有望以财政公共化带动中国实现社会主义法治化、民主化。

（3）偏好表达和偏好集中问题是公共物品理论未解的难题之一。在公民社会的协商和尊重中促使部分人自愿逆转偏好、实现一致同意，值得探索。相比由政府部门提供公共服务而言，许多情况下由非政府部门提供公共服务更有效率；相比同政府缔结的合约而言，纳税人同非政府部门缔结的合约可能更为完备；非政府组织从业人员往往更有可能去最大化受益者的利益。模型分析表明，若政府与非政府组织采用同样的均衡策略，那么仅当非政府组织较政府有更多更乐于服务公共利益的成员时，由非政府组织负责提供公共物品才是合宜的；若非政府组织选择分离均衡，而政府选择混同均衡，则仅当非政府组织与政府效能差距较大，或政府效能更大时，由非政府组织负责提供公共物品才占优；若非政府组织选择混同均衡，而政府选择分离均衡，那么仅当非政府组织与政府之间效能差别不大，并且非政府组织效能相对较低时，由非政府组织负责提供公共物品才占优。

（4）英国中世纪城市自治、商品经济和私人产权的确立，纳税人代议制和参与式治理的兴起，近代公共领域发育与公民权利的扩展，对英国公民社会的形成和发展至关重要。同时，这几条主线均与英国公共财政的形成和发展息息相关。中世纪时期，一方面，在国王所有收入中，更多财政收入需要按照程序批准和征收，议会也逐渐深度介入王室支出的拨款管理，公共财政开始发育。另一方面，来自规费、捐赠、强制贷款、造船费、特许权等的"特权税"却仍由王室动用特权直接筹集，表明中世纪英国整体上并未步出王室财政形态。近代英国，公民社会以其强大的结构性力量将自由、法治、自治、尊重等理念植入政治国家，英国因此展开了从限权、限政到宪政的历史谱系，财政形态告别中世纪的王室财政而逐步形成公共财政。英国的公共财政之路表明，代议过程、公共领域的发育、公民权利的扩展通常能够吸纳公众偏好创造纳税意愿，促进财政汲取。

（5）法国中世纪城市自治中协商治税的倾向代表了后世公共财政发展的主要方向。14~17世纪，法国城市和王权之间已经结盟，建立了绝对主义国家。中世纪法国形成一种特殊的治理结构：联结王室和各种精英，尤其是贵族的流动联盟；相对弱势的公民社会和代议机构；议会几经沉浮，却始终未获主权，未彻底获取财政决定权。法国王室财政色彩比英国更浓厚，但法国公民的社会运动——逃税、抗税和陈情书仍然撕开了法国王室财政和绝对主义王权的铁幕。公民不服从的传统和财政危机给法国带来了大革命及随后的宪政潮涌。近代法国公民社会更加强调社会运动、公共领域以及公民权利，它推动法国走向宪政和公共财政之路，但法国财政公共化程度相对英国要低。

（6）中国只在先秦时代存在过封建制，秦朝以后的历史属于漫长的皇权专制社会时期，导致中国历史留下突出的"强国家"传统和人治传统，公民社会遭遇全能主义皇权抑制，尽管以"王权止于县政"为代表的民间自治传统从未灭绝。王室财政比英、法两国历时更长，呈现出明显的非公共性。

（7）新中国成立后至改革开放前，复杂的国际国内环境促使国家政权层级增加，延安时期的民主自治传统没有进一步深化，财政形态属于典型的"国家财政"。改革开放以来，公民社会得以较快发育，且中国公民社会已初步形成，并日益深入地参与公共事务和公共服务，财政公共化改革取得一些重要成就。但总体来看，已有的改革基本属于预算管理改革和支出制度建设，重在建立预算的行政控制；真正触及公共财政灵魂的预算政治控制刚刚启动，纳税人偏好显示和传递机制在财政决策中的主导作用尚未形成，实质性的公共财政建设刚刚展开。标志中国公共财政建设最新进展的改革当前主要来自两种渠道：一种是原来由上往下的预算管理改革的深化与拓展；另一种是由下往上的渠道，主要包括：由下往上延伸和发展的参与式预算改革、纳税人推动的财政公开和财政透明、纳税人公益诉讼、政府向非政府组织购买公共服务、公民社会推动的新绩效预算等。这些是财政公共化的重要生长点和主渠道，其动力主要来自公民社会。令人可喜的是，这两种渠道目前呈现出良性互动的局面。

（8）历史上中国社会经济积弊之根本源头，在于契约主义文化的缺失。新中国成立以来，特别是改革开放以来，中国开始了从身份到契约的过程，社会经济状况发生了非常显著的改善。公民社会可以促进良政与善治；财政公共化反过来也会促进公民社会的发育。当前，中国公民社会的发育有着强劲的内在动力，但仍在遭遇明显的约束与限制，必须努力创造条件尽早打破，促进公民社会快速良性成长。公民社会是实现社会主义法治化、民主化的有生力量，以公民社会为出发点的温和政治体制改革观颇具建设性。

ABSTRACT

This article has a basic hypothesis that civil society is both the necessary condition for and the structural driver of public finance. Considering the efficiency of allocating public goods and the genetic logic of public finance, this article, upon the basis of literature review, first of all uses modern economic instruments to theoretically analyse taxpayers' preference aggregation and demonstration, and the conduct of voluntary provision of public goods in civil society. Then based on the genetic perspective, it uses the methodology of historical positivism to empirically analyse the historical process and mechanism, in Britain, France and China, of advancing public finance so as to further good governance and good government. An examination of the hypothesis shows that it has a relatively high validity and credibility, in spite of the different degrees of importance attached to civil society in the abovementioned three countries. The main arguments of the article include:

(1) Public finance has four main characteristics. Firstly, financial decision-making depends upon public choice, so as to implement the aggregation and demonstration of taxpayers' preferences. Secondly, financial implementation requires the corresponding rigorous su-

pervision and monitoring by the rule of law. Thirdly, financial expenditure should be mainly used in such social fields as public wellbeing. Fourthly, public revenues mainly come from taxation and non-state-owned economy. Modern budgeting that is based on control and feedback is as much a basic operating system as a link that bonds all the above four aspects together. The legalisation and democratisation of finance is the spirit of public finance. For this very reason, contemporary reform in the Chinese public finance simultaneously manifests the two trends of stagnation and accelerated development, albeit with the latter in a more pronounced manner. A substantial construction of public finance is just unfolding itself. Civil society is in all probability the necessary condition for and the structural driver of public finance.

(2) The meaning of civil society underwent changes in the history of intellectual thoughts, with such structural elements as of private domain, association and voluntary activities, and public domain and social movements varying according to historical times and nations. In the British tradition, civil society mainly referred to private domain while in an auxiliary manner to civil rights and public domain; while in the French tradition, civil society mainly pointed to social movements, civil rights and public domain, while in an auxiliary manner to private domain. In the early phase of the American tradition, the emphasis was placed on private domain. Afterwards it manifested a trend of emphasising public domain and associational life. International researches on public finance have demonstrated that public finance and good governance and good government should be safeguarded by an institutional framework that can incentivise and restrain government officials. At the

core of that institutional framework lies civil society. Chinese researches on public finance are mainly limited to the perspectives of market economy and private property, which regrettably overlooks the perspective of civil society. For one thing, a constitutional government is accomplice to a taxpayer without civicness. Public domain, association and voluntary activities are the important inspiration and source of power for reproducing publicness, where civic participation and civic accountability are indispensable in advancing the development of public finance. Existing perspectives are incapable of accurately explaining and assessing the process of public finance development in such countries as Britain and particularly France, the USA and China. Researches on the two themes of civil society and public finance have, in an in-depth manner, touched upon such issues as of legalisation, democratisation and constitutionalisation. Hopefully public finance can help China to realise the objectives of legalisation, democratisation and constitutionalisation.

(3) Preference expression and preference aggregation are unsolved difficulties for the theory of public goods. It is worthwhile to explore the ways deliberation and mutual respect in civil society promote the voluntary change in preference towards a unanimous consensus on the part of members. Compared to the public service provided by government agencies, under numerous circumstances non-government bodies are far more efficient in providing public services. Compared with the treaties into which governments enter, the contract into which taxpayers enter with non-government bodies may be more complete. Staff members in non-governmental organisations may, in a more likely

manner, maximise the interests of beneficiaries. Our model analysis reveals that if the same equilibrium strategy is deployed by government and non-government organisations, it is more desirable for non-government organisations to provide public goods if and only if nongovernment organisations have more staff members who are more willing to serve public interests. If nongovernment organisations choose separate equilibrium while government choose pooling equilibrium, if and only if there exists a relatively large gap between nongovernment and government organisations in terms of efficiency, with government far more efficiency than their nongovernment counterparts, it is more advantageous for nongovernment organisations to provide public goods. If nongovernment organisations choose pooling equilibrium while government separate equilibrium, if and only if there exists no significant difference between nongovernment organisations and government in terms of efficiency, with nongovernment organisations being relatively low-efficient, then it is more advantageous for nongovernment organisations to provide public goods.

(4) The establishment of city autonomy, commodity economy and property rights in medieval Britain, the rise of representative government for taxpayers and participatory governance, as well as the maturation of public domain and extension of civil rights in modern times, have contributed in no insignificant way to the formation and development of civil society in Britain. At the same time, these main developments were closely related to the formation and development of public finance in Britain. In the Middle Ages, on the one hand, out of the total income of the king, the majority of public revenues could only be

collected after due process of approval, with the Parliament playing an increasingly important role in allocating public funds to cover the expenditure of royal family. Through this public finance began to maturate. On the other hand, such taxes of privilege as of stipulated fees, donation, forced loan, ship money and franchise were directly collected by the royal family through privileges, indicating that in general Britain in the Middle Ages was still largely a royal finance system. In modern Britain, civil society, through its own structural forces, planted into political state such ideas as liberty, rule of law, autonomy and respect, hence opening in a full manner the historical genealogy from limited power and limited government to constitutionalism. The finance system bid farewell to the royal finance system in the Middle Ages and moved towards public finance. The British path to public finance indicates that the maturation of representation and public domain and the extension of civil rights are capable of absorbing public preferences, in creating willingness to pay taxes and helping to collect public revenues.

(5) The tendency of deliberative tax administration in city autonomy in France in the Middle Ages represented the main direction for the successive development of public finance. From the 14th to the 17th century, there was already an alliance between French cities and the royal family, establishing an absolutist nation. In medieval France, there formed a sui generis governance structure, namely a fluctuating alliance between the royal family and all kinds of elite, especially the aristocracy with the relatively underprivileged civil society and representative organ. Through vicissitudes the Parliament nevertheless had never managed to gain sovereignty and failed to gain a thorough control

over public finance. Compared to Britain, France manifested a stronger sense of royal finance. However, such social movements by French citizens as tax-dodging, tax resistance and public petition still tore open the iron curtain of the royal finance and royal absolutism. The tradition of citizenry resistance and financial crisis brought to France the French Revolution and the successive tides of constitutionalism. Civil society in modern France placed more emphasis upon social movements, public domain and civil rights. It advanced France down its path to constitutionalism and public finance, albeit with a relatively low degree of public finance development in France compared with Britain.

(6) Feudalism existed only in the periods prior to the Qin Dynasty, from whence there starting the lengthy history of royal authoritarianism which resulted in the tradition of "strong state" and rule of man. Civil society was suppressed by royal totalitarianism, despite the fact that the tradition of local autonomy, as shown in the popular saying that "royal power stops at the level of prefecture", was never extinguished. Compared to Britain and France, royal finance lasted longer in China, exhibiting distinctive non-publicness.

(7) Since the establishment of the communist rule, up to the time just before the reform and opening-up policy, there was a sharp decline of state power and autonomy tradition. The finance was a typical "state finance". Since the reform and opening-up policy, civil society experienced fast development, took its initial shape and started to play an increasingly important role in participating in public affairs and public services. The reform on public finance availed certain achievements, in spite of which current reform is still part of budget

management reform and construction of expenditure institutions, with an emphasis upon the administrative control of budgeting. The political control over budgeting that truly touches upon the spirit of public finance has just been started. Taxpayers' preferences demonstration and transmission mechanism are still far from able to play a leading role in the decision-making of public finance. The substantial construction of public finance is just about to unfold itself. The reform that signifies latest development in the construction of public finance in China mainly includes a bottom-up extension and development of participatory budget reform, a taxpayer-driven process of making finance public and transparent, public-interest litigation for taxpayers, government purchase of public services by nongovernment organisations and civil society-driven new performance budget. Civil society has become the main driver of constructing public finance in China.

(8) The root of the ills that are fatal to Chinese economy is bureaucratic politics and the pressure system, as well as the absence of a contractarian culture. The interconnected civil society, in exerting its influence in advancing the reform in public finance, promotes good governance and good government. Public finance in its turn will advance the maturation of civil society. In contemporary China, the maturation of civil society has a strong engine of internal propulsion, albeit with severe restraints and restrictions. Efforts should be made to break these barriers, so as to enable a fast and benign development of civil society, which is the fundamental force for legalisation, democratisation and constitutionalisation. It will be constructive to have a mild view on political reform that is based on the perspective of civil society.

目　　录

1 导 论

全面深化改革的总目标是完善和发展中国特色社会主义制度，推进国家治理体系和治理能力现代化。

财政是国家治理的基础和重要支柱，科学的财税体制是优化资源配置、维护市场统一、促进社会公平、实现国家长治久安的制度保障。

——《中共中央关于全面深化改革若干重大问题的决定》

改革是由问题倒逼而产生，又在不断解决问题中得以深化。

——习近平

1.1 问题的提出与研究目的

1.1.1 问题的提出

基于 1998 年公共财政目标模式确立以来财政公共化改革的视角，2009 年财税运行的格局和近年来预算公开的潮涌现象可能具有重要的样本价值。

税收本质上是纳税人向公共部门购买公共服务的价格。既为

1

购买，在不违背公序良俗的前提下，纳税人可以按照自己的偏好及合意的价格选择具体的公共服务；公共部门则必须尊重消费者主权，尽可能以低廉的价格和优质的服务满足纳税人的公共需求，绝不可强买强卖。纳税人之所以让渡部分财产依法纳税，就是要委托公共部门代理本人做不了、做不好或不愿做的事务，这种委托—代理关系要求公共部门必须紧紧围绕公共需求履行受托责任。由此引申出公共财政的四个主要标志：第一，财政决策需要公共选择以厉行纳税人偏好集中和偏好显示；第二，财政执行需要匹配严格的法治监督和约束；第三，财政支出主要用于民生等社会领域；第四，财政收入主要来源于税收。控制与反馈相结合的现代预算是四个方面的联系纽带与基本运行制度，财政的法治化和民主化则是公共财政的灵魂。财政的法治化标志着偏好排序规则公正、合理的程度，而财政的民主化标志着公共需求偏好显示的程度❶。下文进一步就这两方面展开分析和评估。

公共财政是法治财政。纳税人与政府相互制衡、认同和交易的基本形式是法治。因此，鉴于非税收入的规范性和法治性亟待加强，学界将"财政收入主要来自税收"作为公共财政的标志之一。2009 年，中国非税收入 8 962 亿元，同比增长 26.1%，增速超出同期税收收入 16%。税收收入的增长及其背后的故事或许更能凸显"中国式财政"的特点。2009 年，全国税收收入 59 515 亿元，同比增长 9.8%，11 月单月同比增幅超过 42%。其原因在于，一些地区出现了税务部门"寅吃卯粮"的现象，许多企业不

---

❶　张斌："公共财政建设指标体系：一个基本框架"，见高培勇《为中国公共财政建设勾画"路线图"》，中国财政经济出版社 2007 年版，第80 页。

得不按征管部门授意每个月提前预缴下月的税金；另一些地区税务部门则与核定征收的企业商定，调增当年核定税额以帮助完成计划任务，再于下一年调减税额，以弥补企业损失。❶尽管上述措施是在突然遭遇外部冲击情况下财政保增长的无奈之举，财税数据逆转的背后也有政策刺激经济向好回升、强化税收征管、税费改革、去年同期基数过低等解释变量。但法治的要义是权威、稳定和连续，从法治财政视角看，这些现象反映出中国税收法治性的薄弱，进而折射出财政公共性的流失和财政公共化的徘徊。

公共财政是民主财政。财政资金取之于公众，用之于公益。公共部门雇员，无论官阶高低，都是代公众打理公共事务的受托者，他们理应按照公序良俗善尽受托责任。钱如何花、花哪儿、花多少当然最终由委托人说了算，而不是由代理人说了算。委托人可以随时到代理人那里查看账目，代理人也要定期向委托人报账。这大致就是民主财政的简单逻辑，也是世界各国纳税人普遍享有征税同意权、用税决定权、知情权、程序抗辩权和诉讼权的法理基础。

这个逻辑可引申出如下"常识"：财政民主包括公开和参与两项主要内容。围绕财政公开形成第一条传导链：全口径预算→财政公开（制度公开、信息公开）→财政透明；围绕参与财政决策形成第二条传导链：纳税人偏好集中和表达→决策民主（审议民主、协商民主、参与式民主决策）→参与财政监督。逻辑上第二条传导链比第一条更重要，因为它以公共选择促进公共性的再生产，触及公共财政的灵魂。

---

❶ 甄静慧："金融危机下的中国式财政"，载《南风窗》2010年第2期，第30页。

应该承认，1998 年公共财政目标模式确立以来财政民主化的步伐并不快，尤其是中央政府更慢。然而它在波澜不惊中走过第一个十年后突然加速，特别是围绕财政公开一时间民意汹涌，众声喧哗。2009 年 3 月 20 日，响应民间预算公开的呼求，财政部将经全国人大批准的《中央财政收入预算表》、《中央财政支出预算表》、《中央本级支出预算表》、《中央对地方税收返还和转移支付预算表》等四张中央预算表格，通过财政部官方网站首次向社会公开。❶ 之后，深圳公共预算观察志愿者小组等民间力量持续努力，最终推动广州市于 2009 年 10 月将 114 个部门预算全部公开，更被视为里程碑式的事件。❷ 2010 年全国"两会"结束后，四川省巴中市白庙乡政府公示的公务开支明细表被民众视为这种特殊背景下财政公开的典范。在全国人大批准中央和地方预算后的第 11 天，财政部官方网站上公开了 2010 年中央财政预算，在公布的 8 个表格中有 4 个是第一次公布。第 16 天，即 3 月 30 日，国土资源部在其官方网站上公布了其 2010 年度部门预算，此乃首家公布部门预算的中央单位。3 月 31 日，财政部、科技部、住房与城乡建设部、中央党校等也先后在其官网上公开了 2010 年度部门预算。❸ 此后十余日，其他中央单位也纷纷效法，中央部门预算公开步伐加速。各部门在事前事后高度关注社会公众反应和其他部门动态，许多部门在公布部门预算前反复论证、数易方

---

❶ 韩洁、罗沙："解读财政部第一时间公布中央财政四张预算表"，新华社北京 2009 年 3 月 20 日电。

❷ 叶前、王攀："广州网上公开 114 个政府部门预算引关注"，载新华网广州 2009 年 10 月 23 日电。

❸ 韩洁、罗沙："部门预算公开大幕初启"，新华社北京 2010 年 4 月 1 日电。

案。其间，全国人大宣布 2011 年要将所有预算外收入纳入预算，并希望将公款消费、行政经费和项目建设的资金明细表公之于众。❶ 在媒体、个人和部分 NGO 的推动下，公众对上述事件的关注热情超乎想象。广州市本级部门预算公布后，由于点击率过高，财政局网站几度瘫痪。❷ 自 2010 年 3 月始，关于预算公开的报道、讨论和研究急剧升温。此后，财政预决算、"三公"经费支出等信息公开迈出较大步伐。截至 2012 年 7 月 20 日，已有至少 98 个中央部门和部分省市向社会公开了 2011 年度部门决算和"三公"经费的情况，且数据比上年更加全面详细。❸

　　近年来，以参与式预算为代表的财政民主决策也涌现出不少重要案例。上海市浦东新区惠南镇开展了镇人大代表"点菜"式选择财政支出项目的改革，哈尔滨和无锡各有两个区在街道一级开展了由民选公众代表选择财政支出项目的改革，浙江省宁海县也效仿上海开展了实事工程票决制的改革。2005 年以来，浙江温岭新河镇和泽国镇连续开展了抽样选取群众代表参加预算项目决策的试验；2008 年，温岭市（县级）推广新河模式，并以交通部门为先锋实行了政府部门预算公开审议，将改革推进到县一级，2009 年改革扩展至 5 个部门。从 2008 年开始，上海闵行区人大采用听证方法听取政府相关部门关于预算使用的意见。这些公共预算改革不仅促进了财政民主决策，而且改善了地方整体治理水

----

❶　王羚："吴晓灵：明年将所有预算外收入纳入预算"，载《第一财经日报》2010 年 3 月 17 日。

❷　叶前、王攀："广州网上公开 114 个政府部门预算引关注"，载新华网广州 2009 年 10 月 23 日电。

❸　倪思洁："三公经费公开有四大期待"，载《人民日报》2012 年 8 月 1 日。

平，在社会上引起较大反响。上述预算公开和财政民主决策现象反映出中国财政公共性的增加和公共化改革的加速。

如上所述，中国的公共财政仍然呈现出一种复杂性，发展很不均衡。从财政公共化的不同领域和不同地区看，会得出不同的判断；公共化改革徘徊与加速的趋势同在，尽管加速的趋势更明显。站在 1998 年的起点上看，以部门预算、国库集中收付和政府采购等为代表的预算管理制度改革已在政府内部初步建立起预算的行政控制，提高了财政管理效率和规范程度；财政支出结构中民生和社会支出的比重在上升，财政公共化改革也取得一些进展。但预算的外部政治控制和社会控制刚刚启动，纳税人偏好显示和传递机制在财政决策中的主导作用尚未形成；财政支出结构中民生和社会支出的占比仍然较低，行政支出占比过高引发普遍关注却久治无功，正在蚕食公共治理的合法性基础和公共政策的公信力基础。总之，真正意义上的公共财政建设刚刚展开。

着眼于未来建设亟待讨论的是，什么力量促使近年来财政民主化和公共化突然加速？民间力量推动预算公开的局面是怎么来的？可持续吗？

2008 年 5 月发生的汶川大地震很大意义上终结了中国究竟有没有公民社会的论争，❶ 同时也终结了长期以来人们对志愿行动效力的怀疑。抗震救灾期间，中国社会的公民意识、共同体意识被有力地唤醒，捐赠和志愿者行动出现了"堰塞湖"现象，企业公民竞相捐赠，大量非政府组织奔赴灾区协助政府从事救援和灾后重建工作，数不胜数的感人事迹连同对类似"范跑跑"行为的

----

❶　此前，有学者认为中国公民社会已经形成。俞可平："中国公民社会研究的若干问题"，载《中共中央党校学报》2007 年第 6 期，第 20 页。

讨论遍布并扩展着公共空间。总之，潮水般涌动的公民志愿行动为中华民族带来一个现代公民社会的新生儿。

近年来，国际学术界注意到长期发展模式及其绩效与政治发展进程密切相关。新政治经济学关于不同政治制度和组织结构如何影响经济政策和发展模式的研究涌现出安德烈·施莱弗和罗伯特·维什尼（Andrei Shleifer and Robert W. Vishny，2002）、达龙·阿西莫格鲁和詹姆斯·罗宾逊（Daron Acemoglu and James A. Robinson，2005）、蒂莫西·贝斯利（Timothy Besley，2006）等一批极有分量的研究者，正是这一趋势的反映。我们也在中国模式的考察中注意到政治经济相互塑造的经验事实及其神奇效应（孙凤仪，2009）。从世界范围看，公共财政比较典型的国家都是公民社会发育比较成熟的国家。这启发人们思考：公民社会与公共财政有无联系？如果有，公民社会究竟是如何塑造公共财政的？

讨论就从这里出发。

1.1.2　研究目的与意义

首先，进一步明确公共财政的主线、灵魂和内涵。公共财政有望成为中国转型与发展新的发动机（贾康，2008）。公共财政目标模式确立迄今已有十余年，但公共财政的概念却五花八门。许多人简单地将财政与公共财政概念互换，将所有财政改革的进展视为财政公共化的成绩。本书试图厘清公共财政的主线和灵魂，以进一步明确公共财政的内涵。

其次，十余年来财政公共化进展缓慢，源于人们对公共财政的生成机理和逻辑认识不够透彻，非正式制度的滞后严重制约了正式制度的完善。本书拟从典型公共财政发育的经验事实中离析出公共财政的生成机理和逻辑，提炼出公民社会是形成公共财政的必要条件和结构性动力，以期加深对公共财政的认识。

最后，将上述成果运用于观察和解释中国财政公共化改革徘徊与加速两种趋势同在的经验事实，捕捉财政公共化改革的生长点，促进公共财政建设，进而促进良政和善治。

上述研究目的若能实现，有利于促进公共财政建设，有利于摆脱转型经济中权力的结构性混乱状态，有利于破解"娜拉出走以后怎样"的难题。

1.2　本书使用的关键概念

1.2.1　本书使用的公民社会概念

二分模型是公民社会理论的传统经典模型，以洛克、孟德斯鸠、黑格尔、马克思、查尔斯·泰勒等人为主要代表，他们在"国家—社会"二分的框架下发展其公民社会理论。在这一框架下，公民社会与国家相对，它指的是独立于国家之外的经济社会生活领域。

当代西方公民社会理论家提出了"国家—经济—公民社会"的三分模型。以葛兰西、哈贝马斯、柯亨、阿拉托等人为主要代表。他们认为经济领域（市场机制和私人产权）已经变成公民社会自主性的一个严重威胁，应该排除在公民社会的范围之外。在这一框架下，公民社会与国家、经济相对，它主要指社会、文化领域。

本书引入经济学视角分析后认为，市场机制、私人产权本质上与公民社会相互塑造，三分模型是不确当的，也得不到各国实践的呼应。因此，本书采用"国家—社会"的二分模型，使用的公民社会概念包容了"市民社会"的理论精神，即包括市场机制和私人产权。它的一般性定义如下：公民社会是具有公共性品格、相对独立于国家并与国家制衡和互动、参与公共治理和公共服务的自主性领域。❶ 公共性、独立性、自主性和参与性是其根本特征。在公民社会中，公民能够自主结社、沟通、协商、竞争与合作，并因此增加个人和社会资本，促进利益争取和利益表达制度化，提高公共部门的服务绩效和问责能力。公民社会的结构性要素包括私人领域、志愿性社团、公共领域和社会运动。不同国家不同时期公民社会所侧重的结构性要素和理论维度不同。

1.2.2　本书使用的公共财政概念

公共财政是具有公共性品格、法治化、民主化、非营利的财政。它有四个主要标志：第一，财政决策需要公共选择以厉行纳税人偏好集中和偏好显示；第二，财政执行需要匹配严格的法治监督和约束；第三，财政支出主要用于民生等社会领域；第四，财政收入主要来源于税收。控制与反馈相结合的现代预算是四个方面的联系纽带与基本运行制度，财政的法治化和民主化则是公共财政的灵魂。

1.2.3　良政、善治的概念及其与公民社会、公共财政的关系

良政（good government）是指开明政府的良好行政管理、社会治理过程或模式。善治（good governance）是指政府与公民社会合作治理公共事务以促进公共利益最大化的过程或模式。前者

---

❶ 需要特别指出，当代中国公民社会与国家主要是一种互动与合作的关系（详见后文文献综述）。

治理主体单一，利益表达渠道相对狭窄；后者追求多元共治，利益表达渠道宽广。前者以行政的合法性为基准价值；后者以治理的公共性为基准价值。前者追求提高行政效率和政府的回应性；后者追求政府职能公共政策化和公共管理社会化。两者都以法治化、民主化为灵魂，后者更为明显。一般而言，压力型体制应首先追求良政，然后追求从良政转向善治。

公共财政、公民社会、良政和善治都是刻画管理公共事务、提供公共产品的关键概念，均谋求实现公共利益的帕累托最优，公共性是其共同的属性和取向。公民社会本质上是合作机制下的多中心治理，因而公民社会和善治是贯通的。然而多元共治的美好愿景不是一蹴而就的，公民社会的发育往往首先促使政府提高行政效率和回应性，实现良政，然后在此基础上方可推动公共管理社会化，实现善治。财政是庶政之母、执政之基，公民社会推动良政和善治通常是通过推动财政公共化实现的。换言之，公共财政是公民社会推动良政和善治的最好抓手。公民社会本身包含问责和激励机制，就其权力约束机制更多地连通良政，就其偏好显示和利益表达机制更多地连通善治。公共财政，尤其是预算是上述机制发挥作用的最佳工具。财政的高度公共化也是良政和善治的重要标志。当然，通过财政公共化追求良政和善治反过来也会促进公民社会的发育。

1.3 基本假设、研究方法与研究框架

1.3.1 基本假设与推论

本书的基本假设是：公民社会是公共财政的必要条件和结构

性动力。基于此假设，剖析公民社会与公共财政勾连的内在机理和机制，可得出以下四个推论：

（1）公民社会能够厉行纳税人偏好集中和显示，参与财政决策和执行，形成预算的政治控制和社会控制，监督和控制政府行为，从限权到限政，促进财政民主、依法理财和良政。

（2）公民社会能够与政府实施合作治理，参与和改善资源配置，通过公共服务的合作提供与竞争性提供，促进财政公共化和善治。

（3）公民社会通过捐赠和公民志愿行动等活动参与国民收入的再分配，主导国民收入的第三次分配，促进财政公共化和善治。

（4）公民社会窖制与涵养民主精神、法治精神，为塑造公共财政灵魂、推进良政和善治提供新时期最为重要的微动力。

1.3.2 研究方法、框架与内容

社会科学的研究旨在揭示经验事实之间的因果关系，并对其进行评估和解释。为检验基本假设和推论的内部效度（validity）、外部效度及信度（reliability，即可复制性 replicability），本书首先基于公共物品配置效率和财政公共化的生成逻辑，运用现代经济学工具对公民社会的纳税人偏好集中和显示功能、公共物品志愿提供行为进行了理论分析。接着基于发生学的视角，运用历史实证主义方法，对英、法、中三国公民社会推动财政公共化，进而带动良政与善治的历史过程及机理进行了实证分析。经检验基本假设和推论的效度及信度均很高，尽管公民社会在三个国家的侧重点有所不同。

本书研究框架如图 1-1 所示。

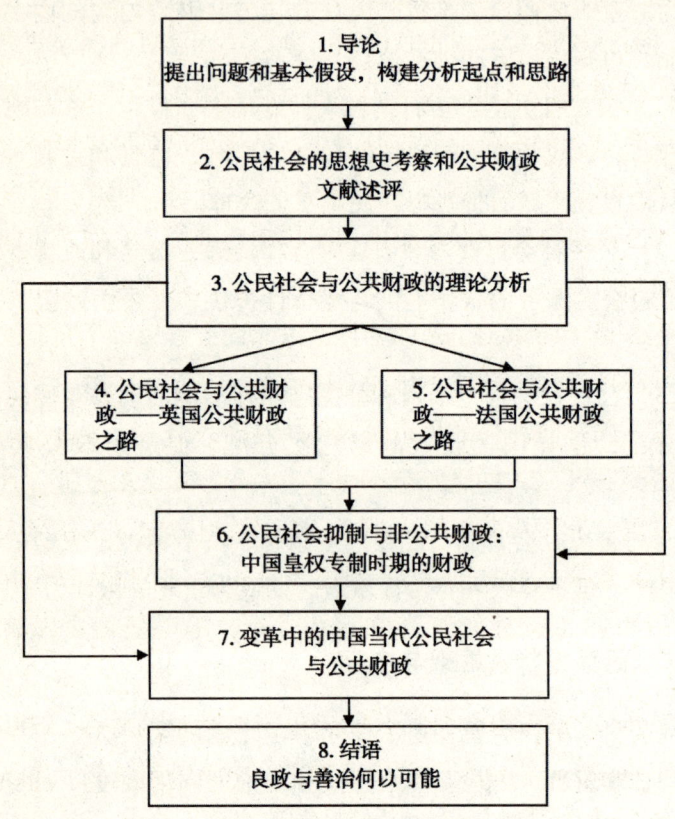

图 1 – 1　本书框架结构

本书具体分为八部分：

（1）导论。本部分主要是问题的提出和本书的基本假设、研究框架及方法。

公共财政有四个主要标志：第一，财政决策需要公共选择以厉行纳税人偏好集中和偏好显示；第二，财政执行需要匹配严格的法治监督和约束；第三，财政支出主要用于民生等社会领域；第四，财政收入主要来源于税收。控制与反馈相结合的现代预算是四个方面的联系纽带与基本运行制度，财政的法治化和民主化则是公共财政的灵魂。据此，当前中国财政公共化改革徘徊与加速趋势同在，但加速趋势更明显，实质性的公共财政建设刚刚展开。随后的问题陈列出本书的"靶子"：什么力量促使财政民主化和公共化近年来突然加速？它和近年来快速成长的公民社会有无联系？本书的基本假设是：公民社会是公共财政的必要条件和结构性动力。本部分为全书搭建了一个研究平台。

（2）公民社会的思想史考察和公共财政文献述评。本部分回顾了"civil society"的内涵在思想史上的流变，公民社会的结构性要素：私人领域（市场机制和私人产权）、结社和志愿性活动、公共领域和社会运动，在不同历史时期、不同国家侧重点也有所不同。在英国传统中，公民社会主要是指私人领域，兼及公民权利和公共领域，而在法国传统中，公民社会则主要是指社会运动、公民权利和公共领域，兼及私人领域。换句话说，英国人讲"civil society"时注重的是其经济关系（市场机制和私有财产权）；法国人强调的则是其政治含义和公共领域；美国人早期追随英国传统，强调经济关系（私有财产权），后来有日益强调公共领域和结社生活的趋势。

国际上采用政治经济学方法来对公共财政予以探讨的文献主要集中于对纳税人偏好显示、税收权的限制、税收竞争、财政透明度以及标尺竞争等问题。两个主要的流派在发展中呈交融之势，认为财政公共化和良政必须由能对政府官员提供足够激励和约束的制度框架来保障，公民社会恰处于这一制度框架的核心。

中国公共财政理论迄今与科学和学科的高度仍然有不少差距。已有的公共财政研究主要限于市场经济和私人产权视角，以公民社会视角检视，难免有遗珠之憾。因为，一个汲取型政权和没有公民性的纳税人是"非公共财政"的"共犯",公共领域、结社和志愿性活动是再生产公共性的重要源泉和力量。更何况近200年来公民共和主义复兴势头迅猛、影响深远,其倡导的公民参与和公民责任为推动财政公共化所不可或缺。已有视角无法准确解释和评估英、法、美、中等国家,尤其是法、美、中三国财政公共化的进程。公民社会与公共财政两个主题的研究均深度触及法治化、民主化。有望以财政公共化带动中国实现社会主义法治化、民主化。

(3)公民社会与公共财政的理论分析。公民社会的核心命题,即偏好表达和偏好集中问题,成为公共物品理论必解而未解的焦点问题。新福利主义经济学和方兴未艾的激励机制设计理论都未能彻底解决。经由公民社会,在协商和尊重中促使部分人自愿逆转偏好进而实现一致同意,避免了大民主导致的"多数人暴力"和"阿罗悖论",值得探索。相比由政府部门提供公共服务而言,许多情况下由非政府部门提供公共服务将有助于改进提供效率。首先,相比同政府缔结的合约而言,纳税人同非政府部门缔结的合约可能更为完备。其次,非政府组织从业人员往往更有可能去最大化受益者的利益。模型分析表明,若政府与非政府组织采用同样的均衡策略,那么只有在非政府组织较政府组织有更多更乐于服务公共利益的成员时(这一点往往是现实),由非政府组织负责公共物品的提供才是合宜的;若非政府组织选择分离均衡,而政府选择混同均衡,则仅当非政府组织与政府效能差距较大或政府效能更大时,由非政府组织负责公共品提供才占优;若非政府组织选择混同均衡,而政府组织选择分离均衡,那么仅当非政府组织与政府之间效能差别不大,并且非政府组织效能相对较低时,由非政府组织负责提供公共物品才占优。

(4) 公民社会与公共财政——英国公共财政之路。英国是世界上最早形成公民社会的国家，如下几条主线对于理解英国公民社会的形成和发展是至关重要的：中世纪城市自治、商品经济和私人产权的确立；中世纪纳税人代议制与参与式治理的兴起；近代英国公共领域发育与公民权利的扩展。同时，这几条主线均与公共财政的形成和发展息息相关。中世纪英国，一方面，随着纳税人议会的成长和公民社会的发育，在中世纪国王所有收入中，更多财政收入需要按照程序批准与征收；财政支出上，议会也逐渐深度介入王室支出的拨款管理，表明公共财政开始发育。另一方面，来自规费、捐赠、强制贷款、造船费、特许权等占比不低的"特权税"却仍由王室动用特别权力直接筹集，无须议会同意，又表明公权力限制不够充分，中世纪英国整体上并未步出王室财政形态。近代英国，公民社会以其强大的结构性力量将自由、法治、自治、尊重等理念植入政治国家，英国因此充分展开了从限权、限政到宪政的历史谱系。财政形态告别中世纪的王室财政而逐步形成公共财政。英国的公共财政之路充分证明，公民社会是公共财政的必要条件和结构性动力，公共财政可带动良政与善治。英国的公共财政之路还证明，财政汲取和代议过程、公共领域的发育、公民权利的扩展之间的关系不一定是相逆的。后三者通常能够吸纳公众偏好创造纳税意愿，促进财政汲取。

(5) 公民社会与公共财政——法国公共财政之路。法国中世纪城市自治中那种协商治税、民主治税的倾向也代表了后世公共财政发展的主要方向。14~17世纪，在地区竞争和公共服务升级的压力下，法国城市和王权之间已经结盟，并因此建立了主权国家。与英国不同，法国由于王权居于主导地位而使国家发展成为绝对主义国家。中世纪法国形成一种特殊的治理结构：联结王室和各种精英，尤其是贵族的流动联盟（精英对君主输送忠诚，得到特权和好处）；相对弱势的公民社会和代议机构。议会几经沉浮，却始终未获主权，当然也就未彻底获取财政决定权。相应地，法国王室财政色彩更浓厚些，财政公共化程度远不及同期的英国。但法国公民的社会运动——逃税、抗税运动和陈情书仍然撕开了法国王室财政和绝对主义王权的铁幕。公民不服从的传统和财政危机给法国带来了大革命及随后的宪政潮流。相对于英国发达的市场机制和私人产权，近代法国公民社会更加强调社会运动、公共领域以及公民权利，它推动法国走向宪政和公共财政之路。由于法国治理结构上政治国家与公民社会统合不够，公共财政之路比英国要曲折得多，财政公共化程度相对要低。

（6）公民社会抑制与非公共财政：中国皇权专制时期的财政。本章从反面检验了本书的基本假设。中西公民社会发育的外部环境有重大区别。西方公民社会先于国家或与国家同步发育，中世纪源远流长的封建制是以"威权粉碎"和"集地方分权之大成"为特征的。中国只在先秦时代存在过封建制，秦朝以后的历史属于漫长的皇权专制社会，导致中国历史留下突出的"强国家"传统和人治传统，公民社会遭遇全能主义皇权抑制，尽管以"王权止于县政"为代表的民间自治传统从未灭绝。其财政制度成果是"竭天下之财以厌一己之私"的王室财政，且比英法两国历时更长。这种王室财政呈现明显的非公共性，主要表现在：首先，政府是各类财政收入的唯一决定者，而且征收财政收入的过程充满了任意性和不确定性；其次，财政支出方面尽管也有相当部分用于某种特殊的公共需要，然而支出的目的是维护统治秩序，不是公众主动参与选择的结果；

再次，财政管理上纵向的高度集中更确凿无误地彰显出财政的集权性质。

（7）变革中的中国当代公民社会与公共财政。清末民初的自治和延安时期的民主政治实践积累了宝贵经验，但新中国成立后至改革开放前，复杂的国际国内环境促使国家政权层级增加，民主自治传统没有进一步深化。与之相应，改革开放以前，我国的财政形态属于典型的"国家财政"。改革开放以来，随着国家控制的放松，市场机制和私人产权不断发育，非营利事业蓬勃发展，公民权利和公共空间不断扩展，公民社会得以较快发育。目前，中国公民社会已初步形成，并日益深入地参与公共事务和公共服务，尽管其成长仍面临约束。多年来，财政公共化改革确实取得一些重要成就。但总体来看，已有的改革基本属于政府内部资产管理、预算管理改革和支出制度建设，重在政府内部建立预算的行政控制。真正触及公共财政灵魂的预算政治控制刚刚启动，纳税人偏好显示和传递机制在财政决策中的主导作用尚未形成，实质性的公共财政建设刚刚展开。标志中国公共财政建设最新进展的改革主要包括：由下往上延伸和发展的参与式预算改革、纳税人推动的财政公开和财政透明、纳税人公益诉讼、政府向非政府组织购买公共服务、公民社会推动的新绩效预算等。这些改革的动力主要来自公民社会，公民社会已经成为我国公共财政建设的主要推动力。

（8）结语。历史上中国社会经济积弊之根本源头，在于契约主义文化的缺失。改革开放以来这个方面有了非常显著的改善。在公民社会大力推动财政公共化改革、促进良政与善治的同时，财政公共化反过来也会促进公民社会的发育。当前，中国公民社会的发育有着强劲的内在动力，但仍存在一定的约束与限制，必须努力创造条件，促进公民社会良性成长。公民社会是实现社会主义法治化、民主化的有生力量，以公民社会为出发点的温和政治体制改革观颇具建设性。

1.4 可能的创新及不足

1.4.1 研究之创新

（1）初步弥补法国公共财政研究十分薄弱的缺陷，拓展中、英、法公共财政的比较研究。由于西方国别财政史资料的严重短缺，目前我国对西方公共财政的形成及中西对比方面的研究仍较薄弱，法国公共财政研究尤甚。

（2）厘清英国公共财政的形成时间，深化英国公共财政研究。本书利用新财政史资料证实：第一，中世纪国王收入来自规费、捐赠、强制贷款、造船费、特许权和调节税等占比很高的"特权税"，无须议会同意征收，由王室动用特别权力直接筹集；第二，1830年，君主私人支出与一般公共支出才真正剥离；第三，1866年，确立财政支出上的全面国库控制和比较完善的预算制度。说明之前学术界认为英国公共财政在中世纪末已经基本成型不能令人信服。正确的形成时间应在19世纪50年代以后。

（3）公共财政的四个主要标志：第一，财政决策需要公共选择以厉行纳税人偏好集中和偏好显示；第二，财政执行需要匹配严格的法治监督和约束；第三，财政支出主要用于民生等社会领域；第四，财政收入主要来源于税收。控制与反馈相结合的现代预算是四个方面的联系纽带与基本运行制度，财政的法治化和民主化则是公共财政的灵魂。

（4）结构性公共秩序的分析（第 2 章开头）厘清了私人产权、市场机制和尊重、信任、同意、合作和奉献等公民性相互塑造的关系。进而指出，当代西方"三分法"公民社会理论将私人产权、市场机制要素从公民社会中剔除，主要源于经济学视角的缺失，也得不到各国实践的呼应。既为接受"二分法"公民社会分析框架提供了合法性，又为考察市场机制和私人产权、志愿性活动和公共领域等公民社会多元要素合力推动财政公共化奠定了基础。

（5）公民社会的思想史考察证明，公民社会的内涵发生着流变，公民社会的结构性要素：私人领域（市场机制和私人产权）、结社和志愿性活动、公共领域和社会运动，在不同历史时期、不同国家侧重点有所不同，尽管它们均有助于塑造公共财政。在英国传统中，公民社会主要是指私人领域，兼及公民权利和公共领域，而在法国传统中，公民社会则主要是指社会运动、公民权利和公共领域，兼及私人领域。美国人早期追随英国传统，强调私人领域，后来有日益强调公共领域和结社生活的趋势。已有的中国公共财政研究主要限于市场经济和私人产权视角，以公民社会视角检视，难免有遗珠之憾。因为，一个汲取型政权和没有公民性的纳税人是"非公共财政"的"共犯"，公共领域、结社和志愿性活动是再生产公共性、公民性的重要源泉和力量。更何况近 200 年来公民共和主义复兴势头迅猛，它倡导的公民参与影响深远。此外，离开社会运动、公共领域、志愿和结社活动，无法准确解释和评估英、法、美、中等国家，尤其是法、美、中三国财政公共化的进程。除美国财政公共化未及考察外，本书的分析基本上证实了以上结论。

（6）关于财政公共化的生长点和主渠道。当前中国真正触及公共财政灵魂的预算政治过程和政治控制正在深化，纳税人偏好显示和传递机制在财政决策中的主导作用尚未形成，真正意义上的公共财政建设需要进一步展开。标志中国公共财政建设最新进展的改革主要包括：由下往上延伸和发展的参与式预算改革、纳税人推动的财政公开和财政透明、纳税人公益诉讼、政府向非政府组织购买公共服务、公民社会推动的新绩效预算等。公民社会已经成为我国公共财政建设的主要推动力。

（7）关于非政府组织与政府提供公共物品的分离均衡和混同均衡模型，蒂莫西·贝斯利（Timothy Besley，2006）提出了命题却没有充分证明，本书给出了完整的证明。

（8）纳税人权利中心主义。每个人承担责任，边际改进，长期渐进，坚韧不拔，这就是微动力。在渐进式制度变迁的时代，微动力推动变革与繁荣，可能是最重要的发展趋势。考虑到互联网的媒介和扩散效应，更是如此。中国应遵循该趋势，以纳税人权利为中心，重构国家、政府与纳税人之间的权利关系，进一步促进公民社会发育，促进财政公共化，实现良政和善治。

1.4.2　研究之不足

公民社会的结构性含义导致现代经济学方法运用不充分，比如公共领域与财政公共化的关系等问题。经验事实的实证分析尚待细化和扩展。对于公民社会和公共财政较为发达的美国，未及考察。

2 公民社会的思想史考察
与公共财政文献述评

2.1 公民社会：一份思想史清单

2.1.1 社会科学为何需要一个公民社会概念

在人类的早期阶段，公共秩序主要依靠权力、强制和控制维持，韦伯称之为"克里斯马权威"和"传统权威"。现代公共秩序的达成方式已发生较大变化，它越来越依靠"结构"（制度确定的关系）而非"强力"维持。可以说，现代公共秩序的基础是新型的结构关系，现代公共治理的要义是追求合宜的制度化结构。"结构"秩序区别于"强力"秩序之处，在于它是一个权利分化后的合作秩序，它是多个利益单位、行动团体互动的结果。公民社会处理的基本问题，就是权利分化结构下纳税人偏好如何聚合并被组织化上达，以及纳税人权益如何得以保障（私权利不被公权力侵犯甚至侵吞，公共利益得以争取、保障和自我协调）。公民社会是反应性的体制，是连接国家和私人之间、组织化并传输私人利益的中介领域。从理论上，它是国家、市场和社会权利关系的结构性描述；从实践上，它是公民个体和决策者之间的利益传递机制，是关于权利分配的制度安排，是合作机制下的多中心治理。"结构"秩序的观念认为，政治权威和社会之间、利益单位之间同意、交换和交易形成的合约，为人类活动提供了制度和规则，是公共秩序的来源。这就将公共秩序的合理性，从传统强力的规定转移到社会成员和行动者的授权及其同意方面。显然，这是基于权利分化产生的理念。公民授权和同意是财政权的合法性基础。市场机制是授权、同意和尊重的机制。市场经济的核心是自由竞争和交易形成的价格机制，而自由竞争和交易的前提是权利清晰，权利清晰则意味着对他人权利以及规则的同意和尊重。因此，市场经济的精髓在于对他人权利（当然包括财产权利）的同意和尊重，在于对规则的尊重，在于相互授权。

所有权利都必须是经过相互"同意"（缔约确定）和"授权"的，于是合约成为公民社会自我治理的基础，"交易行为无法随心所欲地进行，它必定要受到各利益相关者的检验和纠正"（哈耶克，1989）。这种基于自利保护而约束他人的行动，在合约作用下延伸到全社会行动者的相互约束，最终促使形成相互联系的交换秩序。这种交换秩序和在利他主义及公民美德基础上形成的伦理秩序交互影响拓展为结构性公共秩序，缔结为坚实的公民社会网络。因此，从生成上看，从私人产权、市场机制到公民社会的逻辑之路是非常清晰的，这也是黑格尔、马克思一脉的"二分法"公民社会思想坚持把私人产权、市场机制视为公民社会核心内容的原因。结构性公共秩序的分析也同时解释了尊重、信任、同意、合作和奉献为何成为公民性的内核（美国学者希尔斯认为，所谓公民社会，就是社会成员相互之间的行为体现公民性的社会❶)。顺便指出，财政权实质是对私人财产权的扣除，必须经过纳税人"同意"和"授权"，这是英国和法国历史上纳税人议会、公共领域和社会运动推动公共财政形成的基本逻辑，也是当今许多国家纳税人普遍享有征税同意权、用税决定权、知情权、程序抗辩权和诉讼权的法理基础。

宪法和法律作为公民相互"同意"形成的特殊合约，构成公民社会的制度基础，而公民社会赖此成为维护私人权利和社会稳定的结构性力量，这是历史性的社会进步。因为此前多数国家不能用制度化方式维护私人权利和社会稳定，遇到公共风险袭击，常见的反应方式是加强权威，削弱自由，这又给未来新的风险埋下隐患。19 世纪的拉丁美洲，少有国家没遭遇过政治或军事独裁；20 世纪二三十年代，欧洲的议会体制在德、意、奥、西、葡等国都陷入崩溃，它们或者走向法西斯主义，或者走向权威主义体制，对此后这些国家造成深远的消极影响。因此承认私有财产，就是用制度化方式承认个体自治的权利，公民社会是保护私有财产和社会自治权利的结构性力量。

多少年来，论及近代历史大革命时，自由、民主被反复强调，至于大革命对个人财产权的肯定却被有意无意地淡化与忽略：1215 年，英国确立的宪政精髓"非同意，勿纳税"明确地保护私有财产权；"光荣革命"后颁布的《权利法案》确立了英国"议会至上"的原则，同时强化了对私有财产的保护。法国大革命的产物《人权宣言》明示"私有财产是神圣不可侵犯的权利，任何人的这种权利都不得剥夺"。1776 年，美国独立革命带来的

---

❶ Edward Shils, *The Virtue of Civility*: *Selected Essays on Liberalism*, *Tradition and Civil Society*, Indianapolis: Liberty Fund, 1997.

《独立宣言》将公民的财产权与自由权、生命权视为同等重要。如果说自由、民主等价值代表人类精神的某种高度，那么对私有财产的肯定则让这种高度扎根于大地，不至于沦落为凌空蹈虚的理想（熊培云，2010）。虽然私有权利对公民社会不可或缺，公民社会是私有权利的有机统一，但毋庸置疑，公民社会的焦点是集体行动——通过公民社会组织进行利益争取及表达。集体行动的核心问题"为了实现集体利益最大化，如何组织个人"在已有的研究中并未获得实质性解决（曾军平，2009）。社会科学需要一个公民社会概念，它能反映集体认同（collective identities）的精髓和集体行动的逻辑，并能表述促进良政和善治诞生的条件。或许正是在此意义上，国际学术界视公民社会为"社会科学的鸡汤"（chicken soup of the social sciences）和"解开社会秩序之谜的新的关键"，联合国和世界银行视之为实现"善治"（good governance）和减贫发展的核心之一。❶ 国内学术界有人视公民社会为新世纪中国学界最具潜力和深度的研究课题。❷

2.1.2　公民社会思想的流变与融合

"市民社会思想发展之脉络在历史上太过庞杂且缺乏系统的市民社会理论以及在不同的历史阶段市民社会理论所表示的侧重点的差异"，❸ 以至于连奉献出公民社会集大成之作的迈克尔·爱德华兹（Michael Edwards）也不得不承认："多数人只要稍加浏

---

❶ Michael Edwards, *Civil Society*, Polity Press, 2004, p. 3.
❷ 田毅鹏序，见张乃和主编：《现代公民社会的起源》，黑龙江人民出版社 2007 年版，第 8 页。
❸ 邓正来："导论"，见邓正来、杰弗里·亚历山大主编：《国家与市民社会：一种社会理论的研究路径》，上海人民出版社 2006 年版，第 5 页。

览公民社会领域的文献，立刻就会感到彻底的糊涂。因为不同版本的解释大相径庭。"❶ 然而，作为本书分析的逻辑起点，又必须对公民社会概念的演化脉络进行梳理，以离析出一个清晰的分析性概念。

　　幸好一些学者已经对公民社会理念的历史作了精辟的阐述。较有代表性的有科恩和阿拉托（Cohen and Arato，1992），塞利格曼（Seligman，1992），基恩（Keane，1998），埃伦伯格（Ehren-berg，1999），福利和霍奇金森（Foley and Hodgkinson，2002），迈克尔·爱德华兹（Michael Edwards，2004），邓正来、亚历山大等（2006），高丙中、袁瑞军等（2008），萧延中、谈火生等（2009）。其中科恩和阿拉托（1992）和迈克尔·爱德华兹（2004）的论述是珍品。科恩和阿拉托（1992）指出："尽管公民社会'话语'不断扩散，公民社会概念本身亦不断增多，但迄今为止还没有人发展出系统的公民社会理论，而本书便是要开始建构此一系统理论的努力。"❷ 该书对各种理论论争进行了概括和梳理，并试图为回答此前的各种论争提供一种新的范式，系统提出了"三分法"公民社会思想。迈克尔·爱德华兹（2004）的著作更是一时之选，篇幅虽小，却直取要害。它概要回顾了公民社会的思想史和各种论争，认为经历了五花八门的批评后，公民社会概念反而更加具有潜力和解释力，对解决发达国家和新兴经济体所面临的问题都能提供切实的帮助。该书同时富有洞见地指出，欲获取这种帮助，必须认识到公民社会同时包含问题本身与解决

---

❶　Michael Edwards，*Civil Society*，Polity Press，2004，p. 3.

❷　Jean L. Cohen，and Andrew Arato，*Civil Society and Political Theory*，Cambridge，Massachusetts：The MIT Press，1992，pp. 3～4.

问题之道，其价值因人而异、因时代而异。❶ 该书还离析出公民社会的三个流派，并借此发展出公民社会的三个维度：结社生活、美好社会和公共领域。或许和作者在世界银行和福特基金会的丰富阅历有关，迈克尔·爱德华兹的观察入木三分，对认识许多现实问题有深刻的启示。上述著作还指出，思想家们在古代探索解决当时重大社会问题时就求助于公民社会概念，公民的权利和责任、怎样达至美好社会、怎样协调个人偏好和集体意愿、怎样平衡共同体权力和自由、怎样兼顾效率和公平诸如此类的问题在那时规模很小、同质性的熟人社会都难以解决，现在社会日益高度分化和整合，问题只能更加突出。

现在左、中、右各派的政治家和思想家均视公民社会为社会、经济和政治问题的解决之道，它渐渐雄踞国际舞台中心位置。❷ 可是它究竟是什么呢？

扛自由主义大旗的华盛顿卡都研究所（Cato Institute）声称，公民社会主要是指"经由扩大自由市场与公民自由，根本性地缩小政治在社会中的作用"。保守主义思想家唐·埃波利（Don Eberly）认为，公民社会包含一个国家寻找美好社会新方向的全部内容。这种观点与左派将公民社会视为激进社会运动温床的观点大相径庭。著名的倡导研究所（The Advocacy Institute）认为，公民社会是"冷战"后各国推动政治进步的最好渠道，是保护那些威权挑战者的社会，是代替威权政治和专制行为的最佳方式。第三条道路的安东尼·吉登斯（Anthony Giddens）和本杰明·巴伯（Benjamin Barber）总结政府和市场失灵后认为，公民社会是

❶ Michael Edwards, *Civil Society*, Polity Press, 2004, p. 3.
❷ Michael Edwards, *Civil Society*, Polity Press, 2004, p. 7.

民主治理走向成功的不二选择。英国新工党（New Labour）政治家们把发展公民社会视为实现社会团结、应对全球化冲击的主要对策。❶

尽管"civil society"一词在西方可谓源远流长，然而正如盖尔纳所言，在 20 世纪 80 年代之前，这一概念早已被历史的灰尘所掩盖，大概只有经院历史学家才会对之有兴趣。❷ 东欧和苏联等国家为摆脱集权式统治而进行的社会转型过程导致这一概念的复兴。❸ 顷刻之间，它洗尽灰尘，闪亮登场。公民社会被认为不仅是一种可以用来对抗或抵御暴政、集权式统治的必要的手段，还是一种应被视为当然的目的。❹ 那时围绕东欧对抗集权式统治所进行的讨论，摆脱计划经济的诉求，实现社会团结的渴求，以及国际上非政府组织的飞速发展交互影响，促使人们想起亚里士多德（Aristotle）、洛克（Locke）、霍布斯（Hobbes）、托克维尔（de Tocqueville）、弗格森（Ferguson）、黑格尔（Hegel）、马克思等杰出的公民社会思想家。

"civil society"一词在西方思想脉络中经历的复杂演变，仅从

---

❶　Michael Edwards, *Civil Society*, Polity Press, 2004, pp. 7 ~ 8.

❷　Ernest Gellner, *Conditions of Liberty: Civil Society and Its Rivals*, Allen Lane: The Penguin Press, 1994, p. 1.

❸　邓正来："导论"，见邓正来、杰弗里·亚历山大主编：《国家与市民社会：一种社会理论的研究路径》，上海人民出版社 2006 年版。更详细的论述可参考 Jean L. Cohen, and Andrew Arato, *Civil Society and Political Theory*, Cambridge, Massachusetts: The MIT Press, 1992, chapt. 1.

❹　Timothy G. Ash, *The Use of Adversity*, London: Granta Books, 1989, p. 246. 转引自邓正来、杰弗里·亚历山大主编：《国家与市民社会：一种社会理论的研究路径》，上海人民出版社 2006 年版，第 6 页。

该词在中文世界的不同翻译中即可体会出来。❶ 学界对 "civil so-ciety" 一词的中文翻译主要有四种：文明社会、市民社会、公民社会和民间社会，除了 "民间社会" 这种译法主要在我国台湾地区短暂流行❷以外，其余三种译法在大陆学界仍并存使用。当然，最流行的还是 "市民社会" 和 "公民社会" 这两种译法。但在西方思想脉络中，"文明社会" "市民社会" "公民社会" 都是 "civil society" 一词应有的含义，不同的思想家对该词有不同的用法。这是因为，"civil society" 既体现着时代变迁中社会自组织进步的痕迹，又对应着不同时代的人们使用该词时的不同诉求和理性建构的不同倾向。下面就以这三种含义为线索来理清 "civil so-ciety" 一词在西方思想脉络中的变化，并试图厘清现代意义上的 "公民社会" 究竟所指为何。

2.1.2.1　传统意义上的公民社会

古典公民社会理论出现在国家与社会一体化时期的古希腊。亚里士多德在《政治学》中最早提出 "koinōnia politiké"❸ 概念，用来描述政治共同体或城邦。由于当时政治生活几乎是全部社会

---

❶ 思想脉络部分内容参考谈火生："中国呼唤公民社会"，见萧延中等：《多难兴邦——汶川地震见证中国公民社会的成长》，北京大学出版社 2009 年版；Jean L. Cohen and Andrew Arato, *Civil Society and Political Theory*, Cambridge Massachusetts：The MIT Press，1992。特致谢忱。尽管我们在 "二分法" 和 "三分法" 公民社会思想上存在根本分歧。

❷ "民间社会" 是稍早台湾地区学者所采用的普遍译法，指与国家机关相对立的领域，从而被勾勒出一种由下而上单向度反抗威权国家的关系，这种译法带有中国传统 "民反官" 的历史记忆，因此也被认为具有边缘化的色彩。邓正来："导论"，见邓正来、杰弗里. 亚历山大主编：《国家与市民社会：一种社会理论的研究路径》，上海人民出版社 2006 年版。

❸ 该词后来在拉丁文中被译为 "societas civilis"，英文的 "civil socie-ty" 一词即由此而来。

生活，所以这个概念也指称整个社会或政治社会，它与公民身份（Citizenship）有着密切的关系。亚里士多德指出："只要一个人参与了某一政体，参与了政治共同体的审判或行政事务就是公民了，无需其他的附属条件。"❶ 因此，亚氏这个概念天然具有"公民社会"的含义。

由于古希腊没有公共领域与私人领域的界分，城邦的政治生活几乎是公民的唯一活动，公民是不事生产的，他们是"政治人"，而不是"经济人"——市民。因此，亚里士多德的"koinōnia politiké"概念也就不可能具有后世兴起的"市民社会"的含义，但它却具有"文明社会"的含义。因为亚里士多德认为，城邦是自由而平等的公民在一个合法界定的法律体系之下结成的"伦理—政治共同体"❷，城邦是人充分发掘自身潜能、展现自身本性最重要的舞台；只有在城邦中，人才能过一种平等的"优良的生活"，实现"公共善"。在这个意义上，城邦是人从野蛮走向文明的体现，城邦的法律体现着人之为人的本性和目的，人要充分地展现自身的本性就必须参与公共生活。亚里士多德的论述奠定了西方古典公民社会理论的基础。

古罗马的政治理论家西塞罗继承了亚里士多德"koinōnia politiké"的基本思想，在公元 1 世纪提出拉丁文的"civilis socie-tas"（公民社会）、"civitas"或"res publica"（共和国）等概念。在西塞罗那里，公民社会"不仅指单个国家（指共和国），而且也指业已发达到出现城市的文明政治共同体的生活状况"。这些

---

❶ ［古希腊］亚里士多德著，姚仁权编译：《政治学》，北京出版社 2007 年版，第 38 页。

❷ Jean L. Cohen and Andrew Arato, *Civil Society and Political Theory*, Cambridge Massachusetts：The MIT Press，1992，p. 84.

共同体有自己的民法，有一定程度的礼仪和都市特征，公民相互合作，其城市生活和商业技艺都是优雅而精致的。❶ 西塞罗也是在"公民社会""政治社会"和"文明社会"三重含义上使用"civil society"这一概念的。西塞罗认为，公民社会代表城市文明，是一个道德的集体，共和国是"人民的事业"。西塞罗第一次将这一概念带入拉丁语世界，而从罗马时期开始，特别是在中世纪一千多年的时间里，拉丁语是西方世界的官方语言和学术语言。因此，西塞罗将亚里士多德的"koinōnia politiké"译为拉丁语的"Civilis Societas"，对后世影响深远。

公元 5 世纪，随着北方蛮族的入侵和西罗马帝国的灭亡，整个西欧一夜之间倒退了几百年。不仅古代的典籍从人间蒸发，消失得无影无踪，而且整个社会从一种高度文明的状态重新回到一种较为野蛮的状态，社会的组织化程度很低。直到 9 世纪左右才产生一种新的社会政治结构——封建主义。又过了 200 年，西欧封建主义又出现了一个新的结构性特征：主权的封建分裂化产生了中世纪的西欧城市，由此形成一种二元结构——封建国家和城市共和国并存。❷ 这种新的社会政治结构迫使经院哲学家必须对之作出理论上的解释。恰逢此时，一批古代的典籍在阿拉伯人的图书馆中被发现，并由此引发西方政治思想史上的一个重要事

---

❶ ［美］戴维·米勒、韦农·波格丹诺编，邓正来等译：《布莱克维尔政治学百科全书》，中国政法大学出版社 2002 年版，第 132 页。

❷ ［英］佩里·安德森著，郭方等译：《从古代到封建主义的过渡》，上海人民出版社 2001 年版，第 153～154、204 页。

件——新亚里士多德主义的兴起。❶ 正是在对亚里士多德思想的重新阐释过程中，公民社会概念在西方政治思想中被激活了。

在这一过程中，中世纪最伟大的思想家托马斯·阿奎那和中世纪晚期重要的政治理论家约翰和马西略等人，均借助亚里士多德的思想来为自己的政治主张进行论证。阿奎那还严格地将"civilis societas"限定为中世纪的城市国家（city-state）。应该说，这种用法还是比较接近于亚里士多德的原意，它对应着亚里士多德的城邦（polis）。但是，这种严谨的用法并没有维持多久，因为希腊思想中的城邦是享有主权的。在当时西欧的城市国家中，却只有少数城市国家接近于享有完全的主权，而且这种主权只是事实上的，而不是法律上的。因此，中世纪晚期，随着"civilis societas"概念的广泛使用，其外延也在不断扩大，封建秩序中的各种碎片化的主权单位（世袭的统治者、社团、城市），中世纪的王权和帝国，都被视为公民社会或共和国。❷ 但这一时期的思想家对"civilis societas"的理解并未超出亚里士多德和西塞罗赋予该词的含义，仍然主要是在"政治社会"或"城市国家"的含义上使用该词，只不过"文明社会"的含义似乎看不到了。之所以出现这样的变化，是因为中世纪思想家在使用该词时不再将其与野蛮相对应，而是将其和神圣秩序相对应。无论是阿奎那利用亚

---

❶ 相关情况可参考：Cary J. Nederman，"'Aristotelianism and the Origins of Political Science' in the Twelfth Century"，*Journal of the History of Ideas*，Vol. 52，No. 2，1991，pp. 179 ~ 194；Cary J. Nederman，"The Meaning of 'Aristotelianism' in Medieval Moral and Political Thought"，*Journal of the History of Ideas*，Vol. 57，No. 4，Oct. 1996，pp. 563 ~ 585.

❷ Jean L. Cohen and Andrew Arato，*Civil Society and Political Theory*，Cambridge Massachusetts：The MIT Press，1992，p. 85.

里士多德来为教皇的统治权进行辩护,还是马西略等人利用亚里士多德来反对教会拥有强制性权力和侵犯世俗权力,他们都是在"教权—王权"之争的背景下展开论述的。

按照查尔斯·泰勒的研究,中世纪形成的三个观念对后来公民社会理论的发展有着重要的影响:(1)社会是一个更大的单位,政治组织只是其间的一个有机组成部分;(2)教会是一个独立社会的观念,它不是从属于国家,而是和国家平行的;(3)领主和封臣之间的准契约关系要求领主在作出重大决策之前应征得封臣的同意。❶ 这三个观念对后世公民社会理论的影响在于:首先,它强调那些非国家成分的前政治(pre-political)性质(如族群或共同体),或者非政治(a-political)性质(如自我调节的市场);其次,它强调政治系统本身并非铁板一块,而是呈现为一种碎片化的状态,相互之间存在一种制衡关系。在后文中可以看到,这恰好成为后来公民社会理论中的法国传统和英美传统的先声。

意大利政治学家鲍比(N. Bobbie)曾经概括:在传统自由主义时代,众所周知的两个相对概念不是"政治社会和市民社会",而是"自然状态和市民社会"。❷ 随着绝对主义国家(absolutism)的兴起和民族国家(nation-state)的构建,传统意义上的公民社会和现代意义上的公民社会的分水岭出现了。❸ 17~18世纪,契

---

❶ [加]查尔斯·泰勒:"吁求市民社会",见汪晖、陈燕谷主编:《文化与公共性》,生活·读书·新知三联书店1998年版,第171~198页。

❷ 邓正来、杰弗里·亚历山大主编:《国家与市民社会:一种社会理论的研究路径》,上海人民出版社2006年版,第83页。

❸ Jean L. Cohen and Andrew Arato, *Civil Society and Political Theory*, Cambridge Massachusetts: The MIT Press, 1992, p. 86.

约论思想家再次使用公民社会概念来为新的社会政治秩序进行辩护。这一次"公民社会"和"政治社会"仍是同义词，但与此相对应的是"自然状态"（state of nature）。尽管霍布斯、洛克和卢梭这三位最著名的契约论思想家对自然状态和公民社会（或政治社会）的理解差别非常大，他们所面临的基本课题却是一样的。他们都是要说明人类"为何"和"如何"从毫无规范的自然状态进入法律约束的"文明社会"或"政治社会"的，其基本目标在于强调主权国家之权威建立的"理性—法治"的政治社会秩序。❶ 需要注意，在契约论思想家这里，"civil society"一词仍然主要是指一种政治社会和文明社会，初步具备市民社会的含义。洛克初步意识到政府与社会的区别，并强调政府对私有产权的保障。他还指出，"社会"是先于、外在于政府或国家而存在的，政府或国家只是"社会"的一个组成部分。当然，契约论思想家仍未和传统意义上的公民社会理论决裂。❷ 因为洛克声称"只有置于一个有最高统治权的政府之下"，才可形成一个公民社会；❸ 霍布斯也认为，公民社会必须有最高主权保障才不会涣散。这也折射出西方文明一直到 17 世纪为止的发展历程，即国家与社会并未完全分离。❹ 值得注意的是，尽管公民社会并未成为洛克思想中最重要的概念，他界定一个独立社会领域的倾向和有限政府

---

❶ 蔡英文："公民德性、市民社会与主权国家：现代市民社会论述之探讨"，载《政治科学论丛》（台北）》2000 年第 10 期，第 83～112 页。

❷ Jean L. Cohen and Andrew Arato, *Civil Society and Political Theory*, Cambridge Massachusetts：The MIT Press, 1992, p. 88.

❸ ［英］约翰·洛克著，叶启芳译：《政府论》（下），商务印书馆 1982 年版，第 102 页。

❹ 张乃和主编：《现代公民社会的起源》，黑龙江人民出版社 2007 年版，第 76 页。

的思想却显然启发了 18 世纪苏格兰启蒙学者。

2.1.2.2 现代意义上的公民社会

18 世纪开始，随着城市的发展壮大，市场经济的完善，国家和社会趋于分离，公民社会获得其现代意义，指称独立于国家之外的社会经济生活领域。约翰·基恩认为，现代意义上的公民社会理论于 1750 ~ 1850 年逐渐在欧洲地区发展成熟。其间经过弗格森、斯密、黑格尔、马克思等人的不断完善，基于国家—社会分离意义上的现代公民社会理念才最终得以成型。一般而言，学界将现代意义上的公民社会理论区分为两大传统——英美传统和欧陆传统。❶ 前者以苏格兰启蒙思想家休谟、斯密和弗格森等人为代表，后者则以孟德斯鸠、托克维尔、黑格尔、马克思等人为代表。

正如有论者所指出的那样，17 ~ 18 世纪商业社会的急剧扩张对广为接受的共和主义传统构成严峻的挑战。在共和主义看来，公民美德是捍卫共同体和公共生活的至关重要的资源。那么，商业社会究竟是会掏空这种公民美德，还是新的社会团结和政治力量得以生发的资源？❷ 这一问题是当时政治理论家们思考的核心问题，也是上述思想家在阐释"civil society"概念时的一个基本背景。

如果说契约论思想家是从人的自然权利和政府的起源角度来论析公民社会的内涵的话，那么苏格兰启蒙思想家们则将目光转向人类的经济和物质文明发展的过程。他们处在 18 世纪中叶的

---

❶ 顾忠华：《社会学理论与社会实践》，台北允晨文化公司 1999 年版。

❷ John A. Hall and Frank Trentmann, *Civil society: A Reader in History, Theory and Global Politics*, Palgrave Macmillan, 2005, p. 7.

英国，深刻体认到科学技术、国际贸易、产业分工、社会结构等各个领域的变迁，开始思索新的政治、经济和社会秩序，应该如何调和个人/集体、私人/公共、自利/利他，乃至理性/情感的种种冲突。❶ 从政治与社会思想史的观点来看，弗格森和斯密的"civil society"概念代表这种转变的关键，自此开启了黑格尔在《法哲学》一书中所分析的"现代国家"与"布尔乔亚市民社会"的区分，以及继之而起的马克思历史唯物论式的批判。❷ 因此，公民社会理论在苏格兰启蒙思想家这里经历了一次政治经济学的转向。❸

这一转向始于弗格森，并为斯密所继承。他们对"civil society"的重新阐释中有两点非常值得注意：

其一，他们在"civil society"概念中注入了经济的维度，这是以往的思想家在运用"civil society"概念时所没有的。如前所述，即便对于契约论思想家来说，"civil society"也主要是一种"政治社会"。但是，到了弗格森和斯密这里，却开创了一条从经济而不是政治角度把握社会生成、运行的社会哲学思路。❹ 他们依据对于当时西方商业资本主义发展的了解，重新阐释"civil society"的意义。他们认为，所谓的"civil society"，乃是一种自发

---

❶ 顾忠华：《解读社会力——台湾的学习社会与公民社会》，台北左岸文化出版公司 2005 年版，第 123~124 页。

❷ 蔡英文："公民德性、市民社会与主权国家：现代市民社会论述之探讨"，载《政治科学论丛》（台北）2000 年第 10 期，第 83~112 页。

❸ 这并不是说契约理论关于公民社会的论述对于现代公民社会理论就没有意义了，事实上，契约理论基于公民权利的论述和从弗格森到黑格尔对国家与社会的划分，它们对于现代公民社会理论而言都是必不可少的。

❹ 张乃和：《现代公民社会的起源》，黑龙江人民出版社 2007 年版，第 76 页。

形成的秩序,在其中人民彼此帮助,彼此调适,他们可能以自然的条件(如年龄、财产或世代顺序),或者经济分工的需求,或者各种未可言喻的成规、范式,组成复杂的人际关系,以及形成社会层级的网络与结构。❶ 具体而言,就是当时英国在君主制下发展出来的商业资本主义社会,而不再是亚里士多德的城邦、中世纪的城市共和国,或者是霍布斯笔下的绝对君主制国家。这种基于商业贸易与劳动分工所产生的自愿性关系慢慢地取代了情感或宗教,成为社会团结的纽带。据此,政治与社会,或者说国家与社会分野的思想出现了(尽管尚不成熟),17 世纪契约论思想的基本思路被转换了,法治国家不再被视为创立与主导"civil society"的基本条件。相反,"civil society"构成政府一切施为的正当性基础,"政府施政的课题乃是提供法治规约的架构,而能确保市民社会一定程度的自动自发性的功能。主权国家在运作治权时,只是延续市民社会内蕴的权力关系,或者,与之相接榫。……这也就是说,国家治理的功能只是达成市民社会对于秩序的要求,这个秩序的维系,是使得社会与经济之自我运作顺畅的必要条件"。❷ 正是在这一思路下,斯密用"看不见的手"来解释社会秩序的生成与运作,将"劳动分工"与"市场"联结,并将其置于"civil society"的核心。弗格森则从"社会行动的未预期后果说"强调社会秩序的自然演进,这一点后来成为哈耶克

---

❶ 蔡英文:"公民德性、市民社会与主权国家:现代市民社会论述之探讨",载《政治科学论丛》(台北)2000 年第 10 期,第 83 ~ 112 页。

❷ Graham Burchell, "Civil Society and the System of Natural Liberty", in *Faucultian Effect*. Edited by G. Burchell et al., London: Harvester, 1991. 转引自蔡英文:"公民德性、市民社会与主权国家:现代市民社会论述之探讨",载《政治科学论丛》(台北)2000 年第 10 期。

自生自发秩序最主要的思想资源。❶ 对弗格森来说，所谓"civil society"，指的是在法律与政府之下发展为具有文明与秩序的社会，其含义与当代对该词的用法有所不同。

其二，"civil society"一词所具有的"文明社会"的含义。以往的思想家从文明社会的角度来理解"civil society"时，要么直接将其与"野蛮"相对照（亚里士多德、西塞罗），要么将其与"自然状态"相对照（契约论思想家）。但是，斯密和弗格森注意到"劳动分工"与"市场"的悖论：一方面，随着市场的扩展和分工的深化，尊重、信任、同意、合作和奉献等"公民性"内核发育起来；另一方面，市场理性的过度扩张容易导致社会走向自利自为、虚荣、糜烂的生活形态，商业资本主义社会的有效运作仅靠国家提供的法治框架是不够的，缺乏"古典共和之公民德性"（public virtue）的根蒂，商业资本主义社会终究会背离其自由精神，而接纳任何形式的专制政府。因此，如何在商业资本主义社会中保存"轴心文明期"古典共和的公民德性——如公民的公共精神、节制的道德人格，以及对城邦的热爱——就显得尤为必要了。正是基于这一立场，苏格兰启蒙思想家不是像契约论思想家那样从"理性"的角度来证成其规范性理想，而是转而从"德性"的角度来证成其规范性理想，在一种新的意义上阐释"civil society"所具有的"文明社会"的含义。市场交易必须以尊重对方产权为前提，市场经济重视同意和授权，市场经济是信用经济。至此斯密倾力奉献《道德情操论》和《国富论》两部看似旨趣迥异的著作的个中之道已彰。

---

❶ 张乃和：《现代公民社会的起源》，黑龙江人民出版社 2007 年版，第 88 页。

在对"civil society"一词的阐释过程中,欧陆传统迥异于英美传统。而在欧陆传统中,又有法、德的不同。其中,法国传统的代表人物是孟德斯鸠和托克维尔,德国传统的代表人物则是黑格尔和马克思。

如果说英美传统在阐释"civil society"时是将它和市场联系在一起的话,那么,法国传统则认为在政府和人民之间存在一个"第三域",这个领域就是所谓的"公民社会"。对于英美传统而言,公民社会是一系列相互关联的生产、交换和消费行为的总和,它有着自己的内在动力和自主性的规律。因此,它是一个需要尽量避免国家干预的私人领域,❶ 其中,个人以私人身份追求各自的利益,特别是经济利益。但是,对于法国传统而言,公民社会并没有被等同于市场,相反,它是一个主要由独立于国家之外的志愿团体和社会运动所构成的集合。在此,可以看到英美传统和法国传统的"同"与"异":他们都强调公民社会是独立于国家之外的一种力量,但对这种力量的理解是不同的。在英国传统中,公民社会主要是指私人领域,兼及公民权利和公共领域,而在法国传统中,公民社会则主要是指社会运动、公民权利和公共领域,兼及私人领域。或者换句话说,英国人讲"civil society"时注重的是其经济关系(市场机制和私有产权),而法国人更强调的则是其政治含义和公共领域。附带指出,美国人早期追随英国传统,强调经济关系(私有产权),后来有日益强调公共领域和结社生活的趋势。

与洛克的非政治性的公民社会不同,孟德斯鸠所理解的"社

---

❶ [加]查尔斯·泰勒:"呼求市民社会",见汪晖、陈燕谷主编:《文化与公共性》,生活·读书·新知三联书店1998年版,第171~198页。

会"并不独立于政治制度之外,相反,这些独立的社团被整合进政治体系之中,并构成政治体系中权力分立和多样化的基础。❶综观当时世界各国的状况,孟德斯鸠发现当时英国的君主立宪政体是最接近他理想的国家制度,这种君主立宪政体的特色是权力相互制衡。这种牵制力量的产生必须仰赖一群独立且合法的政治团体对法律进行监督,这个存在于国家与个人之间,作为防止专制国家产生的政治结社就是"中介团体"或"中介结社"。❷它让君主必须依法行事而不能为所欲为,从而保障了公民的各项自由不受君主或任何他人的非法干预。

孟德斯鸠思想的卓越贡献在于明确地提出中介性结社组织在平衡政府权力上的作用,这种健全中介团体的发展空间就是"公民社会"。虽然孟德斯鸠的公民社会思想带有明显的法团主义痕迹,但他第一次将"中介团体"的观念带入公民社会的范畴,这对后来的托克维尔和黑格尔产生了重要影响。❸

托克维尔继承了孟德斯鸠的基本主张,强调社团是抵制温和专制的唯一堡垒。他有一句名言:"在民主国家,关于结社的科学才是一切科学之母。"❹但不同的是,孟德斯鸠眼中的中介团体

---

❶ [加]查尔斯·泰勒:"市民社会的模式",见邓正来、杰弗里·亚历山大主编:《国家与市民社会》,上海人民出版社 2006 年版,第 16、27 页。

❷ 孟德斯鸠所谓的"中介团体"与我们现代的理解稍有不同,他主要指的是议会之类的机构与等级制度下的某些等级团体的力量。因此,在他看来最自然的中介团体就是贵族。

❸ 徐敏雄:"市民社会理论对社群学习的启示",台湾师范大学博士学位论文,2002 年,第 140~141、155~156 页。

❹ [加]查尔斯·泰勒:"市民社会的模式",见邓正来、亚历山大主编:《国家与市民社会》,上海人民出版社 2006 年版,第 28 页。

主要是由贵族或社会精英构成，而托克维尔理想中的公民社会则更贴近平民百姓，他强调为了各种目的而组织起来的自愿性社团使人们有了自治的体验，并形成自治的习惯。这些中介团体对公共事务的积极参与，不仅能使原先只关心一己私利的个人凝聚在一起，克服了工业化和商业化带来的疏离感和无力感；而且，它们能为人民开辟一个意见交流的公共论坛，它们在公共领域中的实际行动能有效地遏制和约束中央政府不断扩大的行政权，进而达到防止专制或集权政府的效果。为了实现这一点，中介团体必须规模小且数量多，而且须存在于政治体系的各个层面，唯有将各项公共权力普遍分散到各个民间组织手上，才能真正达到权力制衡的功效。

英美传统和法国传统差别很大，但它们都是沿袭拉丁语系的思想传统，使用"civil"一词时都带有明显的罗马文化的烙印。但在现代历史上，现代公民的主力军是由中世纪城市里形成的市民等级（"bourgeoisie"阶层的人）演化来的。因此，仅从"civil society""société civile"等词的拉丁语原义来理解现代公民社会是不行的，来自日耳曼语系的德文词汇"市民社会"（bürgerliche gesellschaft）则为公民社会理论贡献了一个新的理解维度。

在德国思想传统中，康德是第一个明确使用"市民社会"这个概念，并把它当做一个重要问题加以讨论的思想家，其市民社会思想是18世纪法国哲学家关于"公民"及"公民社会"讨论在德国的回应。康德把市民社会理解成"普遍法治的公民社会"，一种理想、文明、进步的社会。然而，到了黑格尔和马克思那里，这幅文明理想的图画遭到彻底摒弃，他们把市民社会直接看成"私人需要的体系"（黑格尔）或"私人利益关系的总和"（马克思）。市民社会不复是政治社会，其成员也不是国家公民而成了私人，即从"公民"变成"市民"。

需要指出的是，英美传统和法国传统在黑格尔手中被整合起来。一方面，他将从洛克到弗格森这一脉的思想纳入其思想体系之中，认为市民社会既不同于自然社会（家庭），也不同于政治社会（国家），强调社会独立于国家而存在，不再通过政治结构来规定社会，而是通过市场这一高度自律性的体系来规定社会，并认为自我调整的企业式的经济在社会这一层面具有中心地位；另一方面，他也受孟德斯鸠的影响，将那些能自觉进行自我管理的中介团体（如同业公会或法人社团）纳入其市民社会的范畴之中。❶ 这些自治性的团体是将个人与国家、私人利益和普遍利益联结起来的中介。如果说个人追求的是私人利益，国家代表着普遍利益，那么，这些自治性团体维护的则是特殊利益。❷ 个人和各种自治性团体为了满足自身需要而展开的利益角逐构成市民社会活动的主要内容。

黑格尔市民社会理论的第二个创新在于他对自然主义的批判。他认为，在市民社会的各个组成部分之间并不存在必要的一致或和谐。和由真正的爱所培育的和谐的父系家庭不同，在市民社会中，集体团结和交互作用的各种方式通常是不相契合、脆弱并易于导致严重冲突的。现代市民社会是一个私人利益之间相对抗的无休止的战场。这种盲目、自发的发展方式不仅不能克服其特殊性（particularities），而且可能会削弱和妨碍其自身的多元性。黑格尔强调，现代市民社会自身无法消除这种自我削弱的趋

---

❶ ［加］查尔斯·泰勒："吁求市民社会"，见汪晖、陈燕谷主编：《文化与公共性》，生活·读书·新知三联书店1998年版，第19、27页。

❷ 何增科："市民社会观念的历史演变"，载《中国社会科学》1994年第5期。

势，也无力克服其内在的冲突和分裂的危险。除非通过政治社会对市民社会进行安排，否则它就无法维持其"市民的"或"文明的"状况。❶ 因此，只有国家能弥补市民社会的缺陷，并将其所含的特殊利益融合进一个代表着普遍利益的政治共同体之中。司法机关帮助市民社会杜绝对财产权与人身权的侵害，警察负责制止各种可能危害别人的不法行为，政府保障个人生活、提供公共服务，参与和监督市民社会中各种公共事务，管理公益设施，等等。基于此，黑格尔将强制性的国家机关视为市民社会的构成环节。❷

黑格尔的设想很美好，对市民社会的积极要素如经济自由，国家必须给予保留和坚持；对于市民社会的盲目性、特殊性和自我削弱，必须借助国家的力量来加以克服。而且，他还为国家干预规定了两个条件：第一，为了补救市民社会的不公正和不平等状态；第二，为了保护和促进民众的普遍利益。只有满足这两个条件，国家对"特权和罪恶的清除"才是合法的。但是，关键问题在于：何种情况下干预为合法，由谁来判定？由于黑格尔的国家概念融入了伦理观念，他赋予国家以"至高而广涵"的神圣意味，国家被视为绝对精神的体现。因此，国家可以自行规定何为"普遍利益"，这就为新的政治专制埋下了伏笔。后来的托克维尔

---

❶ ［英］约翰·基恩："市民社会与国家权力型态"，见邓正来、杰弗里·亚历山大主编：《国家与市民社会：一种社会理论的研究路径》，上海人民出版社 2006 年版，第 101～120 页。

❷ 何增科："市民社会观念的历史演变"，载《中国社会科学》1994年第 5 期。

就警觉到黑格尔普遍国家观念中所蕴含的政治危险。❶

　　和黑格尔唯心式的市民社会理论相比，马克思基于历史唯物主义的立场，将颠倒的世界重新颠倒过来，对市民社会进行了重新阐释。他对市民社会理论最大的贡献有两点。第一，对斯密和黑格尔等人的观点进行了扬弃，更清楚地描绘出市民社会与劳动分工方式转变、资产阶级兴起以及布尔乔亚社会秩序建立之间的关联性。马克思认为，作为一种历史现象的市民社会产生于资本主义取得显著发展后的年代。❷ 所以，他和斯密、弗格森一样，也是从人类生产方式的转变着手来考察市民社会的内涵。他除了像黑格尔一样强调劳动分工、交换、生产工具私人所有等因素的作用外，还进一步将社会划分为有产者和无产者，这些内容构成马克思所想象的市民社会的核心。同时，他还指出，"物质生活关系的总和"在市民社会诸方面中，具有决定性意义。他没有像弗格森、斯密那样从德性、道德情操的角度来论证公民社会的规范性理想，也没有像黑格尔那样从伦理的角度将市民社会视为绝对精神的一个发展阶段，而是将自己的注意力集中在市民社会的商业或经济方面，并将经济彻底地置于市民社会的核心。因此，在马克思那里，市民社会不是斯密眼中的具有优良风范的"文明社会"，甚至也不是黑格尔式的由参与交换关系的人相互依存而凝聚在一起的社会。相反，它是这样一个社会，在那里，无产者被生产工具的所有者以镇压方式强制在一起。生产关系以及社会

---

❶ 庞金友：《现代西方国家与社会关系理论》，中国政法大学出版社2006年版，第174～175页。

❷ 在《德意志意识形态》中，马克思详细地分析了中世纪的市民社会是如何随着交往的扩大而发展到现代的市民社会的。对他来说，从这样一个历史传统出发来理解现代市民社会是异常重要的。

被划分为有产阶级和无产阶级,这是市民社会的本质特征。❶ 第二,精辟地分析了市民社会和政治国家相分离的政治意义。首先,马克思认为市民社会和政治国家的分离是政治制度改进的动因,"政治制度本身只有在私人领域达到独立存在的地方才能发展。在商业和地产还不自由、还没有达到独立存在的地方,也就不会有政治制度"。❷ 比如,中世纪所有私人领域均具备政治属性,政治也是私人领域的特征。其次,马克思指出,当市民社会从政治国家或专制权力的束缚中摆脱出来获得独立存在时(通过政治革命实现),就为代议制民主奠定了坚实基础。❸

至此,现代意义上的公民社会理论的基本架构宣告完成。但黑格尔和马克思采用"bürgerliche gesellschaft"来代替"civil society"到底意义何在?将市民社会视为"私人需要的体系"或"私人利益关系的总和"似乎和今天学界对公民社会的理解有所偏离,那为什么学界会公认,在黑格尔之前并不存在现代意义上的市民社会概念呢?可以从三个角度来回答这一问题。

其一,作为一个鲜活的历史过程,德文的"bürgerliche gesell-schaft"比源自拉丁文的"civil society"概念更加准确地反映出现代市民社会的起源与特征。原因有三:首先,它告诉人们,西方现代市民社会起初就是由生活于城堡或市镇上的那些商人、自由

---

❶ [美] 爱德华·希尔斯:"市民社会的美德",见邓正来、杰弗里·亚历山大主编:《国家与市民社会:一种社会理论的研究路径》,上海人民出版社 2006 年版,第 35 ~ 36 页。

❷ 马克思:"黑格尔法哲学批判",见《马克思恩格斯全集》第 1 卷,人民出版社 1956 年版,第 283 页。

❸ 何增科:"市民社会观念的历史演变",载《中国社会科学》1994 年第 5 期。

民等构成的。这些人与罗马时期拥有特定身份与特殊政治地位的公民不同，既无身份又无地位，以至于在一些国家直到 18 世纪中叶仍被视为"流民"。其次，与古代共和主义公民相比，初期他们不是公民，无须对国家承担什么责任，也未必怀有和追求公民美德，甚至他们只是一些精于算计的商人与有产者，他们的目标就是获取私人利益。在封建采邑制度与教会统治下，追逐私人利益者是会获罪的。不过，"bourgeois"与城市自治公社的问世标示着私人利益逐步得到认可，获取私人利益变得光明正大，而且人们追逐私人利益时无须把它和公民美德、责任直接联系起来。现代市民社会事实上正是在他们的推动下形成的。这就不难理解为何黑格尔将由"bourgeois"组成的市民社会定义为"私人需要的体系"了。最后，与古希腊罗马时期的"公民"社会相比，自 11 世纪诞生以来，这个由"bourgeois"组成的市民社会就努力摆脱王权、教会和领主等所有外部政治势力的束缚，最终获得自治，形成独立于教会与王权的城市公社（commune）。在绝对君主制国家里，市民社会又和政治国家相抗衡，反对公权力对私权利的侵犯及重税政策，并试图厘清公权力与私人领域之界限，最终通过建立资产阶级共和国实现了愿望。这些现代市民社会的特有含义是无法从拉丁语系的"civil society"概念中直接反映出来的。❶

　　其二，黑格尔和马克思从现实的角度而不是理想的角度，揭示了现代市民社会的核心特征。公民社会理论的英美传统和法国传统拥有一个共同的重要维度，即将公民社会视为美好社会的一

---

❶ 方朝晖："市民社会的两个传统及其在现代的汇合"，载香港《中国社会科学》季刊 1994 年第 5 期。

种理想。对他们来说，公民社会不是对现实的描述，而是未来社会发展的蓝图和目标。基于此，他们对市民社会极力赞扬，把它描绘成充满文明、美德、宽容的理想社会。但是，在黑格尔与马克思，特别是在马克思那儿，市民社会并非被当做一种理想的美好社会提出来的，也不是"文明社会"，而是被视为充满矛盾的现实的世俗社会。因此，他们宁愿用更多的笔墨来批判它。黑格尔强调市民社会要以国家为前提，带有鲜明的主权焦虑倾向，马克思则研究了市民社会内部相互对立的两个阶级的矛盾之不可调和性，并深刻揭露了这一社会制度的根本缺陷。黑格尔和马克思的贡献恰恰在于，让人们看到了现代市民社会所拥有的一系列重要属性：它是以"真实的人"（而不是理想的人）相互交往形成的私人利益关系的总和，又是一个私人领域获得了充分重视与发展并和公权力相互区分的自治领域等。[1] 正是在这个意义上，很多学者认为在黑格尔之前，并不存在现代意义上的市民社会概念。

其三，英法传统和德国传统的公民社会理论在 20 世纪有融合的趋势。在德国传统中，它被想象为一个由"bourgeois"构成的"市民的"社会；而在英法传统中，它被解释为由"citizen"组成的"公民"社会，又是一个文明社会和政治社会。公民社会概念后来之所以出现严重混乱，与从上述两种不同甚至彼此冲突的传统理解公民社会有密切的关联。实际上，在黑格尔和马克思之后，公民社会理论在西方学界几乎销声匿迹了，直到 20 世纪70 年代，这一理论才重新引起学界的兴趣。而且，在公民社会理

---

[1]　方朝晖："市民社会的两个传统及其在现代的汇合"，载香港《中国社会科学》季刊 1994 年第 5 期。

论的复兴过程中，上述两种传统发生了融合的趋势。现在，公民社会理论既是一个描述性的概念，也是一个规范性的概念。作为描述性概念，它继承了黑格尔和马克思赋予它的基本品格；作为规范性概念，它又重拾英法传统。之所以如此，是因为公民社会理论的复兴本身包含两个基本的诉求：第一，在西欧和美国，理论家们希望通过公民社会理论来回应自 20 世纪初开始至 20 世纪中叶甚嚣尘上的形形色色的"国家主义"，以及随之而来的公民政治冷漠，试图通过公民社会的重塑来重构国家和社会间的良性互动关系，建构美好社会；第二，在东欧，理论家们则希望通过恢复社会领域的自主性，重建一个不受国家支配的社会组织与结社的网络，以便将人民凝聚起来，对抗并摆脱集权式统治，实现政治和社会的转型。❶

通过上面的分析，再回过头来反思"civil society"一词的翻译问题时会发现，当试图仅以"公民社会"来翻译该词时，可能会扭曲斯密、弗格森、黑格尔和马克思的理论精神，或是忽略了那些不具有"公共性"但却依然符合自愿结社精神的民间社群；而当我们试图仅以"市民社会"来翻译该词时，便会忽略孟德斯鸠和托克维尔赋予它的"公共性"和"政治性"。

需要指出，最近数十年来，公民社会思想继续在融合中流变，并影响、整合和吸纳了以下当前经济社会理论中的最前沿研究：（1）布迪厄（Pierre Bourdieu，1996）、普特南（Robert D. Putnam，1993、1995）、科尔曼（James S. Coleman，1988、1990）、波茨（Alejandro Ports，1998）、林南（Lin，2005）等所

---

❶ Brain O'Connell, Civil Society, *The Underpinnings of Amerrican Domocracy*, Hanover University Press of New England, 1999, p. 10.

主张的"社会资本"理论; （2）格兰诺维特（Granovetter，1973、1985）、林顿 C. 弗里曼（Linton C. Freeman，2005）、桑吉夫·戈伊尔（Sanjeev Goyal，2007）、马修·O. 杰克逊（Matthew O. Jackson，2008、2010）、大卫·伊斯利（David Easley，2010）等所主张的"社会网络"（social network）或"市场网络"理论（主要强调人类经济"嵌入"并缠结于社会制度之中，社会结构和网络对于信任和合作关系形成的重要性等）；（3）以诺贝尔经济学奖获得者埃莉诺·奥斯特罗姆等（E. Ostrom，1990；Ostrom、Gardner and Walke，1994；E. Ostrom，2000）为代表的多中心治理理论（强调公共资源的自主治理对逆转行为人"搭便车"等机会主义行为具有重要作用）。这些理论对于理解个体如何实现合作，如何克服集体行动困境，如何实现公共资源的最优治理都是十分关键的。

为叙述和国别考察的方便，本书使用的"公民社会"概念包容"市民社会"的理论精神，不同国家不同时期所侧重的结构性要素和理论维度不同。它的一般性定义如下：公民社会是具有公共性品格、相对独立于国家并与国家制衡和互动、参与公共治理和公共服务的自主性领域。公共性、独立性、自主性和参与性是其根本特征。在公民社会中，公民能够自主结社、沟通、协商、竞争与合作，并因此增加个人和社会资本，促进利益争取和利益表达制度化，提高公共部门的服务绩效和问责能力。

2.1.3 公民社会的结构性要素

在分析公民社会的结构性要素之前，首先需要对公民社会的二分模型和三分模型略作介绍，因为不同分析模型会直接影响对公民社会结构性要素的认定。

二分模型是 20 世纪之前的公民社会理论的一个经典模型，至今查尔斯·泰勒等人还在坚持。无论是洛克、孟德斯鸠，还是黑格尔、马克思，他们都是在"国家—社会"二分的框架下发展其公民社会理论的。尽管孟德斯鸠和托克维尔更强调各种志愿性结社，而弗格森、黑格尔等人则更强调市场机制和私人产权。在这一框架下，公民社会与国家相对，意指独立于国家之外的经济社会生活领域。

而当代西方公民社会理论家们则不满足于"国家—社会"的二分法，提出了"国家—经济—公民社会"的三分模型。较早提出这种主张的是两位西方马克思主义思想家葛兰西和哈贝马斯，后来为柯亨、阿拉托等左翼思想家所发展。葛兰西最大的贡献在于重新检讨了公民社会中除经济以外的其他制度设施，如教会、政党、工会、俱乐部、学校以及传播工具等非经济性的社会组织。他认为，这些复杂机制，不但形成公民社会的坚实基础，足以抵御"经济因素灾祸性的侵袭"，而且作为一个"国家各种组织和公民生活中团体组织的复合体"，同时也是现代民主制度的核心。❶ 哈贝马斯进一步把当代社会分成三个世界：政治世界或政治国家、经济世界或经济社会、生活世界或市民社会，市民社会包括纯粹的个人领域和非官方的民间公共领域。柯亨、阿拉托更加鲜明地提出，政治国家与市民社会的二分法已经不适用，应该采用"市民社会—经济—国家"新的三分法。主要是因为经济系统扩张迅速，应从市民社会里分离出来，形成一个独立的领域，市民社会主要是指社会和文化领域。他们还力主采用以社会

---

❶ ［意］安东尼奥·葛兰西：《狱中札记》，（台北）谷风出版社 1988 年版，第 196 ~ 221 页。

为中心的研究范式。他们认为，公民社会即"介于经济与国家间的社会相互影响和作用的一个领域，由私人领域（尤其是家庭）、社团领域（尤其是志愿性社团）、社会运动以及民众沟通领域构成"。何增科据此概括指出："如果说现代市民社会理论是以政治国家和市民社会的分离这一事实为出发点的话，那么当代西方市民社会理论则是以经济系统和社会文化系统的分离为基础的。"❶

应该说，二分法到三分法的发展对于西方发达国家而言确实有一定的针对性，这里的关键在于如何认识"市场"所扮演的角色。在二分法中，市场制度和营利部门的活动是公民社会的组成部分，甚至是主要的组成部分（特别是在黑格尔和马克思那里），私有产权下市场经济的繁荣与扩张被视为公民社会生长和发育的重要标志。这样的看法也是符合西方自中世纪晚期以来历史发展的实际的，市场经济在近代以来西方的政治和社会发展中确实扮演着相当正面的角色。到了 20 世纪，理论家们看到市场力量的迅猛发展与膨胀，不仅日益取得强势地位，而且其商业逻辑入侵社会文化系统，导致公共领域日益低俗化。这使他们警觉到市场经济的发展可能危及公民社会，三分法就是在这样的背景下提出来的。在他们看来，公民社会和国家、市场遵循的是互不相同的逻辑，公民社会遵循的是自由交往和平等讨论的逻辑，其目的是达成相互理解和协调行动；而国家遵循的是权力逻辑，市场遵循的是货币规则，其目的都是控制，而不是理解。因此，国家和现代经济的权力逻辑和金钱逻辑可能会侵蚀公民社会的自主性。我们发现，无论是二分法还是三分法，其实都是希望保持公民社会

---

❶ 何增科："市民社会观念的历史演变"，载《中国社会科学》1994年第 5 期，第 79 页。

的自主性，它们的差别只是在于，二分法认为市场不仅推动了公民社会自主性的建立，而且是公民社会自主性的重要基础；而三分法则认为，市场在当代社会已经变成公民社会自主性的一个严重威胁。因此，应该将市场排除在公民社会的范围之外。

但是，当运用这些不同的理论模型来分析当代中国时，必须认识到发达国家和发展中国家无论在社会体制上，还是在市场发展的形态上都有相当大的差距。[1]　在发展中国家，政治国家和公民社会曾长期处于高度统一的状态。而且，这种统一不是如欧洲中世纪那样，国家只是社会的一个有机组成部分，而是相反，国家吞噬了社会。在这种情况下，社会需要花很大的力气、很长的时间才能从国家中挣脱出来，获得自身的自主性。对于当代中国而言，这一过程还远未完成。因此，这一本质区别决定了"国家—社会"的二分法不仅没有过时，反而具有更强的现实针对性。[2]　从实践来看，近年来中国以私人产权、市场机制、志愿性活动和公共领域培育公民社会的路线是非常清晰的，本章开头有关结构性公共秩序的分析也厘清了私人产权、市场机制和尊重、信任、同意、合作和奉献等公民性相互塑造的关系。看来，关于市场与公民社会的关系，经济学的视角是不可或缺的，斯密的二元分析明显比柯亨、阿拉托仅仅看到市场的控制作用更深刻、更全面。因此，本书将市场力量（私人产权和市场机制）作为中国公民社会的重要组成部分。当然，应该承认，市场可能会和政治结盟，关键看公民性及公民社会的其他结构性要素对结盟的阻抑

---

[1]　庞金友：《现代西方国家与社会关系理论》，中国政法大学出版社2006年版，第254页。

[2]　何增科：《公民社会与民主治理》，中央编译出版社2007年版，第25页。

是否充分合理。

因此，总体上我们的主张是二分法，即坚持"国家—社会"二分的基本格局，继续完善私人产权和市场机制，扩大志愿性活动和公共领域的作用空间，带动公民社会发育，平衡政治权力，实现多中心治理。

有学者曾根据哈贝马斯和科恩等人的分析，将公民社会置于社会的四个领域——国家领域、私人领域、市场领域和公共领域——的相互关系中来加以考察（见图2-1），认为公民社会是非国家领域的志愿团体之间相互作用、公开对话的领域。❶ 本书坚持二分法，由此认为公民社会的结构性要素包括如下内容：❷

（1）私人领域。私人领域主要指私人自主地从事商品生产和交换的经济活动领域，兼及家庭。私人产权和市场机制是其主要内容，平等独立的、具有公民性的公民是公民社会的基石，家庭则是公民成长和政治社会化的重要场所。需要指出，此处及以下行文中的私人领域包括了上述结构图中的私人领域和市场领域。

（2）志愿性社团。坚持二分法的学者和坚持三分法的学者都认为，志愿性社团的兴旺发达是公民社会充满活力的标志。这种志愿性社团不是建立在血缘或地缘等自然因素之上，也不带有强迫性，并且不以营利为目的，而是一种非政府的、非营利性的社团组织。它是团体成员基于共同利益或信仰而自愿结成的社团，团体成员进出自由。志愿性社团不仅有助于培养社团成员的公共精神，也为团体成员提供了参与公共治理与公共服务的平台，增

---

❶ 托马斯·雅诺斯基：《公民与文明社会》，辽宁教育出版社2002年版，第16～19页。

❷ 此处主要参考何增科："市民社会：民主化的希望还是偶像"，见何增科《公民社会与民主治理》，中央编译出版社2007年版，第46～79页。

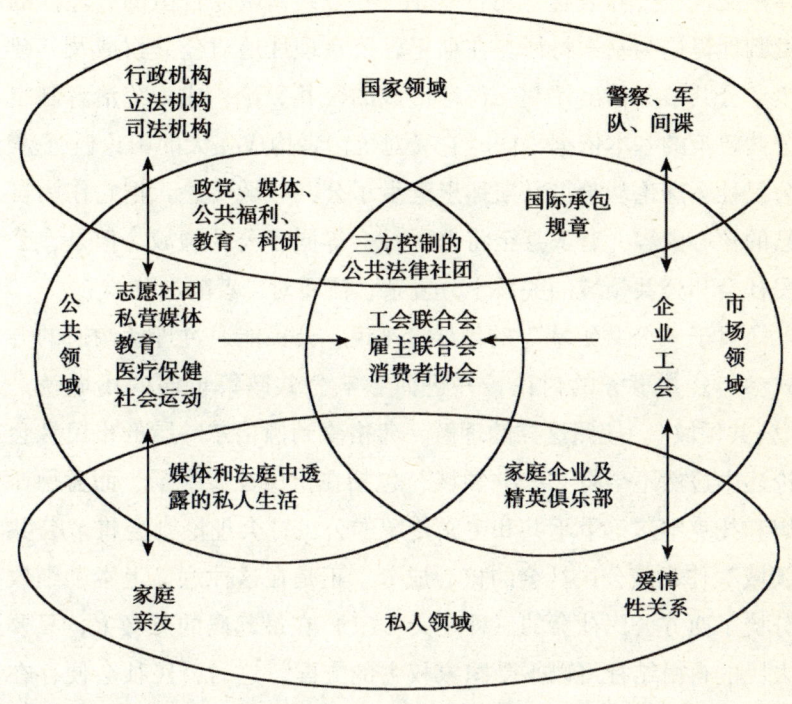

图 2-1　公民社会结构

强了团体成员的参与能力和水平，增加了团体成员的社会认同感。基于此，当代公民社会理论均将志愿性社团作为公民社会之核心要素，甚至有人将公民社会等同于志愿性社团本身。

（3）公共领域。当代公民社会理论关于公共领域的思想主要得益于哈贝马斯。按照哈贝马斯的观点，公共领域是指介于国家和社会之间的，通过聚会、媒体、社团等形式进行自由对话、主体性交往、公开表达意见的场域。❶ 公共领域以自由的、理性的批判性讨论为基本特征。在那里，公众理性地对公共权威及其政策、公共事务作出评判。讨论形成的公共舆论，成为统治者制定公共政策的基本依据，同时它又对统治者构成强大的舆论监督。❷ 公民社会理论从哈贝马斯那里继承了公共领域概念，把它作为自己的核心内容，有人甚至将公民社会等同于公共领域。但是，公民社会和公共领域的关系十分复杂，需要对二者略加分梳。

对于"公共领域"的倡导者来说，公民能通过理性沟通的方式参与公共事务的讨论，并进而影响公共政策走向的场域就是"公共领域"。按照这样的理解，弗格森到黑格尔一脉的市民社会论述中显然不会将"公共领域"包括在市民社会中了，而孟德斯鸠和托克维尔等秉承共和主义传统的公民社会理论则会将"公共领域"作为其公民社会的核心成分。正是在这种意义上泰勒细致分梳了西方公民社会的三种定义：（1）在最起码的意义上，只要人民的自由结社可以不受国家权力的支配，这时公民社会便存在了；（2）在较强的意义上，不但人民的集会和结社不受国家支配，而且他们还能自主地建构属于自身的认同，并协调自己的行动，这时公民社会才算存在；（3）作为第二种含义的替代或补充，当人民的集会结社能够相当有效地决定或影响国家政策方向时，我们才可以说公民社会已经存在。第二种和第三种含义的意

---

❶ ［德］哈贝马斯著，汪晖译：《公共领域》，见汪晖等主编：《文化与公共性》，生活·读书·新知三联书店1998年版，第126页。

❷ ［德］哈贝马斯著，曹卫东等译：《公共领域的结构转型》，学林出版社1999年版，第79页。

义在于，它引入了一个公共的维度。❶ 因此，一个社会如果只有大量的民间社团，却没有公共领域，那么，这些社团只是单独地存在着。由于缺乏公共领域的民主审议、对话、沟通和联结，任何社团的意见都只是一种"私"见，而不可能经由偏好集中代表"公意"（public opinion），当然也就很难影响国家的公共政策。在更糟的情况下，这些民间社团之间不仅没有对话和沟通，甚至还会陷入严重的对立和斗争之中。❷ 因此，对于当代公民社会理论家而言，公共领域是公民社会不可或缺的重要组成部分。

（4）社会运动。是指社会群体有组织、有计划地改变或进一步促进公民社会发育、改善社会治理的集体行为。多数左翼公民

---

❶ ［加］查尔斯·泰勒："吁求市民社会"，见汪晖、陈燕谷主编：《文化与公共性》，生活·读书·新知三联书店 1998 年版。扬（Oris Young）在对公民社会和公共领域两个概念进行界分时指出，公民社会中的结社形式包括私人结社（private association）、公民结社（civic association）和政治结社（political association）。其中，私人结社包括家庭、俱乐部和宗教团体等，其特征为内向封闭，它只对其成员开放，因此，它与公共生活没有关系；公民结社则包括那些自发的邻里巡逻队、慈善机构等，其特征为外向包容，它不仅为其成员，更为广大的社群服务，但与决策的过程还是保持着一定的距离；而政治结社则包括政党、利益团体与社会运动组织等，它有着高度的政策导向，其行动主要是为了改变社会的集体信念，并对政府决策施加影响。而公共领域主要出现在各种政治结社的互动中，因为只有在政治结社的互动里，我们才能看到关于公共议题的讨论与冲突，以及针对政府政策的批判与要求。见 Iris. Young, Inclusion and Democracy, Oxford University Press, 2000, pp. 160~164. 显然，扬的观点是倾向于泰勒的第三种含义。但这样的限定在中国语境下比较严格，中国目前只有少数结社有直接影响公共政策的企图，更多的结社是治理参与导向而不是政策导向的，其目标是针对治理中出现的一些具体问题，是希望有所作为。所以我们在很弱的意义上使用第三种含义。

❷ 李丁赞、吴介民："公民社会的概念史考察"，2006 年中国台湾地区"社会学会"年会会议论文。

社会学者均将社会运动当做公民社会富有重要价值的结构性要素。柯亨和阿拉托就认为，社会运动的主要目标是保障私人领域与公共领域自主发展的权利不被经济系统及公权力侵犯。广义的社会运动包括了激进式制度变迁——革命，新社会运动则包括女权运动、环保运动、黑人民权运动等，它们在提高生活质量，促进社会进步方面发挥着重要作用。

公民通过参与市场交易、志愿性活动、公共领域的对话和交往以及社会运动培养尊重、信任、互惠、合作等公民性，形成非物理意义上的"互联网"，即社会关系网络和价值共同体。这是经济发展和宪政民主不可或缺的社会资本。

2.1.4 中国公民社会研究综述

2.1.4.1 改革开放以来经济学界以外的公民社会研究

改革开放以来，随着市场机制和私人产权的完善与扩展，中国民间组织的"爆炸式"增长广受关注。[1] 这不仅因为"公民社会的发育程度在很大程度上可以由民间组织的发展程度来衡量"，[2] 而且因为民间组织的发展为理解中国国家与社会关系的转型提供了大量例证。基于此，诸多学者认为，中国发生了类似西方工业革命以后的变化，中国公民社会开始得到发展。但由于中国的国家和社会关系变革是"自上而下"地开展，而西方公民社会则走的是"自下而上"的历史发展道路，中国的现实变迁如何

---

[1] 经济学界以外的公民社会研究部分参考郁建兴等：《在参与中成长的中国公民社会：基于浙江温州商会的研究》，浙江大学出版社 2008 年版，第 1 章第 1 节内容。

[2] 何增科："中国公民社会发展的制度环境影响评估"，载《江苏行政学院学报》2006 年第 4 期，第 80 页。

运用西方公民社会概念解释便成为问题。

自 20 世纪 90 年代初公民社会理论被引介入中国，中国公民社会研究更多地反映出"一种理念性的宏观研究"❶，较为缺乏对国家与社会良性互动实现机制的学理论证。❷ 民间组织的勃兴，似乎为弥补这一缺陷提供了经验基础。但受"现代化范式"的影响，中国公民社会研究仍然表现出忽视自身发展经验对于形成中国公民社会品格的可能性研究，而且仍然假设了遵行西方路线的、从市场经济到公民社会到政治民主的演进路径，这"强烈地暗含了西方实现政治现代化的道路具有普遍有效性的预设"。❸ 就在西方公民社会理论被引介入中国的同时，对这一理论的本土化研究也随即展开。早期的市民社会❹论者"经由对自己所置身于其间的中国现代化发展现实的体认而形成的一种强烈的本土关怀及对西方种种市民社会理论的分析和批判"，❺ 试图超越自由主义

---

❶　马长山："当代中国的'市民社会'话语转换及其对法治进程的影响"，载《求是学刊》2007 年第 3 期，第 77 页。

❷　刘振江："中国市民社会理论研究综述"，载《当代世界与社会主义》2007 年第 4 期，第 159 页。

❸　邓正来："关于国家与市民社会框架的反思与批判"，载《吉林大学社会科学学报》2006 年第 3 期，第 7~8 页。

❹　20 世纪 90 年代中后期，"civil society"一词在中国学术界经历了一个重大转向。它原被译做市民社会，以与东欧"公民社会"及我国台湾地区"民间社会"相区别，强调国家与社会的互动而非对抗。但随着市民社会这一概念日益与资产阶级社会、城市市民等词语相联系，而公民社会更能准确地阐述政治系统与其他系统所有关系的总和，"公民社会"一词逐渐被更为广泛地运用。本书采用"公民社会"一词，但在引用原文以及在原文语境中时，仍使用"市民社会"一词。

❺　邓正来："中国市民社会研究的研究"，见杰弗里·亚历山大、邓正来：《国家与市民社会》，上海人民出版社 2006 年版，第 486 页。

与国家主义的对立，寻找中国市民社会的"第三条道路"。他们在黑格尔式"国家高于市民社会"和洛克式市民社会"外在于国家"的观点之间寻找平衡，发展出一种既强调市民社会与国家二元分立，更强调两者良性互动的分析框架。

早在 1991 年甘阳就指出，市民社会与国家的关系所要建立的是社会与国家间一种良性的互动关系。[1] 1992 年，邓正来、景跃进在我国公民社会理论研究的开创性文献——《建构中国的市民社会》中，就鲜明提出市民社会与国家关系的"良性互动说"。他们指出，市民社会内部存在的矛盾和冲突可以引出国家干预的必要性，同时，也需要强调国家干预调节的合理限度[2]。其后，俞可平等人提出要建构"社会主义市民社会"。[3] "强国家—强社会"模式也为一些学者所主张，[4] 这一模式认为，社会具有相对的独立性，国家也需积极介入社会生活过程以弥补社会的不自足，国家与社会协同合作、互相监督。但"互动说"与"社会主义市民社会"概念当时都是一种理想模式，不能充分解释现实。

虽然中国经济改革不断深化，经济建设也取得了辉煌成就，但是相对缓慢的民主政治建设，有限的社会领域开放，曾促使保守主义思想家约翰·格雷的"市民社会"思想风靡一时。格雷认为："市民社会的两大本质特征是经济自由与人身自由。相应地

---

[1] 甘阳："'民间社会'概念批判"，张静编：《国家与社会》，浙江人民出版社 1998 年版，第 28 页。

[2] 邓正来、景跃进："建构中国的市民社会"，见《市民社会理论的研究》，中国政法大学出版社 2002 年版，第 23 页。

[3] 俞可平："社会主义市民社会：一个新的研究课题"，载《天津社会科学》1993 年第 4 期。

[4] 唐士其："'市民社会'、现代国家及中国的国家与社会的关系"，载《北京大学学报》1996 年第 6 期。

存在自由民主型公民社会和专制主义型公民社会两种类型。针对后发国家，更为适宜的是建立专制主义型公民社会。这些国家的当务之急是建立限制民主而非高扬民主的制度。"❶ 但不久，缘于"自 1978 年以来，除了经济领域，中国政治领域与社会领域权力要素都发生了变化，虽然其进程相对缓慢"，❷ 格雷所主张的专制主义公民社会思想遭到扬弃。单从经济因素解读中国变革之意义已明显不足，推进中国民主政治建设成为更多学者关注中国公民社会的目的。更为重要的是，政治专制主义绝不是社会主义公民社会的发展方向。

20 世纪 90 年代后期，哈贝马斯、柯亨和阿拉托、托克维尔和泰勒的公民社会理论受到越来越多的学者的推崇，他们比较重视公共领域和结社活动。但因中国的公共空间没有真正开放过，甚至 20 世纪 90 年代比 80 年代更狭小，运用公共领域概念研究中国公民社会的潮流没有形成。这时民间组织却发展日益迅速，并在管理公共事务中承担起重任。因此，关于中国公民社会的研究转向了运用社团概念来开展民间组织研究。根据民间组织发展之于中国公民社会的意义，很多学者依据泰勒的三层次含义观认为中国公民社会已经存在。但顾昕认为："几乎所有宣称在中国目睹了公民社会的出现或再生的学者，都是在一个弱的定义下来使用'公民社会'一词，即指那些不在国家管辖之下的社会群体的活动领域。这甚至比泰勒的最小定义，即不在国家管辖之下的自由的公民社团的存在，还要宽泛。但泰勒倾向于认为他的最小定

---

❶ John Gray, *Post Literalism*, *Studies in Political Thought*, Routledge Press, 1996.

❷ 康晓光："权力的转移"，载香港《中国社会科学》季刊 2000 年第 2 期。

义与我们的讨论不相干，因为在这种弱的定义下，'公民社会'可以说存在于许多地方，似乎只有纳粹德国和斯大林的苏联例外。如果是这样，使用比泰勒的弱定义还要宽泛的'公民社会'概念，也就更没有解释力了。"❶ 的确，泰勒的公民社会概念综合了洛克式公民社会的非政治向度与孟德斯鸠式社会依据政治组织界定的向度。然而，在中国，洛克式和孟德斯鸠式的传统都不存在。

20 世纪末，有关中国公民社会研究范式之争论还在继续。邓正来指出："应从中国现代化进程中反映国家与社会间真实互动关系的典型案例研究着手分析，以此突破现存困境，并创建适合中国的'市民社会与国家'概念，构成本土化的分析性理论模式。"❷ 以此为基础，形成了以国家法团主义、自主与镶嵌理论和与分类控制理论等为代表的多种理论框架。

运用法团主义理论的研究者看到，虽然中国民间组织具备一定的自主性，但仍然处于国家公权力的严密控制下。陈佩华（1994、2001）认为，和其他社会团体一样，中国的工会运转于"权威式的或国家化的组合制度"下，但是部分基层群众正在对其所在的民间组织施加影响，使其反映自己的呼声。这种国家法团主义模式有较大可能向社会法团主义模式的方向发展。❸ 康晓

---

❶ 顾昕："当代中国有无公民社会与公共空间？——评西方学者有关论述"，载《当代中国研究》1994 年第 4 期。

❷ 邓正来："国家与社会：回顾中国市民社会研究"，载《中国社会科学季刊》1996 年第 2 期（总第 15 期）。

❸ 陈佩华："革命乎？组合主义乎？——工人及工会在后毛泽东时期"，载《当代中国研究》1994 年第 4 期；安戈、陈佩华："中国、组合主义及东亚模式"，载《战略与管理》2001 年第 1 期。

光则指出，中国较为现实的道路是走合作主义道路。❶ 顾昕、王旭对专业团体研究后认为，至少中国的专业性社团已经基本完成从国家主义到国家法团主义的转型。但专业社团和国家间的统合关系却不像许多人预期的那样，仅仅是一种过渡状态。❷

"法团主义"剖析了国家和公民社会间可能的互动结构：一个强势却不具有全能性的国家，有限结社自由和不完全独立于国家但又没被国家吸纳的社团。国家法团主义则进一步刻画了后全能主义时代国家与社会关系的一些特质。这些分析对中国国家与社会的关系具有一定的解释力，但它首先假定了国家和社会的分立，这与中国的现实不符。❸ 而且，这些分析遗漏了公民社会自主发展之向度及公民社会对国家的影响和改造功能。

受法团主义思想影响，"国家在社会中"以及"国家与社会协同"理论也一度受到中国学者的关注。如果说法团主义揭示了国家与社会的可能合作状态，那么这两种理论揭示了国家与社会二元分立的限度以及国家与社会合作互动的可能性。"国家在社会中"理论认为，国家和社会并不是两个完全独立的实体，它们在交换中相互赋权和变更行动边界。❹ "国家与社会协同"理论强调社会力量的赋权并不必然削弱国家治理社会的权力，国家与

---

❶ 康晓光：《权力的转移：转型时期中国权力格局的变化》，浙江人民出版社 1999 年版，第 195 页。

❷ 顾昕、王旭："从国家主义到法团主义：中国市场转型过程中国家与专业团体关系的演变"，载《社会学研究》2005 年第 2 期。

❸ 郁建兴等："中国民间组织的兴起与国家——社会关系理论的转型"，载《人文杂志》2003 年第 4 期。

❹ Migdal. J. , *State in Society*, Cambridge University Press, 2001.

社会之间是一种共赢而非零和博弈关系，良性合作是可欲可求的。❶ 此后，分类控制理论由康晓光提出，彼得·伊文思的"镶嵌的自主性"概念由王信贤引入，他们试图以此来重新解释中国的国家与公民社会，此举进一步推动了中国公民社会理论的发展。

分类控制理论认为，"为了自身利益，中国政府依据社会组织的挑战能力与提供的公共物品，针对不同的社会组织采用了差异化的控制策略，因而形成一种新的国家和社会关系的理想类型"。❷ 展开来讲，"中国民间组织可划分为以下四种类型：一是高社会服务高政权威胁型组织，对这类组织国家直接纳入体制内管理；二是高社会服务低政权威胁型组织，对这类组织国家鼓励其发展但加强监管；三是低社会服务高政权威胁型组织，国家严禁此类组织发展；四是低社会服务低政权威胁型组织，国家允许该类组织发展，并且不会太多干预"。❸ 这种理论对于不同类型民间组织的发展差异具有相当解释力，但对于同一类民间组织内部的发展差异不能提供解释。因此，该理论并没有太大适用空间。

名噪一时的"镶嵌的自主性"理论指出，中国的"民间组织"既要想方设法镶嵌进政府和国际非政府组织（INGO）编织的资源网络中，又要维持其自主性。由此，在研究中国国家和社

---

❶ Migdal. J., Kohli. A. and Shue. V. (eds.), *State Power and Social Forces: Domination and Transformation in the Third World*, Cambridge University Press, 1994.

❷ 康晓光等："分类控制：当前大陆国家与社会关系研究"，载《社会学研究》2005 年第 6 期。

❸ 王信贤：《争辩中的中国社会组织研究："国家—社会"关系的视角》，（中国台湾）韦伯文化国际出版有限公司 2006 年版，第 38～45 页。

会组织关系中生发出两种对立观点——"自主性与镶嵌性"。❶
该理论试图调和多元主义和法团主义之间的矛盾，但在二者的分
析框架中，公民社会均是既自主又镶嵌的，因而该分析框架无法
再提供新的解释力。实际上，该理论的主张者后又转向使用"分
类控制策略"与"自利官僚竞争"概念来探讨国家和公民社会的
关系。

综上可知，西方公民社会概念因为自己的历史经验基础和中
国不同而难以充分解释中国现实。当然，这并不是说西方公民社
会概念对于我们没有意义，而是说，公民社会概念需与其在中国
经济社会中的实际功能结合起来研究。

邓正来与景跃进曾经提出中国市民社会建构的"两阶段论"：
"中国市民社会建构的第一阶段的主要目标是初步建构起市民社
会，形成国家与市民社会的二元结构；第二阶段的主要目标是进
一步完善市民社会，通过各种各样的渠道对国家决策施加积极的
影响，即从'私域'向'公域'扩张，在相对于国家的独立身份
以外争得参与身份。"❷

"两阶段论"的核心在于，它以"良性互动"为前提，认为
公民社会不应在对抗国家的零和博弈中达致。同时，它假设了国
家与公民社会之间的二元分化是公民社会形成和发展的前提，而
参与则应以相对独立为前提；它还认为公民社会发展有两个方
向，一是国家建构，二是社会努力，虽然国家与社会间的"讨价
还价"或竞争本身对公民社会建构具有重大意义，但鉴于中国的

---

❶ 王信贤：《争辩中的中国社会组织研究："国家—社会"关系的视
角》，（中国台湾）韦伯文化国际出版有限公司 2006 年版，第 160～162 页。

❷ 邓正来、景跃进："建构中国的市民杜会"，见《市民社会理论的
研究》，中国政法大学出版社 2002 年版，第 23 页。

特殊国情,公民社会发展的主要动力来自国家而非社会。

此后关于中国公民社会发展的路径讨论大多受到上述"两阶段论"的影响,在不同程度上体现出类似的特征。比如,"三阶段驱动理论"认为,中国公民社会发展应由"政策驱动""体制驱动"和"市场驱动"三个阶段构成。❶ 这一理论虽然将视角投向外部因素之于公民社会的作用,在某种程度上忽视了国家与社会互动的意义,但仍然突出了国家是公民社会发展的第一推动力。"四阶段发展论"既关注国家建构和社会努力的作用,同时也将公民社会发展划分为自主性获得与参与"公域"两个过程。❷ "能促型国家"理论突出强调国家在公民社会发展中应该发挥积极主动作用,既要促进民间组织的能力建设,也要通过强大的财力帮助民间组织发展,在从"国家法团主义"走向"社会法团主义"的过程中,国家的能促作用是第一位的。❸

上述"互动论"以及具有较多相似性的发展进程论,对中国公民社会研究产生了很大影响。具体表现在,大量关于中国民间组织的研究倾向于集中讨论民间组织相对于政府的独立性与自主性,以及与此相关的民间组织生存和发展的制度环境问题,以此为中国公民社会的第一个阶段已经展开或没有展开寻找例证,或

---

❶ 高晓红:"政治文明与公民政治参与、公民社会",载《东南大学学报》2004 年第 6 期。

❷ 杨临宏、翟秀红:"试述中国公民社会存在的必要性及构建的路径",载《云南大学学报》2003 年第 1 期。

❸ 顾昕:"公民社会发展的法团主义之道:能促型国家与国家和社会的相互增权",载《浙江学刊》2004 年第 6 期;顾昕等:"从国家主义到法团主义:中国市场转型过程中国家与专业团体的关系演变",载《社会学研究》2005 年第 2 期;"能促型国家的角色:事业单位的改革与非营利部门的转型",载《河北学刊》2005 年第 1 期。

为国家在后全能主义时期仍需扮演"能促型国家"角色寻找例证。比如，沃克曼（Walkman J. R.）依据中国民间组织尚不具有自治权否认西方式公民社会在中国存在。❶ 而昂格尔（Unger）则依据中国社团仍受控于国家，认为连法团主义的概念都不适用于中国。❷ 更多的讨论倾向于承认中国民间组织的相对独立性与极大的政治依附性，并由此得出中国公民社会已经萌芽，但发展仍然受制的结论。比如孙立平对"希望工程"个案的研究、❸ 赵秀梅关于中国 NGO 对政府的策略的研究、❹ 顾昕对专业团体的研究❺等。而俞可平和何增科关于中国公民社会制度环境的研究则表明，现有制度环境在激励机制、机会结构和约束结构等方面影响着民间组织的发展。❻ 马秋莎（Qiusha Ma）则看到了中国民间组织具有的独立性与自治性。她指出，当前许多 NGO 尽管仍然处于国家控制之中，然而大量独立的、自治的 NGO 已经出现，

---

❶ Walkman J. R., *The Civil Society and Public Sphere Debate*, Modern China, Vol, 19, No. 2, April 1993, pp. 108～138.

❷ Unger J., Bridges: Private business, the Chinese government and the rise of new associations, *China Quarterly*, 147, 1996, pp. 795～819.

❸ 孙立平："民间公益组织与治理：'希望工程'个案"，见俞可平主编：《中国公民社会的兴起与治理的变迁》，社会科学文献出版社 2002 年版，第 67～94 页。

❹ 赵秀梅："中国 NGO 对政府的策略：一个初步考察"，载《开放时代》2004 年第 6 期。

❺ 顾昕："公民社会发展的法团主义之道：能促型国家与国家和社会的相互增权"，载《浙江学刊》2004 年第 6 期；顾昕等："从国家主义到法团主义：中国市场转型过程中国家与专业团体的关系演变"，载《社会学研究》2005 年第 2 期；"能促型国家的角色：事业单位的改革与非营利部门的转型"，载《河北学刊》2005 年第 1 期。

❻ 俞可平等：《中国公民社会的制度环境》，北京大学出版社 2006 年版。

尤其是在地方层面。●

这些关于中国公民社会的讨论事实上已经形成这样一种现象：各位论者在证明自己观点的时候，都力图用"社会组织及其自主性地位是否存在"来说明公民社会是否在中国发展。● 他们的基本结论在于，无论是否已经存在一个公民社会，中国的民间组织的发展是引人注目的，它们的最大特征是既具有独立性，同时又镶嵌于各种国家制度和规制之中。这就是说，中国民间组织还是"半独立"或"与国家权力相交织"的。● 对此，"半官半民"概念、"自主与镶嵌"理论可以作出解释。根据自主与镶嵌理论，在当前中国，民间组织的自主性都是以镶嵌入制度和政策为前提的，无论是自主多一些，还是依附多一些，都符合"自主地镶嵌"特征。● 这些讨论必然引发其他一些问题：首先，在相同宏观管理体制下，为何一些民间组织的自主性强，另一些组织的依附性强？其次，民间组织应该具有何种程度的自主性，才能说中国已经存在一个公民社会了？"分类控制"理论能够对前一个问题进行回答（根据分类控制理论，国家依据社会组织的挑战

● Qiusha Ma, Defining Chinese Nongovernmental Organizations, *International Journal of Voluntary and Nonprofit Organizations*, Vol. 13, No. 2, June 2002, pp. 121 ~ 122.

● 张静："社会言论：正当性理由的变化"，载 http：//www. snzg. cn/article/show·php？itemid—8905/page—1. html。

● He Baogang, *Thg Democratif Implications of Civil Society in China*, Macmillian, 1997, pp. 8 ~ 9.

● Peter Evans, *Embedded Autonomy: State and Industrial Transformation*, Princeton University Press, 1995；王信贤：《争辩中的中国社会组织研究："国家—社会"关系的视角》，台湾韦伯文化国际出版有限公司 2006 年版，第 34 ~ 38 页。

能力与提供的公共物品，而对不同的社会组织采用差异化的控制策略，不同社会组织与政府保持不同程度的联系)，❶但对后一个问题的回答显然是困难的。

可以说，如果仍然执着于对公民社会相对于国家的独立性追问，必将继续忽视现实变革中的诸多其他重要因素。也正因此，上述理论对于中国是否存在一个公民社会以及如何实质性地推动公民社会发展的回答常常显得贫乏。已有研究的这种不足，显现了重新思考中国公民社会发展路径的必要性和重要性。

马秋莎曾经提出，与其衡量在多大程度上中国 NGO 还没有实现自主，不如以一种更积极的态度去考察，到目前为止它们在成为一种外在于国家系统的发展中的力量已经取得了多大进步。❷事实上，公民社会的概念，正如怀特所言，当它被卷入意识形态争论之中，作为一个理想化的反国家形象出现时，它降低了自身在经验主义的、社会科学分析上的价值。❸这提示人们，对公民社会的功能性分析或许比对它的关系分析更适合于当代中国。

王绍光和何建宇曾经提出社团的"外在效应"和"内在效应"概念。❹外在效应可以理解为社团对政治、经济和社会系统的作用，它不必然要求社团独立于国家和不具备政治性。中国民

❶　康晓光："分类控制：当前中国大陆国家与社会关系研究"，载《社会学研究》2005 年第 6 期。

❷　Qiusha Ma, Defining Chinese Nongovernmental Organizations, in *International Journal of Voluntary and Nonprofit Organizations*, Vol. 13, No. 2, June 2002, pp. 121~122.

❸　White G. et al., *In Search of Civil Society*: *Market Reform and Social Change in Contemporary China*, Clarendon Press, 1996.

❹　王绍光、何建宇："中国的社团革命：中国的结社版图"，载《浙江学刊》2004 年第 6 期。

间组织的外在效应无疑是更应被关注的内容。根据苏姗·怀特宁 （Susan H. Whiting）的研究，中国 NGO 的外在效应最好从它对政治发展与经济、社会发展的影响方面来理解。她认为，相对于难以直接在民主政治建设中发挥作用，中国 NGO 在提供公共物品和公共服务方面发挥着重要作用，这带来了经济、社会领域的巨大变化。❶

　　苏姗·怀特宁之论给我们的启示是，如果说中国公民社会已经产生，那么它必定首先体现在民间组织发挥提供公共物品和服务的作用之中。这就是说，在当前，中国公民社会只能在现有政治框架内发展，即在政府已经开放的公共事务管理的有限空间中，积极参与治理，以争得与政府对话的权利，从而推动政府转型并进而推进国家与公民社会边界的重构。在重视国家变革的同时，更要重视民间组织自我治理以及参与公共治理能力的提高。

　　曾获得哈佛大学 2005 年度最佳博士论文奖和美国政治科学年会最佳实地调查奖的蔡莉莉（Tsai, L. L., 2007）提出，为何经济水平及政治条件相同的村镇，其政府的管制能力却有那么大的差异？为何一些贫穷地区的官员会比富裕地区的官员更能善用公共财政、更加向公共物品供给负责？蔡莉莉（Tsai, L. L.）在河北省、山西省、福建省及江西省考察了 316 个村，访问了近千名村民及村领导，历时 20 个月。她发现公共服务比较健全的地方（例如江西 B 村及福建 Y 村），社群、宗族、宗教等非官方的社会团体——并非经济水平和政治体制——成为重要的问责机

---

❶　Susan H. Whiting, The Politics of NGO Development in China, *in Voluntas, International Journal of Voluntary and Nonprofit Organizations*, Vol. 2, No. 2, 1991, pp. 19 ~ 22.

构，促使当地官员自愿对公众负责。这主要是因为公民社会可以提高社会网络及社会凝聚力，产生互信互利的道德规范和社会资本，民间团体所产生的道德权威和道德责任对官员形成社会压力。其他管制水平较差的地方（如江西 A 村及福建 X 村），则都缺乏这些民间团体。❶ 这项卓有影响的研究进一步印证了上述关于中国公民社会发展路径的分析及研究思路的转型。

2.1.4.2　改革开放以来经济学界的公民社会研究

总体而言，公民社会的经济学研究相对薄弱。比较有影响的是樊纲的灰市场理论，沈越关于市民社会的研究，余晖等关于行业协会的研究、王绍光关于"第三部门"的研究❷、贾康和孙洁（2006、2009）关于公私伙伴关系（PPP）的研究以及吴敬琏等对民间商会的研究等。樊纲（1988）指出，所谓灰市场是指现实中存在的那一类既不是按照国营商业流通的原则和方式进行的（比如，就短缺商品而言，不是以排队方式或按定量购买），也不是按照市场竞争的原则和方式进行的物品交易关系。樊文对此类游离于国家和市场之外的"走后门"的交易行为进行了实证分析❸。沈越关于马克思"市民社会"思想的研究（1988、1990）是从"市民"术语的误译开始的。他认为，在马克思、恩格斯著作的德文原著中，bourgeois 和 bürger 是两类术语，其词源和词义完全不同。Bourgeois 以及由这个词根演变而来的所有词汇都指

---

❶ Tsai, L. L. , *Accountability without democracy*: *Solidary groups and public goods provision in rural China*, New York, Cambridge University Press, 2007.

❷ 王绍光：《多元与统一：第三部门国际比较研究》，浙江人民出版社 1999 年版。

❸ 樊纲："灰市场理论"，载《经济研究》1988 年第 8 期。

"资产者";而 bürger 以及由此演变而来的所有词汇则指"市民"。"市民"既指西欧历史上的城市居民,又指近代西方的公民。资产者则是随资本主义发展而从市民中分化出来的一个阶级,它只是近现代西方社会公民中的一小部分。在马、恩著作中译本内,bourgeois 被正确地译为"资产者";而对 bürger(市民)有时正确地译为"市民",但又常常错译为"资产者",bürgerliche gesell-schaft 应译为"市民社会",却被错译为"资产阶级社会"。在德文马恩原著中,"bürgerliche gesellschaft"这个用语有三种不同含义:(1)经济基础的近义语,指一切时代的物质生活的总和;(2)指不同于自然经济社会和未来社会的整个商品经济社会;(3)指近现代西方发达的商品经济社会。这个用语的三种不同含义都只能理解并译为"市民社会"。但长期以来人们对这个用语没有全面和正确的认识:第三种含义的市民社会被人们误解和误译为资产阶级社会;第二种含义的市民社会要么被人等同于第三种含义,也被误解为资产阶级社会,要么被混淆于第一种含义。❶余晖等(2002、2004)通过比较美、法、日等国家行业自律管理的经验和模式,结合我国的历史文化传统、现存社会经济政治制度及其改革方向预期,推荐了一种本土型的行业自律管理的模式,对在公序混乱的发展中国家发展自治性行业协会的合理性和必要性进行了分析。又用合法性理论,通过四个案例对中国行业协会的发展机制作了实证研究,得出行政合法性和政治合法性是

---

❶ 沈越:"马克思市民经济思想初探",载《经济研究》1988 年第 2 期;沈越:"'市民社会'辨析",载《哲学研究》1990 年第 1 期。

阻碍其发展的关键因素的结论。❶吴敬琏（2003、2005、2007）反复强调民间商会是公民社会的重要构成部分，也是建设现代市场经济与和谐社会架构的重要环节。❷陈剩勇等（2004）以温州商会为例，通过对20世纪90年代以来浙江温州兴起的民间商会和行业协会组织的个案分析，考察了当代中国公民社会组织创新的现状，揭示了本土资源在公民社会组织创新过程中的贡献及其限度，探讨了中国公民社会组织创新的性质和难点❸。郁建兴等（2004、2006、2008）从多角度对温州商会进行了细致的研究，特别是郁建兴等（2008）结合温州商会日益强大的公共服务职能以及基本经验和问题探讨了中国公民社会成长的条件与限度。❹这些文献虽然角度不同，但都揭示出公民社会发展的制度依赖性。周立群等承担教育部人文社会科学重大研究项目"中国市场

---

❶　余晖等：《行业协会及其在中国的发展：理论与案例》，经济管理出版社2002年版；余晖："转型期行业协会的发展不足及其阻因"，载 http：//ica.setc.gov.cn，2009年12月21日访问。

❷　吴敬琏："建设民间商会"，载《视角》2003年第3期；吴敬琏："市场经济'升级'、公民社会发展与和谐社会构建"，载《经济社会体制比较》2005年第5期；吴敬琏《呼唤法治的市场经济》，生活·读书·新知三联书店2007年版。

❸　陈剩勇等：《组织化、自主治理与民主——浙江温州民间商会研究》，中国社会科学出版社2004年版。

❹　郁建兴等：《在政府与企业之间：以温州商会为研究对象》，浙江人民出版社2004年版；郁建兴：《民间商会与地方政府：基于浙江省温州市的研究》，经济科学出版社2006年版；郁建兴等：《在参与中成长的中国公民社会：基于浙江温州商会的研究》，浙江大学出版社2008年版。

治理研究与中介组织创新研究"发布了系列研究成果，❶ 指出商协会参与治理分为三个层次：市场治理、社会治理与国家治理。在国家治理层面，多元主义与合作主义模式下的商协会体制特征体现出巨大差异。在我国体制转型时期，商协会组织为分享公共权力而寻求政府权威认可、政府为获得权力的稳定支持而主动培育公民社会的"合作主义模式"应当成为政府与商协会共同治理国家的模式选择。

第二次世界大战后欧洲劳资关系、福利制度的经验集中表现为政府、劳工组织、雇主组织三方的伙伴关系，它奠定了福利国家产生的基础。在中国福利制度研究领域，郑秉文（2002）比较系统地分析了合作主义和福利制度的关系，以及对中国福利制度架构设计的经验引导。郑秉文指出，我国工人运动的悠久历史、垄断性的社团组织、一元化的意识形态等特征，意味着"中国的社会保障和福利制度可以考虑从最低的层次，即企业水平上开始起步，选择某种形式和程度的合作主义模式"。目前中国社会福利与保障制度建构的关键是企业里工人代表参加集体谈判方式的制度化问题。新《工会法》明确了劳动关系的"三方协商机制"，主张通过平等协商与集体合同制度协调劳动关系。❷ 陈少晖（2008）则主张中国劳资关系的目标模式应是新合作主义。在传

---

❶ 周立群："我国商会组织的发展特点与转型路径"，载《学术界》2007年第5期；周立群、李峰："行业协会服务属性探析——兼论我国行业协会的发展机理"，载《天津社会科学》2008年第2期；任一、周立群："多元主义与合作主义——国家治理与我国商协会体制探索"，载《学术研究》2008年第6期。

❷ 郑秉文："合作主义——中国福利制度框架的重构"，载《经济研究》2002年第2期。

统的国家合作主义模式中，企业与劳工组织在社会结构中的角色是由国家决定的，这也是我国劳资关系的现状。亟待建构以新合作主义为基础的劳资关系，建立政府、企业和工会三方自由参与的合作模式，强调三方通过谈判决定经济和社会政策的"社会伙伴关系"。❶

公私伙伴关系（Public-Private-Partnerships，PPP）已经被许多国家广泛应用到各种公共物品的提供当中。贾康、孙洁（2006）认为，公共物品的提供者不一定要充当生产者的角色，而可以运用政府采购手段完成其职责。在制度安排、机制设计层面，正确区分公共物品的提供者、生产者和消费者，将有利于我们对于不同的公共物品合理选择不同的提供方式，从而充分运用市场环境与机制的潜力，提高公共资金使用效益和引致民间资金介入，缓解农村公共物品有效供给的不足，社会主义新农村基础设施建设中应积极探索新管理模式 PPP。贾康、孙洁（2009）从管理视角概括 PPP 概念，并从其起源、特征和功能层面比较全面地研究了 PPP，认为其在经济社会转轨中对于促进制度、机制创新的意义和功能特别值得强调。❷ 樊丽明（2005）指出，随着经济市场化的推进，大而宽的财政职能范围格局变得越来越难以维持，其实暴露了财政职能范围格局的不合理性。该书剖析了我国转轨时期教育等准公共物品供给机制的多元化及发展条件，并结

---

❶ 陈少晖："新合作主义"，载《当代经济研究》2008 年第 1 期。

❷ 贾康、孙洁："农村公共产品与服务提供机制的研究"，载《管理世界》2006 年第 12 期；贾康、孙洁："公私伙伴关系（PPP）的概念、起源、特征与功能"，载《财政研究》2009 年第 10 期。

合案例分析了现有政策条件下的中国公共物品自愿供给状态。❶
孙鑫钢（2006）提出要在"政府—市场—第三部门"三维社会结
构中，来界定政府职能范围的设想，从理论上解释了第三部门存
在的必然性和可行性，分析了第三部门的任务和发展条件，以及
引入第三部门后财政的决策模型和政府职能范围变化。❷

　　综上所述，公民社会的经济学研究虽相对薄弱，但公民社会
研究越来越引起经济学界的关注和投入，已有研究也展示出良好
的问题意识。贾康、孙洁（2006、2009），樊丽明（2005），孙鑫
钢（2006）等研究的公共服务合作提供或志愿提供已经触及公民
社会与公共财政的双重主题，也为本书准备了基础。

　　总之，改革开放以来，中国公民社会研究和论争首先是在经
济学界以外展开的，日益引起经济学界的关注。受"现代化范
式"所支配，预设了公民社会发展先获得独立性，然后实现参与
为主的发展路径。但实证研究表明，中国民间组织在没有获得令
人满意的独立性前提下，已经广泛参与公共治理和公共服务。❸
自 2003 年以来，上海、北京、江苏、浙江、广东、四川等地方
政府向非政府组织购买公共服务的数量不断增多，领域已经拓展
到教育、扶贫、养老、环境保护、公共卫生、残疾人服务、心理
辅导、城市规划、艾滋病防治、戒毒、社区矫正、文化、政策咨

---

❶　樊丽明：《中国公共品市场与自愿供给分析》，上海人民出版社
2005 年版。
　　❷　孙鑫钢："公共财政视野下第三部门研究"，2006 年中国人民大学
博士论文。
　　❸　较有代表性的研究有郁建兴（2008）关于浙江温州商会与宁波市
海曙区星光敬老协会的案例研究，贾西津（2008）关于中国公民参与的案
例研究，学界关于参与式预算的案例研究。

询等诸多方面。汶川地震后重建家园过程中，一些高水准的 NGO 以比政府低 1/2 甚至 3/5 的成本建设了令百姓满意的板房，❶ 令当地政府和学术界倍感惊讶。这不仅弥补了政府治理的不足，提高了公共物品和公共服务的质量，而且影响着公共治理从科层式网络向多中心治理网络转变，推进了政府职能转变，还反过来使政府开放更大的社会空间和不断改善民间组织的制度环境成为可能。这昭示了中国公民社会发展的另一种可能路径：先参与公共治理，于公共治理中发育成长，最终形成成熟的公民社会。

应该承认，公民社会研究的多学科交叉的趋势日益明显，大大有利于热点问题研究的深入。比如近年来财政学界、政治学界、公共管理学界和法学界共同聚焦的参与式预算研究已涌现出可喜成果。

2.2 公共财政研究文献述评

2.2.1 国际公共财政研究文献述评

基于中文语境下公共财政大致相同的含义，国际上采用政治经济学方法予以探讨的文献主要集中于对纳税人偏好显示、税收权的限制、税收竞争、财政透明度以及标尺竞争等问题。基本上有如下两个主要的流派。流派之一受唐斯（Downs，1957）选举纲领（politics）会在中间选民偏好的聚集点实现均衡这一理念影响，中位选民模型分析法被广泛运用于探讨均衡的所得税和公共

---

❶ 萧延中等：《多难兴邦——汶川地震见证中国公民社会的成长》，北京大学出版社 2009 年版，第 122 页。

物品供给水平的问题。其核心的内在逻辑，是将政治过程看成一个加总机制（aggregation mechanism），以从选民繁多的偏好中选定一个社会最优的决策集。在另一个稍占主流的流派看来，政府主要着眼于凭借税收权力去寻租，而寻租过程最终会引发私人部门投入大量的非生产性努力去俘获政府，政府官员都可能因收受贿赂而很大程度上牺牲民众利益，错配公共资金。政府组织本身也缺乏足够的激励来规制所属官员（其本身根本就不可能有公共意识）以民众利益为导向而作为，这些官员最终将会选择把资源配置向有利于自己的目标倾斜，财政公共化沦为空想。这是公共选择理论关注的焦点。由布伦南和布坎南（Brennan and Buchanan，1980）提出的利维坦模型对此有更加深刻的认识。布坎南（1967）指出，必须设法对权力施加约束。

唐斯范式中的部分困难源于模型蕴含了对政策建议权限（policy proposals）没有任何制度限制。即任何政治行为人可在任何时间提出任何政策建议，在这种情况下就不易存在稳定的均衡点。若在模型里施加公民社会对政策建议权限结构予以一定引导和规范，尝试考察这一限制如何能在某一多维政策空间中产生均衡点，我们对政策形成的理解就容易多了。另外，基于公民社会视角，寻求均衡已变成由各行为主体广泛参与的过程，而非仅简单收敛于中间选民偏好的结果。在这些努力之下，唐斯模型失去了其刚提出时的吸引力。❶ 一个旨在最大化社会福利的政府，力图通过搜集其治下的私人才可以观测到的信息，以资作出较优的社会决策。与之类似，有效的公共物品供给也要求政府掌握充分

❶ Timothy Besley, *Principled Agents? The Political Economy of Good Government*, Oxford University Press, 2006, p. 38.

的私人偏好信息，以识别出其所应供给的最优水平。而为达成此项目标，问题的关键就在于如何设计出一套最优的机制，以诱导出最优的公共物品需求水平。公民社会的核心功用在于对政治家（或政府）的问责，促进良政和善治。一般而言，公民社会作为组织较个人而言更有战略眼光，促使执政者们采用一种更宽广的视野来看待问题，较少地采取机会主义行为，防止决策者被特殊利益集团俘获。至此，这个流派的发展已经和公共选择流派合流，研究聚焦于纳税人偏好显示和约束公权力。

贝斯利和伯吉斯（Besley and Burgess，2002）考察了1958～1992年印度各联邦单位的公共食品分配和食品生产之间的关系。他们发现，对那些人均拥有报纸份额较多的邦（州）而言，食品分配规模较大，对食品生产的反应力度也较强。此外，在对灾害食品支出水平的反应程度的考察中，他们也得到了类似的结论。一般而言媒体往往能够改变某些特定问题在整个问题序列中的重要程度（salience of issue），并引导政府把更多的资源投入到扶持特定的劣势群体中去。而李斯特和斯特姆（List and Sturm，2001）也曾在一个模型中对美国州长们是否会对环境保护组织的呼吁予以反馈的机制进行过探讨。贝斯利和普拉特（Besley and Prat，2006）分析认为，政治家轮换率随出版自由的增加而增加。总之，信息的披露程度将是解释不同政府之间绩效和公共资金效率存在显著差异的一个重要变量。

从理论上看，民主制无疑会增加民众意见的权重，从而会对政府规模有重要影响。阿西莫格鲁和罗宾逊（2005）曾把民主制作为政府体系的一部分进行了建模，指出在民主制下贫困民众对政府体系有较大的影响，进而推动了较大规模再分配政策的实施。产权实施在众多领域已经有深入的讨论，此处略作说明。考虑马克斯·韦伯有关国家的一个核心概念,韦伯认为,国家合法地垄断实施政治高压的权力,这种权力可完全用于公益的目的,如通过征集税收来服务于公共物品提供以及对外部性予以规制,当然,反过来说,也完全有可能被用来攫取公众财富。这两种属性分别为福利经济学视角下的现代国家理论(Atkinson and Stiglitz, 1980)和公共选择理论视角下的现代国家理论(Bukanan, 1967)所强调,两者长期争论并影响深远。衡量政府效能的关键在于考察一个政府分别在多大程度上表现出上述两种属性。一旦缺乏对政府的有效约束,往往很难培育出能激励私人扩大投资的环境,而这无疑不利于生产增长。政府攫取财富的情况通常发生在政府拥有过大的支配力之时。是否存在一个有效的公民社会来防范政府的掠夺并支持私人合约执行非常重要。正是在此意义上,阿西莫格鲁和维迪尔(Acemoglu and Verdier, 2000)、蒂莫西·贝斯利(Timothy Besley, 2006)指出,政策过程的不完善将有可能妨碍政府干预的展开,防范政府失灵应该比寻求政府的积极干预更值得特别强调。

可用于约束政府的建议,包括对税收权的显性限制、税收竞争、提高透明度以及标尺竞争。在实践中,熟悉限制政府规模的具体办法异常重要。比如,美国很多州都已经采取了一系列办法来对政府税收和支出权力进行限制。大致来讲,这些限制包括以下三类:(1)对收入和支出的增长的限制与某一指标相挂钩,比如与人口增长率挂钩;(2)所有拟征税收都要得到选民的允许;(3)采用绝大多数合意准则,即无论在任何地方,增加税收的安排都必须要有 3/5 ~ 3/4 的议员通过方可实施。在美国,有 24 个州实施参照式限制,其中 13 个允许撤销限制,但要求必须获得绝大多数选票的支持方可实施;而如果州长昭告紧急状态,则以上 24 州中有 5 个也要求获得简单多数票数的支持方可撤销限制。另外，美国也有半数州，通过将政府支出与某一特定阶段的人均收入增长率挂钩，来参照式地限制政府支出可能的增长；另有 5 个州将可接受的支出规模限制在州（政府）收入的某一个百分比上；再有 4 个州将支出增长同人口增长和通货膨胀指数挂钩；此外，还有 3 个州对支出的绝对增长率施加了限制。不过以上限制中，并不包含对资本项目支出的限制，因为它很多是与联邦合资的项目。以上半数的限制都是宪法要求的，而剩下的也获得了一般性法律法规的支持。实际上，绝大多数有关税收和支出限制都是在 20 世纪 70 年代引入的，以至于很多人认为这反映了最近一个历史阶段民众对政府的普遍不信任，并且实际中很多支出安排也同大多数选民的偏好并不一致。只能说，当制度细节变得更为复杂时，这些规则的主要目的，仅仅是为了降低政治家决策的自由度。

很多有关税收和支出的限制，都是选民发挥主动精神，自主彰显公民权利的结果。尤其是对财政支出的限制，是宪法赋权允许选民直接通过选票行使立法权的体现。目前，美国有 23 个州允许实施这样一个首倡过程（initiative process），准许公民由投票提出议案，然后再进行投票决定支持还是否决该议案。很大一部分关于重要税收和支出的安排，都是由以上法定的主动权所作出的。而这其中最著名的一个例子，也许就是加州在 1978 年通过的 13 号议案——限制增加当时居民的财产税。

丹照等人（Denzau et al.，1981）对选民首创权进行过一个理论的考察，他们的研究假定对于那些未能忠实地服务于选民的政治家来说，选民保留首倡权可以对之予以一定程度的规约。换句话说，该研究认识到，选举过程并非是一个有效的、可对政治家违背选民利益的行为予以核查的手段。与丹照等人的想法类似，也有很多人对选民保留首倡权的效应进行过一些经验研究。例如，扎克斯（Zax，1989）就曾利用 1980 年美国 50 个州的截面数据考察过选民首倡权对人均支出的影响。与首倡权有助于维持一个较小规模的政府的结论不同，他的研究发现，在那些保留了选民制定有关法律法规首倡权的州，其政府支出规模相对来说更高。法纳姆（Farnham，1990）也考察过选民（公民）首倡权以及公投所可能产生的截面效应，不过他采用的是 735 个社区的数据，并以对数值的社区支出水平为被解释变量，他的研究并没有显示出首倡权有显著的作用。马特苏萨卡（Matasusaka，1995）也曾经拿 49 个州（排除了阿拉斯加）的政府支出和收入数据对一些控制变量进行过一个回归，他采用的是一套 1960～1990 年每 5 年期的面板数据，主要研究结论是，选民的首倡权对其间的支出规模有比较强的负效应，同时他还初步发现，对选民在实施首倡权时的签名门槛要求越低，以上效应越强。这个发现与之前提及的，选民首倡权有助于减少委托—代理问题，从而能够降低公共物品提供成本的结论是一致的。

以上部分发现同样与奈特（Knight，2000）以及鲁本（Rueben，2000）的结论一致。在奈特和鲁本各自的研究中，他们发现，在采用选民首倡权作为一个工具变量控制了内生性以后，税收和支出限制的确有助于减少政府的支出。

除了以上对美国的研究之外，还有一些学者对瑞士直接民主制度的效应进行过一个考察。费尔德和柯卡格斯勒（Feld and Kirchgassner，2000）曾经采用瑞士州与州之间的差异作为对直接民主制效应的一个度量，对直接民主制的效应进行过一个出色的概览。与采用美国数据研究得出的主要结论相同，他们的研究也表明，在那些较多采用直接民主制的州，公共支出和公债规模都相对较小。与之前提到的那些研究不同的是，该研究所谓的首倡权并非是用于对政治家施以直接限制。他们声称上述机制之所以存在，在于直接民主制更有助于向选民披露更多的信息，从而有助于选民对有关政策问题作出评判。

关于财政透明的研究。科皮茨和克雷格（Kopits and Craig，1998）、国际货币基金组织财政事务部（IMF，2001）对财政透明的内涵、价值、规范给出了权威说明。近年来，国际预算合作组织（The International Budget Partnership）关于预算公开情况的调查结果引起较多关注。阿尔特和拉森（James Alt and David Dreyer Lassen，2002）、阿尔特和劳里（Alt and Lowry，2010）对财政透明与政府支出规模的关系进行了实证分析，发现财政透明度的提升增强了政治家的责任感，工作绩效更显著，但支出规模相应扩张。阿尔特和拉森（2006）关于美国州政府的案例研究证实，政治上集权、州政府债务率和预算赤字，会对财政透明度提升带来不利影响。艾里斯和芬德（Ellis and Fender，2006）对拉姆齐模型进行了改进，发现财政透明度的提升能够明显减少腐败行为和机会主义，有利于公共资本的使用和经济增长。巴斯达和弗朗西斯科（Bastida and Francisco，2007）从国际比较的角度剖析了财政透明和经济社会绩效之间的关系，结果发现财政透明度的提升会降低腐败可能性，并进一步带动经济绩效的提升；接受外部援助多的国家比接受外部援助少的国家的财政透明度高，更能遵照 OECD 的指导框架提升本国的透明度水平。高瓦扎和里泽瑞（Gavazza and Lizzeri，2009）研究了财政透明与经济政策的关系，结果发现财政透明度的提升并不必然带来经济效率的提升；提升政府支出的透明度是非常必要的，但是往往达不到预期政策目标，相反还会带来更大的浪费。威廉姆斯（Williamsa，2010）研究了透明度与经济增长之间的关系，认为透明度低会对经济增长带来不利影响。格勒维茨尔（Gollwitzer，2011）设计指数体系来衡量 46 个非洲国家预算管理水平，通过离差分析发现，较高的预算管理水平和政府的低债务、财政平衡呈高相关性。总体而言，上述关于财政透明的研究成果，颇富启迪和洞察力，为进一步研究打下了基础。但现有研究对财政透明的动力机制和提升路径研究尚不充分。

总之，政府应基于公共利益而作为，但同时政府存在出错或机会主义的可能。因而，财政公共化和良政必须由能对政府官员提供足够激励和约束的制度框架来保障。公民社会恰恰处于这一制度框架的核心。

2.2.2　国内公共财政研究文献述评

财政，"作为以社会权力中心为主体的（在国家存续期间的社会则是以国家为主体的）、'以政控财，以财行政'的分配关系"，❶ 在不同的经济体制下有着不同的表现形式。在计划经济体制下，政府部门在社会资源配置中处于主导地位，由此形成的财政职能范围大而宽，延伸到社会各类财务职能中，包揽生产、投资乃至消费，覆盖包括政府、企业、家庭在内的几乎所有部门的职能，这样的财政类型习惯上被称做"生产建设财政"（安体富、高培勇，1993）。而在市场经济体制下，市场成为资源配置的主体方式，政府的职能是作为市场的补充，向社会公众提供各种市场所不能有效提供的公共服务，这样的财政类型被多数学者称为

---

❶　贾康：《财政本质与财政调控》，经济科学出版社 1998 年版。

"公共财政"，其根本准则就是"公共性"，即满足社会公共需要（张馨，1997、1999）。

2.2.2.1 公共财政理论的提出和争论

尽管我国学者张愚山 1983 年将美国人阿图·埃克斯坦（Otto Eckstein）编著的 *Public Finance* 翻译为《公共财政学》，然而，"公共财政"当时只是被视为"财政"的另一种称法，还不具有后来中文语境下的特殊含义。❶ 王雍君、吴强（1990）指出：走公共财政之路是商品经济纵深发展和改革大趋势的客观要求……其核心是政府财政集中精力提供公共物品和公共服务，彻底退出在一般工商领域中的"运动员"角色，集中精力当好"裁判员"，为一般工商经济的发展提供宏观指导和创造其发展所必需的良好的外部环境。❷ 我国改革开放以后，具有中文语境下特殊含义的"公共财政"概念才诞生。在当时国家分配论尚占据主流地位的背景下，作者认识到公共财政是与市场经济相适应的财政类型，显示出巨大的理论勇气。尽管限于社会历史条件，文献本身并没有引起太多的注意和讨论。1992 年，中共"十四大"明确宣布我国经济体制改革的目标是建立和完善社会主义市场经济体制，市场经济的理念开始深入人心。叶振鹏（1993）从双元财政的角度提出了公共财政的问题。❸ 张耀伦、周少云（1993）认为，今后财政支出的基本内容应该是公益性的基础设施建设、基础性的科

---

❶ 本小节部分内容参考钟晓敏、金戈："三十年公共财政之路：理论与实践"，载《公共财政评论》2009 年第 1 期。

❷ 王雍君、吴强："走向公共财政：摆脱财政困境的根本出路"，载《当代经济科学》1990 年第 4 期。

❸ 叶振鹏："适应社会主义市场经济的要求重构财政职能"，载《财政研究》1993 年第 3 期。

教文卫体等事业发展及政府机构完备的正常运转需要……同时，
适当保留必要的社会保障开支及最低限度的经济导向资助型的财
力开支。❶ 安体富、高培勇（1993）认为，应按照公共财政的概
念，重新界定财政的职能范围，从而实现由计划经济条件下大而
宽的"生产建设财政"到市场经济条件下小而窄的"公共财政"
的转变。❷ 这些文章的发表表明，作为市场经济理念下财政转型
的导向，公共财政开始引人关注。刘迎秋（1994）第一次公开明
确地提出我国财政改革的目标是建立公共财政。❸ 但是，1994
年、1995 年学界集中于介绍国外公共财政的理论和实践，具有中
文语境下特殊含义的"公共财政"的研究有些沉寂。随着中国经
济体制改革的推进，1996 年开始财政学界就建立中国公共财政展
开激烈争论，一些文献对公共财政提出了强烈批评，较有代表性
的有刘邦驰（1996）、孙树明（1996）、许毅（1997）、赵志耘和
郭庆旺（1998）、陈共（1999）等。❹ 争论主要围绕"是否存在
公共财政""什么是公共财政""公共财政有无阶级性"等焦点
问题展开。公共财政论者在答复质疑的同时，自己的看法也逐渐

---

❶ 张耀伦、周少云："社会主义公共财政的几点思考"，载《中央财
政金融学院学报》1993 年第 4 期。

❷ 安体富、高培勇："社会主义市场经济体制与公共财政的构建"，
载《财贸经济》1993 年第 4 期。

❸ 刘迎秋："我国财政体制改革的更高目标——建立公共财政"，载
《改革》1994 年第 7 期。

❹ 刘邦驰："当前财政学建设的若干理论问题"，载《财政研究》
1996 年第 7 期；孙树明："关于公共财政的一些基本问题"，载《中国财经
报》1996 年 3 月 19 日；许毅："对国家、国家职能、财政职能的再认识"，
载《财政研究》1997 年第 5 期；赵志耘、郭庆旺："'公共财政'质疑"，
载《财政研究》1998 年第 10 期；陈共："关于'公共财政'的商榷"，载
《财贸经济》1999 年第 3 期。

清晰化、更有说服力,❶ 中国特色的公共财政理论开始形成。张馨(1997)针对当时国内理论界对公共财政的各种批评和争论,对公共财政问题进行了梳理,认为:"市场经济要求的是公共财政,只有公共财政才能适应于、服务于并有利于市场经济的存在和发展,公共财政是为市场提供'公共'服务并弥补市场失效的国家财政,它受'公共'规范、决定和制约。"理论上的进步也得到了实务部门的关注和呼应,公共财政的理念 1998 年最终为政府部门所接受。在该年度全国财政工作会议上,财政部长项怀诚做了重要讲话,其中指出:我国现行财政支出范围是从计划经济体制下演变而来的,同建立社会主义市场经济要求相比,还有很多不相适应的地方,主要是财政供给"越位"和"缺位"并存……因此,从社会主义市场经济发展和政府职能转变的客观需要出发,调整支出结构势在必行。从总体上讲,调整和优化支出结构,建立公共财政的基本框架,必须符合市场经济的一般规则。财政预算的范围、结构和方法必须与政府职能的范围和方向相适应,要充分体现满足社会公共需要、服从政府职能转变以及与我国国情及财力水平相适应的原则……财政资金要逐步退出生产性和竞争性领域……❷项怀诚的讲话表明,"公共财政"终于

---

❶ 张馨:"也谈公共财政的一些基本问题——兼答孙树明同志",载《中国财经报》1996 年 5 月 21 日和 5 月 28 日;张馨:"论公共财政",载《经济学家》1997 年第 1 期;张馨:"市场经济下不存在公共财政吗?——答叶子荣同志",载《财政研究》1998 年第 8 期;张馨:"应从市场经济的基点看待公共财政问题——答赵志耘、郭庆旺同志",载《财政研究》1999 年第 1 期。

❷ 项怀诚:"准确把握形势 继续实行积极的财政政策",历年全国财政工作会议专题库,载 http://www.den.en/ ［oginCt/pageproeess? pageur! = ztkxx/2005 —11/23/ eontent— 41548. jspo.

被政府部门赋予合法身份，并被确定为财政制度改革的目标，这无论是对于我国财政制度的公共化改革，还是公共财政理论在国内的发展，都具有重大意义。

2.2.2.2 公共财政理论的综合和深入探讨

在上述公共财政理论争论和发展的基础上，张馨（1999、2004）对公共财政理论进行了概括和综合，❶ 代表着构建我国公共财政理论体系的努力。

张馨（1999）详细论述了公共财政的基本特征（弥补市场缺陷、一视同仁、非市场营利性、法治化的财政），论述公共财政的公共性特点、公共需要与公共财政的关系、公共财政的形成、公共财政的类型，并分析了公共财政与国家财政的关系，阐述了公共财政的职责。该书还汇总了公共财政论史、公共物品论史、公共财政学史的内容，对公共财政论的发展沿革作了探讨和介绍。张馨（2004）总结了中国财政改革几个阶段的成果，陈述了公共财政的理论基础，分析了公共财政的起源历程，其中着重对政府预算制度的产生、特点和意义问题进行探讨，并分析了中国的预算制度改革问题。该书认为，在"自上而下"的市场经济体制改革中，"纳税人"等范畴的缺失，对中国公共财政制度的建立与市场经济体制的改革，都有着巨大的负面影响，因此赋予纳税人应有的权利是建立公共财政体制的必要条件之一。有鉴于理论界对"公共财政"一词使用的混乱，该书还探讨了公共财政的规范模式，分析了公共财政制度各部分之间的互动关系，进而分

---

❶ 张馨：《公共财政论纲》，中国财政经济出版社 1999 年版；张馨：《财政公共化改革：理论创新·制度变革·理念更新》，中国财政经济出版社 2004 年版。

析中国公共财政改革的成就与不足，并提出进一步改革的必要性与可行性。在上述分析的基础上，该书提出了中国公共财政制度的构建规划与设想，等等。应该说，这两部力作较好地反映出当时我国公共财政研究的水平，对于构建我国公共财政理论体系和指导公共财政建设也发挥了积极意义。但是，书中某些内容，如公共财政论史、公共财政学史部分使用的公共财政概念和书中大部分地方所用的中文语境下具有特殊含义的公共财政概念并不一致，作者对此没有恰当地解释，严格意义上违背了逻辑自洽的要求。

贾康（2000）主张把公共财政视为经济社会转轨中财政转型的一种导向，"财政作为一个理财系统，要按照何种导向来运行，才能最好地适应建立社会主义市场经济这个战略目标的要求呢？回答就是公共财政"。❶ 贾康还指出："所谓公共财政是一个政府职能和财政职能调整的基本思路和导向。从我国现实出发，在传统体制向社会主义市场经济体制转变过程中需要这样一个财政职能和财政形态调整的基本导向。这个导向，我们即概括为公共财政的导向。在这种导向下，强调了财政必须顺应改革，体现政府职能和理财系统自身职能的深刻调整。"❷ 客观上为解释公共财政理论与实践的张力提供了洞见，并为克服公共财政认识上的分歧带来启示。

李炜光（2002）强调公共财政之"魂"——公共财政精神的培育。现代宪政制度的演进是以议会争取预算和征税权的斗争为

---

❶ 贾康："公共财政导向下的预算改革"，载《中国财经信息资料》2000 年第 29 期。

❷ 贾康："公共财政导向下的预算改革"，载《中国财经信息资料》2000 年第 29 期。

起点的，而后两者恰恰是公共财政制度的基本内容。作者就此离析出公共财政和宪政的关系：宪政下的国家财政必然是一种公共财政制度，反过来说，公共财政制度构成宪政的基本内容之一。宪政制度决定了公共财政只能是一种"限政"的财政。❶ 这些颇有想象力的分析突出了财政学的政治之维，为理解中国转型期经济和政治互动提供了启示。

井明（2003）突出强调了公共财政的民主性，认为民主财政才是公共财政的本质，民主财政特征表现为：财政民主决策、财政分权、财政竞争、打破公共部门垄断、解决国有经济战略调整和优化财政支出结构调整方向等。❷

2003 年 10 月，中共十六届三中全会通过了《中共中央关于完善社会主义市场经济体制若干问题的决定》，提出要"健全公共财政体制，明确各级政府的财政支出责任"，把健全公共财政作为完善社会主义市场经济体制的一个重要组成部分。从 1990 年王雍君、吴强第一次提出公共财政的理念，到 1998 年项怀诚在全国财政工作会议上首次以政府部门的名义提出要建立公共财政基本框架，再到 2003 年中共十六届三中全会提出要把公共财政建设作为完善社会主义市场经济体制的一个重要组成部分，经历了整整 13 年时间，"公共财政"逐渐在争议中走向共识。

2.2.2.3 公共财政理论的继续发展

冯俏彬（2005）主要运用新制度经济学研究了私人产权与公共财政之间的关系。该研究围绕着"完全的私人产权是公共财政

---

❶ 李炜光："公共财政的宪政思维"，载《战略与管理》2002 年第 3 期。

❷ 井明："民主财政论——公共财政本质的深层思考"，载《财政研究》2003 年第 1 期。

的必要条件"这一基本假设展开，分别进行了正反两方面的验证，并以改革开放后中国的实际情况为对象进行了应用。❶ 该研究以产权视角切入，对英国公共财政的生成、中国非公共财政的演化和改革开放以来财政公共化改革的发展均有颇富洞察力的刻画，拓深了社会主义市场经济体制下的公共财政基本理论。该研究没有触及法国、美国等其他公共财政典型国家，既留有缺憾，又是其成功之处。因为一如前述，以公民社会理论视之，私人产权并不是法国公民社会的主轴，社会运动、公共领域和公共财政生成可能具有更加紧密的联系；考察美国公共财政的生成则离不开对结社和公民权利的考察。

随着公共财政理念的深入人心，我国学者对于公共财政理论的研究也不断深入，他们试图寻找我国建立公共财政的可行路径。吕炜（2005）、张馨（2005）在对中国财政改革与发展历程进行回顾和深刻反思的基础上，展望了下一阶段财政改革与发展的若干任务，并从中勾勒出中国财政公共化进程的基本脉络。❷ 吕炜（2006）进而构建了一个"政府→财政→市场"有机联系并相互协调的研究框架，认为"现代公共财政是政府与市场妥协的产物，对公共财政的研究应该兼顾市场变动与政府变动两个方面"，并运用这一框架考察了转型国家如何建立公共财政的问题。还指出，转型国家有共同的目标——建立公共财政，但由于转型国家各自有着不同的特点，因而不存在一幅唯一的路径图给出统

---

❶ 冯俏彬：《私人产权与公共财政》，中国财政经济出版社 2005 年版。

❷ 吕炜：《我们离公共财政有多远》，经济科学出版社 2005 年版；张馨："财政公共化改革：1/4 世纪的制度与理论变迁"，见《中国财政经济理论前沿（4）》，社会科学文献出版社 2005 年版。

一的转型步骤。❶ 在上述研究基础上，高培勇（2007）提出了一个关于我国公共财政建设指标体系的总体框架，他将这一总体框架称为"一条主线、三项职能、四个层面、十大指标"。其中"一条主线"是指中国公共财政建设指标体系是以公共性——满足社会公共需要为灵魂并以此作为贯穿始终的基本线索；"三项职能"是指该指标体系是按照资源配置、收入分配和经济稳定三项职能，作为基本定位；"四个层面"是指该指标覆盖了基础环境建设、制度框架建设、运行绩效建设和开放条件下的公共财政建设四个层面的内容；"十大指标"则给出了该指标体系的 10 个一级指标。根据这一总体框架，高培勇提出了建立公共财政制度所要努力的五个方面，分别是：（1）以公共性为取向，加快财政覆盖城乡的均等化进程；（2）退出长期处于"越位"状态的竞争性领域，补足处于"缺位"状态的基本公共服务事项；（3）建立健全财政预算法制，规范财政收支行为及其机制；（4）加强各级人大对财政收支运作的监督；（5）按照"以支定收"的思维，重新评估并界定政府收支 GDP 的比重，实现政府与市场的统筹、均衡发展。❷ 这些文献显示出公共财政研究精细化的努力，给人以有益的理论启迪的同时，也为公共财政实践提供了指导。

高培勇（2008）立足于中国特定的体制转轨背景，在系统考察公共财政问题来龙去脉的基础上，对这一经济范畴的内涵与外延作出了比较清晰的界说。他认为，公共财政本来就是为了解决中国自身问题的需要而提出的一个富有中国特色的概念。鉴于

---

❶ 吕炜："现代公共财政的定位：一种分析框架"，载《经济学家》2006 年第 5 期。

❷ 高培勇："中国公共财政建设指标体系：定位、思路及框架构建"，载《经济理论与经济管理》2007 年第 8 期。

"公共性"是财政与生俱来的本质属性，作为一个有别于计划经济年代的财政制度安排，以覆盖范围不断拓展为集中体现的中国公共财政建设之路，实质是一个让传统中国财政体制机制和传统中国财政学回归"公共性"轨道的过程。应站在制度变革的高度，按照公共的理念和规则，深刻把握公共财政制度的基本要求，以此勾画中国财政改革与发展蓝图并改造中国财政学学科体系。❶

孙健波（2008）以财政公共化改革与宪政的内在逻辑关系为主线，以财政学、制度经济学、公共选择理论、宪法学、财政法学、政治学和伦理学的相关研究成果作为理论基础，对我国的财政宪政理论与实践展开了全景式的描述，探讨了我国财税改革宪政化的通道，在拓宽公共财政研究领域等方面有所创新与发展。❷

此外，何俊志（2008）、申亮（2008）、肖鹏（2011）、上海财经大学公共政策研究中心（2009、2010、2011、2012）等聚焦财政透明研究，并由概念性宏观研究引向动力机制、发展路径和水平评估等深入研究。

在前期研究的基础上，贾康（2008）由西方而中国对财政理论的源流系统地作了概要回顾，梳理了"公共财政"概念的要点，并阐明作者基于中文语境下"公共财政"的基本导向和四大基本特征的认识而形成的公共财政观。❸"所谓公共财政是一个政

---

❶ 高培勇："公共财政：概念界说与演变脉络——兼论中国财政改革30年的基本轨迹"，载《经济研究》2008年第12期。

❷ 孙健波：《财税改革的理想与现实——宪政视角》，经济科学出版社2008年版。

❸ 贾康："关于财政理论发展源流的概要回顾及我的'公共财政'观"，载《经济学动态》2008年第4期。

府和财政职能调整的基本思路和导向。公共财政是社会主义市场经济新体制所需要的财政，是一种体现民主制度、纳入依法治国框架的理财体系，法制化的社会、规范的公共选择制度的构建是公共财政赖以稳定存在的基本依托。与此相呼应的是必须形成合理有效的分税分级财政"。❶ 公共财政的基本特征，切入点就是强调其"公共性"。在此基础上，"首先，公共财政第一个基本特征，顾名思义，是要以满足社会公共需要作为主要的目标和工作的重心。第二个基本特征，是公共财政以提供公共物品和服务作为满足公共需要的基本方式。第三个基本特征，是公共财政以公民权利平等、政治权力制衡前提下的规范的公共选择作为决策机制。第四个基本特征，是公共财政在管理运行上必然是以现代意义的具有公开性、透明度、完整性、事前确定、严格执行、追求绩效和可问责的预算作为基本管理制度的"。❷ 在构建与发展公共财政框架的过程中要形成以下主导因素："（1）在政府和财政的基本职能中按照公共财政发展的要求收缩生产建设职能；（2）要合理掌握财政分配顺序；（3）要形成规范的公共选择机制；（4）政府、财政、税收等部门要有理财系统为公众服务的意识与规范；（5）理财方式必须转变，努力发展'四两拨千斤'的新方式；（6）在公共财政框架下，政府理财方面势必要形成一个协调配套的规范化复式预算体系。在财政管理改革之中，观念转变与制度创新需要互动，还要积极依托现已启动的'金财工程'，靠现代信息技术的支撑配合预算管理改革推进，并以这个系统在相

---

❶ 贾康："关于财政理论发展源流的概要回顾及我的'公共财政'观"，载《经济学动态》2008 年第 4 期。

❷ 贾康："关于财政理论发展源流的概要回顾及我的'公共财政'观"，载《经济学动态》2008 年第 4 期。

关各部门形成公共财政的制度约束、监督体系。"❶ 2008 年 12 月 30 日《21 世纪经济报道》以"公共财政：渐进式改革新的'发动机'"为题发表了对贾康的年终专访。贾康呼吁借鉴美国百年前"进步时代"经验，努力打开后续改革的空间：以财政加强、改进管理的角度，来推动中国政府的善治。贾康指出："当前改革处于'牵一发而动全身'的胶着状态，许多人认为需要加速政治体制、行政体制改革以配合经济体制改革，进一步推动中国发展。但很难找到一个从正面切入而具备相当力度的靠近操作层面的方案。若从财政'加强、改进管理'角度切入，为各方很难拒绝的公共事务决策、监督体系改革发力，把制度创新、管理创新和技术创新这三个层次创新的互动关系把握好，中国的渐进式改革还是应该有继续深化的空间的。1998 年以来，我们在公共财政的理念之下，从政府管理创新入手，推动了诸如综合预算、国库集中收付、收支两条线管理、政府采购制度、税费改革等的举措，是一系列看起来各方都难以拒绝的创新措施。而这些管理创新又客观地要求在制度层面上促使政府理财和公共资源配置中的决策与监督走向透明化、严密化、规范化、法治化、民主化的制度安排。再以运用现代信息处理技术实施金财工程、金税工程，来推动管理创新乃至制度创新。制度创新、管理创新和技术创新联动不仅可以推动公共理财的法治化、民主化和宪政化，而且可以以一域入手谋全局，为渐进式改革提供新的发动机。"❷ 贾康同时强调财政的改革也十分需要得到其他方面改革的配合与策应，

---

❶ 贾康："关于财政理论发展源流的概要回顾及我的'公共财政'观"，载《经济学动态》2008 年第 4 期。

❷ 孙雷："公共财政：渐进式改革新的'发动机'"，载《21 世纪经济报道》2008 年 12 月 30 日。

而不是单兵推进。这两篇文献不仅以经济社会转型的视角看财政，还与众不同地以公共财政研究看经济政治社会整体转型，令人豁然开朗。其对系统改革和科学发展的关切、对"财政是庶政之母"的回归、对良政与善治的高远追求给人留下深刻印象。

应该承认，公共财政理论研究经历三个阶段的研究和争论，逐渐形成一些共识和富有价值的成果，有力地推动了公共财政实践发展和公共财政制度变革。这是和公民社会的发育不可分离的。首先，它得益于改革开放以来日益扩展的公共空间，公共知识分子借助公共空间展开的热烈讨论促使公共财政理论不断发展；其次，学术研究的非营利性质决定了公共财政理论研究是公民社会的一部分。但公共财政理论迄今距离科学和学科的高度仍然有不小差距，主要表现在：虽然公共财政研究大体结束了"是否存在公共财政"的争论，但关于"什么是公共财政"（包括公共财政的含义和主要特征）的认识仍然五花八门（张馨，2008）❶。贾康也认为："尽管关于公共财政的讨论已展开十余年，但对其具体定义与内容，仍不具备一个无争议的表述，客观上迄今也不存在一个关于公共财政框架的严丝合缝的全面设计蓝图。"❷

前文已经指出，在英国传统中，公民社会主要是指私人领域，兼及公民权利和公共领域；而在法国传统中，公民社会则主要是指社会运动、公民权利和公共领域，兼及私人领域。换句话说，英国人讲"civil society"时注重的是其经济关系（市场机制

---

❶ 张馨、胡志勇："中国公共财政论 30 年演变之综述"，见《中国财政经济理论前沿（5）》，社会科学文献出版社 2008 年版。

❷ 贾康："关于财政理论发展源流的概要回顾及我的'公共财政'观"，载《经济学动态》2008 年第 4 期。

和私有财产权），而法国人更强调的则是其政治含义和公共领域，美国人早期追随英国传统，强调经济关系（私有财产权），后来有日益强调公共领域和结社生活的趋势。以此检视，已有的中国公共财政研究虽不乏启人心智的深刻洞见，但主要限于私人领域和私人利益关系视角，即市场经济和私人产权视角，这不免有遗珠之憾。因为，一个汲取型政权和没有公民性的纳税人是"非公共财政"的"共犯"，公共领域、结社和志愿性活动是再生产公共性的重要源泉和力量。更何况近 200 年来公民共和主义复兴势头迅猛、影响深远，其倡导的公民参与和公民责任为推动财政公共化所不可或缺。按照新政治经济学的理解，产权与民主之间具有共同演进的关系。但在现有研究中，产权与民主共生关系的具体理解主要局限于私有产权。❶ 实际上，产权与民主的相关性假设完全可以延展到"公产权"中，即形成"公共资产和共和权利"的相关性理论假设。❷ 在共和主义视野里，西塞罗提出的"res publica"其实是公共资产或公共遗产——既是经济的，又是历史、文化和环境的公共资产、公共遗产。❸ 尤其是"当它主要由大量的财政收入构成时，res publica 乃是一种基本的共同体财产"。❹ 因此，所谓让公民直面 res publica，就是赋予共同体中公民保卫公共资产、公共财富不被侵吞的共和权利（republican

---

❶ 唐贤兴：《产权、国家与民主》，复旦大学出版社 2002 年版；冯俏彬：《私人产权与公共财政》，中国财政经济出版社 2005 年版等。

❷ 肖滨："让公民直面 Res public：当代共和主义塑造积极公民的战略性选择"，载《南京大学学报》（哲社版）2006 年第 6 期。

❸ Luiz Carlos Bresser-Pereira, Citizenship and Res Publica: The Emergence of Republican Rights, *Citizenship Studies*, Vol. 6, No. 2, 2002, p. 152.

❹ Luiz Carlos Bresser-Pereira, Citizenship and Res Publica: The Emergence of Republican Rights, *Citizenship Studies*, Vol. 6, No. 2, 2002, p. 158.

rights）和责任，❶ 以此驱动公民参与政治生活。因此，已有视角无法准确解释和评估英、法、美、中等国家，尤其是法、美、中三国财政公共化的进程。

通过公民社会与公共财政的文献述评，可以看出，两个主题的研究均深度触及法治化、民主化。这是因为在利维坦焦虑的命题下两个主题本就具有高度的交互性，法治化、民主化本就是良政和善治追求的社会秩序。刘军宁曾指出民主与宪政之间的差异：民主涉及的是权力的归属，宪政涉及的是对权力的限制；两者的根本差异在于"有限政府"的概念；宪政是专制的天敌，而民主则未必。❷ 西方一些民主国家出现民粹主义和"多数人专制"的现象值得深思。徐友渔指出，民主必须是宪政的才是合理的，❸ 实在是切中肯綮。因此中国应在公民社会本位的基础上，选择宪政民主或宪政社会主义❹之路。中国共产党早年正是凭借先进的民主政治理念，挑战并挑落旧的统治权威，1942～1949 年《新华日报》和《解放日报》的许多社论见证着 60 余年前我们的庄严承诺。

毋庸讳言，中国正在以较快的速度融入全球经济，中国事实上正在努力打造公共政策形成的基础结构，以至于奈斯比特高度

---

❶ 轴心文明时代的共和主义实际上更加强调责任和参与，肖滨的理解可能有些偏颇。

❷ 刘军宁：《共和·民主·宪政：自由主义思想研究》，上海三联书店 1998 年版，第 102～135 页。

❸ 徐友渔："中国式民主的模式和道路"，载《同舟共进》2007 年第 12 期。

❹ 华炳啸：《超越自由主义——宪政社会主义的思想言说》，西北大学出版社 2010 年版。

赞誉中国的纵向式民主。● 但迄今为止，民主政治建设仍任重而道远，权力的结构性混乱仍较为严重。现代政治倡导的"有限政府"需要建立在依法行政、依法治权的基础上。然而，2 000多年来，我们有规制性质的"法制"，有以法家著称的商鞅、韩非子，有完备的《唐律》，但我们缺乏"法治"。现代民主政治的要义：控制公权力、保障民权、规制民意，每一环节都和"法治"须臾不可分离。从哪里出发控制公权、保障民权呢？已有的研究和实践启示我们，从公共预算改革入手，从公共财政"加强、改进管理"角度切入，为各方很难拒绝的公共事务决策、治理和监督体系改革发力（贾康，2008），借由公民社会培育法治精神；以参与式民主、协商民主和审议民主带动横向式民主的发展，以财政公共化带动中国实现社会主义法治化、民主化。

● ［美］奈斯比特：《中国大趋势》，中华工商联合出版社 2009 年版。

3 公民社会与公共财政的理论分析

3.1 公民社会与公共财政的理论分析之一——基于公共物品配置效率视角

3.1.1 公共物品的市场均衡及其现实困境

公共物品的提供方式是确定政府公共物品提供职能和财政支出规模的基本依据，而资源最优配置的市场法则是否适用于公共物品的生产和消费则是我们需要考虑的首要问题。经济学原理说明，需求曲线应与该产品消费者的边际效用曲线相一致，供给曲线应与该产品生产者的边际成本曲线相一致，任何一种产品的均衡产量和均衡价格由其供给曲线和需求曲线的交点决定。这时，社会边际收益等于社会边际成本，实现市场出清和帕累托最优。

将私人物品的个人需求曲线横向相加，就可以得到私人物品的社会需求曲线；而由纯公共物品的个人需求曲线推导社会需求曲线，则是将个人需求曲线纵向相加。

在私人物品的竞争市场，个人是价格的接受者和数量的调节者，所以在以横轴代表产品数量、纵轴代表产品价格的私人物品需求曲线图中，我们只要将在同一价格水平下不同个人对私人物

98

品的不同需求量相加就可以得出社会对私人物品的需求量，所以在图形上就表现为将个人的私人物品需求曲线横向相加。

而公共物品市场则不同，个人是产量的接受者和价格的调节者，纯公共物品的消费数量对每个人都是相同的，个人只是根据他对公共物品的偏好来为公共物品支付价格，所以在纯公共物品的需求曲线图中，产品数量一定，将个人愿意支付的价格相加得到社会愿意为一定数量的公共物品支付的价格，在图形上就表现为将个人的纯公共物品需求曲线纵向相加得到社会需求曲线。图3-1表示两人社会中纯公共物品社会需求曲线的推导，D_Z 表示张三的需求曲线，D_L 表示李四的需求曲线，D_S 表示社会的需求曲线，它由张三的需求曲线和李四的需求曲线纵向相加而得。将纯公共物品的供给曲线 S 放入图 3-1 中，则纯公共物品供、求曲线相交之点为纯公共物品的均衡点，Q_S 为均衡产量，P_S 为均衡价格。在均衡处，$Q_S = Q_L = Q_Z$，$P_S = P_L = P_Z$，其中，纯公共物品的均衡价格 P_S 又等于纯公共物品的边际成本 MC，纯公共物品有效定价的原则是个人支付价格总和等于公共物品的边际成本，与私人物品市场中个人支付价格等于产品的边际成本的定价原则不同。至此可知，从理论上来说，即使是纯公共物品，也可以由市场提供，并且能实现市场出清和帕累托最优。

同样在私人的公共物品偏好真实有效显示的假定下，威克塞尔—林达尔模型（简称"威—林模型"）重在说明，公共物品的供应是由社会中的个人经过讨价还价和磋商来确定的。其最佳条件，是每个人所愿意承担的成本份额之和等于1。威—林模型描述的是公共物品提供的虚拟均衡过程。该模型假定有两个消费者 A 和 B，或者说具有共同偏好的两组选民的两个政党。该模型假定两（组）人拥有相同的政治权力，所通过的预算是两（组）人

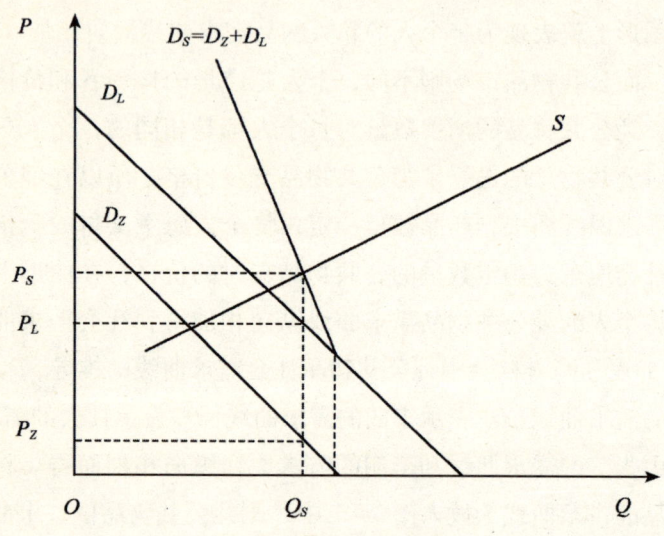

图 3-1　纯公共物品的市场均衡

都同意的预算。如果是一种公共物品，那么假定每一位拍卖者报出不同的税收份额和预算规模（支出），经过某一拍卖程序，就可得出一个均衡结果（见图 3-2）。

　　这样的结果，是 A 和 B 一致通过的，这是一种纳什均衡。其经济含义为任何个人或一组人，若改变配置都将使处境恶化，就会设法阻止该结果发生。因此，实现林达尔均衡意味着达致帕累托最优。威克塞尔和林达尔注意到预算过程分为两步。第一步是根据特定的社会公平标准，对全社会的福利分配进行调节。在形成了公正的福利分配之后，下一步再找出合理的公共支出和税收份额。这一结果在西方国家中采用一致同意的规则就可以得到，据此只有得到100%的选票所通过的税收和公共支出议案才会被接受。任何人对任一组可能导致其处境恶化的议案，都拥有否决权。

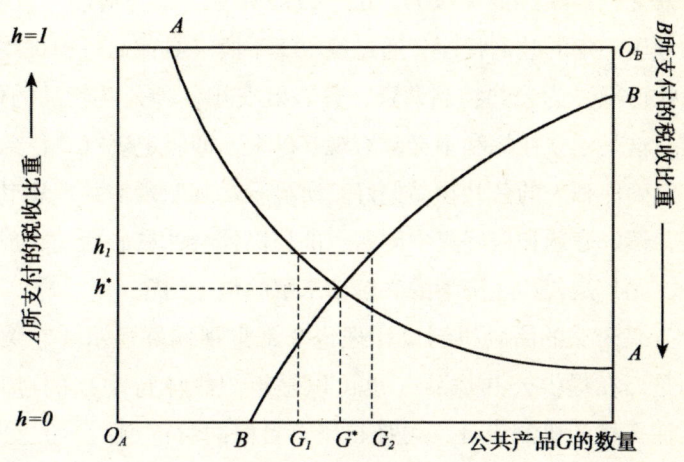

图 3 – 2　威—林模型的虚拟均衡

可以看出，威克塞尔—林达尔机制（Wicksell-Lindahl mecha-nism）是在利润为零的约束条件下，针对每个消费者对公共物品的真实评价，分别收取不同的"税收价格"。消费者的评价越高，税收价格越高。差异化的税收价格调节公众都需要同样数量的公共物品且满足帕累托最优条件。这被称为公共物品的市场化解决方法，逻辑上完全满足经济效率的要求。

问题是上述分析均以所有消费者如实申报其对公共物品的偏好为前提，但由于纯公共物品具有消费的非竞争性和受益的非排他性，现实生活中作为"经济人"的消费者具有低报或不报其偏好而选择"搭便车"的激励，从而导致个人乃至社会申报的公共物品需求曲线是"虚假"的（萨缪尔森，1954）。它比实际的公共物品需求曲线要平缓一些，此时得出的"均衡"公共物品供给量一般低于实际的效率供给量。因而现实中市场不能有效提供纯公共物品。

总之，经典经济学认为，由于政府具有"暴力潜能"，因此它可以利用一定的政治程序，通过税收等手段（具体通过模拟均衡确定税收份额）为公共物品筹资，并有效安排各种公共物品的供给。当然，这是建立在福利主义政府观基础上，即假定政府"仁慈"并可有效确保私人的公共物品偏好真实显示。观照现实并反思其逻辑前提，偏好表达和偏好集中问题，即公民社会的核心命题，成为经济学，尤其是公共经济学的必解而未解的焦点问题。

方兴未艾的激励机制设计理论非常重视偏好显示。它关注的问题是，在提供公共物品（也可以是组织集体行动）的过程中，究竟什么样的机制设计，可使得以下目标同时达到：（1）公共物品的供给是帕累托最优的；（2）每个人都有激励显示自己对公共物品的真实偏好；（3）公共物品的预算平衡。数十年来，激励机制理论循着诱导真实偏好显露这一思路，相继涌现出维克瑞（Vickrey，1961）之"第二价格法"机制、克拉克—格鲁夫税（Clarke，1971；Groves，1973）、格鲁夫与劳伯激励机制（Grove and Loeb，1975）、格雷夫与莱亚德激励机制（Grove and Ledyard，1977）、格林与拉丰激励机制（Green and Laffont，1977、1979）等卓有影响的研究成果。上述研究成果的要义是设计一套支付制度或税制，使得显示真实偏好是每个人的占优策略，激励人们都显示其对公共物品的真实偏好。这种激励偏好显示的机制设计思想对于公共物品的有效提供富有启示，但其中也存在突出的问题：首先，上述机制设计为了诱导真实显示偏好，常常忽视资源的有效配置，例如克拉克—格鲁夫税、格鲁夫和劳伯激励机制都克服不了预算失衡；其次，现实世界中扰动个人偏好的因素很多，远不止"价格"这一因素，这些机制设计中考虑的影响人的行为的因素太少。因此，此类机制设计迄今为止还缺乏足够的现实可操作性。

3.1.2 偏好表达与偏好集中何以可能

那么究竟如何促进偏好表达和偏好集中以提高公共物品配置的效率呢？笔者先从公共物品配置效率的均衡条件出发。

设 W 为公共物品，共有 m 种公共物品，$1 \leqslant j \leqslant m$，有 n 个居民，$1 \leqslant i \leqslant n$。

第 i 个居民的效用函数为：

$$U_i = U_i(W_1, \cdots, W_j, \cdots, W_m) \qquad (3-1)$$

可简记为：$U_i(W_j)_{1 \leqslant j \leqslant m}$

则每一居民效用最大化的函数为：

$$\underset{1 \leqslant i \leqslant n, 1 \leqslant j \leqslant m}{\mathrm{Max}} U_i(W_j) \qquad (3-2)$$

由于大家面对的公共物品数量相同，$U_i(W_j)$ 的结果仅因不同居民的偏好不同而相异。设公共物品 W_j 的价格为 P_j，每年的财政预算为 T，则第 i 个居民面对的约束条件为：

$$\mathrm{s.\,t.} \ \sum_{j=1}^{m} P_j W_j = T \qquad (3-3)$$

第 i 个居民实现自己效用最大化的一阶条件为：

$$\frac{\partial U_i}{\partial W_j} = p_j, 1 \leqslant j \leqslant m \qquad (3-4)$$

易知该最优条件对任意 i（$1 \leqslant i \leqslant n$）都成立。

若所有居民的个人效用同时达到最大化，即公共物品配置效率最佳的均衡条件为：

$$\frac{\partial U_1}{\partial W_j} = \frac{\partial U_2}{\partial W_j} = \cdots = \frac{\partial U_n}{\partial W_j} = p_j \qquad (3-5)$$

它的经济含义是所有居民关于公共物品的种类和数量存在一致性偏好，效用函数的结果也就相同。进一步地，若将税收视为公共物品的价格，市场交易的灵魂——"意思自治"拜公民社会所赐，"意思自治"是"一致同意"的必要条件，"一致同意"下的市场交易实现了帕累托意义上的经济效率。

"意思自治"到偏好的"一致同意"的逻辑链条又是如何传导的呢？第一种方式是布坎南所谓的"规则之下的行为选择"。当某区域公众对辖区公共物品的需求不能达成一致性偏好时，若当事人一致同意简单多数规则，那么投票形成的决议在逻辑上均被视为一致同意的结果。这种财政民主决策方式可以控制财政权的非法滥用，但也面临"阿罗悖论"的挑战。第二种方式是经由公民社会，一方面在讨价还价、协商和尊重中促使部分人自愿逆转偏好进而实现一致同意，另一方面控制财政权的非法滥用。比较而言，后一种方式避免了大民主引致的多数人控制的集体暴力，又实现了控制目的，更值得称道，实践中的参与式预算即蕴含了其理论逻辑。

3.2 公民社会与公共财政的理论分析之二——基于公共物品的志愿提供视角

3.2.1 公共物品的志愿提供：经验事实和理论分析

公共物品的志愿提供是指没有强制性权力介入的私人志愿提供公共物品。要注意的是，社区提供公共物品的情形中，虽然可能没有政府的强制性介入，但只要是加入了某个社区，就有为公共物品筹资的义务，必须遵循某种契约。而公共物品的志愿提供则完全秉承自愿的原则，没有任何强制性的权力或者规章制度的介入。

一般认为，由于公共物品具有消费上的非竞争性和非排他性，当公共物品由个人提供时，个人会面临"搭便车"的货币激励——在公共物品供给博弈中，只要提供公共物品的边际收益小于其边际成本，局中人的占优策略均衡将是选择"搭便车"而不贡献任何公共物品，从而导致公共物品个人供给的帕累托无效率。但在现实生活中，世界各地广泛存在的捐赠现象和大量的非营利性行为就是志愿提供公共物品的典型例子，就是响应志愿提供公共物品的需要而存在的。在这类现象中人们捐款给慈善机构、宗教组织和文化教育团体等，正如莱斯特·萨拉蒙所指出的："我们正置身于一场席卷全球的'结社革命'之中。"全球22个国家对于公民社会的一项研究显示，公民社会组织的社会贡献平均占到各国 GDP 的 5%，有些国家已经超过 10%，在所有组织类型中，教育、医疗、服务是公民社会组织就业规模的三大主导行业。教育和医疗之所以在很多国家非营利事业中占主导地位，一个重要原因是私立的非营利性大学、医院等教育和医疗机构的发达，例如著名的哈佛大学、斯坦福大学等，都是私立的非营利机构。中国的希望工程也是志愿提供公共物品的例子。

【案例】

希望工程

希望工程是中国青少年发展基金会于 1989 年发起实施的一项社会公益事业。目前，希望工程累计募集捐款 60.3 亿元人民币，资助农村家庭经济困难学生（包括小学、中学、大学生）逾 349 万名，建设希望小学 16 355 所，建设希

望工程图书室约 14 636 个，配备希望工程快乐体育园地
2 862 套，配备希望工程快乐音乐教室 136 个，配备希望工程
快乐电影放映设备 223 套，培训农村小学教师 60 000 余名。
援建希望小学与资助贫困学生是希望工程实施的两大主要公
益项目。

2007 年 5 月 20 日，中国青基会对外宣布希望工程全面
升级，将对学生的"救助"模式拓展为"救助—发展"模
式。根据受助对象的需求，在学生资助方面动员社会力量，
继续为家庭经济困难学生提供助学金，让莘莘学子圆上学梦
的同时，更加关注贫困学生的自我发展能力的提高，不仅
"授人以鱼"，更要"授人以渔"，通过物质、精神多方面的
持续扶持，帮助受助学生学会自助助人。希望工程在原有助
学金等经济资助项目的基础上，面向所有受助学生设计开发
了勤工俭学、社会实践等能力资助项目；同时增加了优秀大
学毕业生到希望小学担任希望教师的志愿服务项目，为大学
生及社会爱心人士参与公益活动提供了新的平台。

资料来源：中国青少年发展基金会网站，http://www.cydf.org.
cn/，2010 年 12 月 20 日访问。

对公共物品的志愿提供，有三种流行的理论解释：一是居民
对现存公共部门的产出太少甚至没有提供这种产出感到不满。在
16 世纪的英国，政府提供的任何民用产品或服务都非常不足，这
导致私人慈善机构提供的资金用于范围广泛的集体利益，如学
校、医院、免费道路、消防器材、公园、桥梁、码头、港口清
理、图书馆、赈济穷人等。这种观点认为非营利性组织的出现，
是由于市场失效和公共物品提供不足。只有在政治上的多数派认

为提供公共物品是公共部门的职责时，非营利性组织才停止作为主要提供者。二是合约失灵思想。据此，潜在的捐赠人担心营利性企业不能确保未来他们所合意的产品质量和数量。在捐赠人眼里，捐赠基金的使用和生产率是极不确定的，为此非营利性组织必须把净利润用于再投资，才能使捐赠人放心，而不是将其分配给经营者、工作人员或股东。三是基于纯粹的利他主义、互惠及遵奉效应，人们志愿提供公共物品，如萨金（Sugden，1982、1984）等通过引入伦理基础、道德因素等各种参数和变量修正有关函数的假设据以解释公共物品的志愿提供。埃莉诺·奥斯特罗姆等人提出公共资源的自主组织和自主治理理论，或称多中心治理理论，则整合和超越了以上三种流行的理论解释。该理论许多学者强调在公共资源治理中 NGO 等社会第三方治理安排对解决公共资源治理困境的作用，另有一些学者则强调社会公众对话参与对公共资源治理的作用和影响。该理论在市场治理理论和政府治理理论的基础上进一步发展了集体行动理论，为克服"搭便车"行为，回避机会主义的诱惑，解决公地悲剧，实现持久性的公共资源治理开辟了新的道路。其创新之处是，把整个公共资源域和相关域之间的关系看成是一种互动的治理机制，为行为人的决策提供内在激励；通过激励一部分人偏好逆转实现偏好集中。

3.2.2 公共物品的志愿提供：进一步的理论分析

福利经济学视角下的现代国家理论（Atkinson and Stiglitz，1980）强调政府的公共利益，认为政府可通过界定产权和司法判决为市场体系提供制度基础，对于那些私人行为不能内化的外部性，也可进行规制；此外，政府还可以弥补市场对公共物品供给的不足，规制市场垄断力量的滥用；最后，政府应对有关社会群体在资源分配上予以照顾。以上思想卓有影响，可是人们在实践中却发现许多的政府失灵现象。

事实上，目前国与国之间一个重要的结构性差别，即涉及由私人部门替代公共部门供给公共物品的程度。另外，对于在公共物品提供过程中，究竟非政府组织与政府组织的边界居于何处，也存在很大的争论。比如，乔治·布什就曾经给出一个意义深远的提议，即考虑由那些具有虔诚"信仰"的非政府组织负责公共物品的提供。

相比政府部门而言，由非政府部门运用同一笔资金来提供公共物品将至少存在以下两种机制有助于改进提供的效率。首先，相比同政府缔结的合约而言，同非政府部门缔结的合约可能更为完备。其原因在于，政府主要是通过选举来对选民进行负责；而原则上，非政府部门则有必要服从于其他各种可能的问责机制。非政府组织的这一特征，意味着较政府而言它往往面临更大程度的规约，亦即有机会"寻租"的可能性较低。其次，若非政府组织的组成人员较政府雇员专业素质更高的话，那么由非政府组织负责提供公共物品的效率也有可能得到改善。可以预期，使得非政府组织在其他所有潜在的公共物品供给方中独树一帜的，是在其成员构成中，存在相当一部分并非旨在逐名求利，反而是致力于实现好和维护好社会公共利益的利他主义成员。

总之，鉴于在非政府部门中工作的性质在很大程度上不同于在私人部门的工作，所以由非政府组织负责提供公共物品较由政府提供而言，往往是一个更好的选项。其内在机理恰在于，前者的组成人员从类型上来说，可能更愿意且有能力为民众提供所需的公共物品，换句话说，非政府组织从业人员往往更有可能去最大化受益者的利益。但围绕由非政府组织参与提供公共物品的争论的焦点在于，面对选举机制的缺乏而导致的问责的下降，如何才能确保非政府组织对其提供的公共物品的质量高度负责。因此，如果想要深入了解非政府组织的作用，则必须要知晓其背后的问责机制。

假定非政府组织是同政府一样的一个行为人，并进而探究均衡时非政府组织的行为。尽管现实中存在意图致力于为民众服务的非政府组织的可能，也面临如何将这些非政府组织选择出来的问题。可以通过以下例子来说明以上想法。假定有一个外在行为人意图提供一些资金，以增加特定公共物品，那么他既可以通过向政府提供必要的资源来达成此目的，也可以通过一个非政府机构来达到此目的。实际上，他所关心的仅是其所提供的资金能否有效地转化为居民所需的公共物品。

本书先从假定非政府组织面临同政府组织同等程度的责任约束开始，来探讨前者的性质和功能。具体来讲，如果非政府组织并未按要求开展其工作，则它同样会被解除职权，但不会面临进一步的处罚。经过这样的设定，此时非政府组织所面临的问责机制如同也受选举机制约束一样，存在一定的激励去开展工作。

假定某一国际机构较为关注某一国家所接受援助被用于公共物品供给的具体情况，设援助的规模为 T，可生产公共物品的存量为 G，单位公共产品的融资成本为 μ，假定观测期为两期时间，并且信息结构亦保持一致❶。这样在我们这里的模型中，援助方所要作出的决定就是，究竟应该通过非政府组织，还是通过政府

---

❶ 模型的最初思想源于 Timothy Besley 的 *Principled Agents? The Political Economy of Good Government*（Oxford University Press，2006）中 4.7 节，但 Timothy Besley 提出了命题却没有充分证明，本书给出了完整的证明。

来完成它的援助计划。假定非政府组织分为"好的"和"坏的"两种，前者将所有援助用于公共产品支出，后者攫取援助资源为私有。假定政府和非政府组织公共物品生产技术完全对称，因而公共物品提供过程中成本冲击结构也相同，为简化起见，我们排除混合均衡存在的可能，仅关注混同均衡和分离均衡两种解的情形。非政府组织同民主政府的一个重大区别即是，前者并不直接对其所提供服务的受众负责。我们所关注的一个主要的激励问题是，实施援助方试图始终保有接受资源提供公共物品的权力。因此，援助机构不能事先给定激励计划，而只能在事后就是否继续由该非政府组织继续负责实施援助项目作出决定。

假定存在若干个备选的非政府组织，援助机构可从中任选一个来负责实施其援助计划。令在随机选取的情况下，所选定负责实施援助计划的非政府组织是"好的"类型的概率为 ν，那么如果援助方决定由这种随机选取的非政府组织负责实施其计划，则该非政府组织与援助方的博弈顺序就可由以下几个步骤来刻画：

（1）由自然选择随机选取一个非政府组织来帮援助方实施其计划，并决定公共物品提供的成本，记为 θ。

（2）由以上选定的非政府组织决定，究竟要把所负责援助资金 T 中的多少用于公共物品提供，又留多少用作私利。

（3）根据以上情况，由援助方决定是否继续保留由以上选定非政府组织继续负责援助项目的实施，或者干脆由另一随机选取的组织来取代它继续执行援助计划。

（4）二期公共物品提供成本 θ 实现。

（5）在位的非政府组织收到 T 规模的援助资金，然后决定把它用于公共物品提供还是用于私人支出。

设单位公共物品提供的成本为 θ，居民和政治家面对一个共

同的时间折现因子 $\beta(\beta < 1)$ ，且各期成本独立同分布，并有 $\theta \in \{L, H\}, H > L, P_r(\theta = H) = q$ 。

给定以上条件，我们来求解均衡时非政府组织所选定的政策。很明显，对于一个"好的"非政府组织来说，它在公共物品上的支出将为 T/θ 。而如同那些未能致力于服务选民利益的政府一样，一个"坏的"非政府组织也可以通过模仿"好的"非政府组织，以期保有其继续负责援助计划和提供公共物品的特许权。当 $\theta = L$ 时，一个"坏的"非政府组织有可能会去模仿"好的"非政府组织，通过选择 $G = T/H$ ，它将攫取到 $(\frac{H-L}{H})T$ 规模的租金。这样，对于援助方来说，保留由首次选取的非政府组织继续负责实施援助计划的最优条件就是：

$$(\frac{H-L}{H})T + \beta T > T \text{ 或 } \beta > \frac{L}{H} \qquad (3-6)$$

令 λ_n 为 $\theta = L$ 时"坏的"非政府组织可能选取 $G = T/H$ 的概率；并令 σ_n 为当观察到的公共物品支出水平是 $G = T/H$ 时，该非政府组织得以保留项目实施特许权的概率。设居民可从其认可的非政府组织服务过程中获得 $\psi > 0$ 的效用，一个非政府组织工作人员待在私人部门获得 $\nu > 0$ 的效用。

根据以上的假定，可得到下面一个关于非政府组织均衡行为的命题。

【命题1】假定 $q > 1/2$ ，对于任何参数，总存在均衡解，且解唯一。具体来说存在以下两种情况：

（1）当且仅当 $\beta \geqslant L/H$ 时，存在一个混同均衡解，且有 $\lambda_n = \sigma_n = 1$ ；

（2）当且仅当 $\beta < L/H$ 时，存在一个分离均衡解，且有

$\lambda_n = 0, \sigma_n = 1$。

证明：

（1）混同均衡解。

首先，给定援助方的战略是 $\sigma_n = 1$（即若援助方观察到非政府组织的行动为 $G = T/H$，则援助方给予非政府组织保留项目实施特许权），"好的"非政府组织在 $\theta = H$ 时提供 T/H 的公共物品，"坏的"非政府组织在 $\theta = H$ 时面临两种战略，两种战略的收益现值分别为：如果选择攫取所有援助，可以获得 $T + \beta \cdot 0$；如果选择模仿"好的"非政府组织，可以获得 $(T - \frac{T}{H}L) \cdot \beta \cdot T$。因此 $\lambda_n = 1$ 当且仅当 $T + \beta \cdot 0 \leqslant (T - \frac{T}{H}L) + \beta \cdot T$，即 $\beta \geqslant L/H$。

其次，给定非政府组织的战略是 $\lambda_n = 1$，若援助方战略是 $\sigma_n = 0$，则可获得的收益 $(1+\beta)\left\{v\psi T + (1-v)\left[q \cdot 0 + (1-q)\frac{T}{H}\right]\right\}$；若援助方战略是 $\sigma_n = 1$，则可获得收益 $(1+\beta)v\psi T + (1-v)\left[(1-q)\frac{T}{H} + q\beta v\psi T\right]$。在 $v > \frac{1-q}{qH\psi}$ 的条件下，$\sigma_n = 1$ 优于 $\sigma_n = 0$。

综上，若 $\beta \geqslant L/H$，$v > \frac{1-q}{qH\psi}$，❶ 则 $\lambda_n = 1, \sigma_n = 1$ 为完美贝叶斯纳什均衡。

（2）分离均衡解。

---

❶ 这是本书计算的结果，Timothy Besley（2006）漏掉了这个重要条件。

首先，给定援助方的战略是 $\sigma_n = 1$（即若援助方观察到非政府组织的行动为 $G = T/H$，则援助方给予非政府组织保留项目实施特许权），"好的"非政府组织在 $\theta = H$ 时提供 T/H 的公共物品，"坏的"非政府组织在 $\theta = H$ 时面临两种战略，两种战略的收益现值分别为：如果选择攫取所有援助，可以获得 $T + \beta \cdot 0$；如果选择模仿"好的"非政府组织，可以获得 $(T - \frac{T}{H}L) + \beta \cdot T$。

因此 $\sigma_n = 0$，当且仅当 $T + \beta \cdot 0 > (T - \frac{T}{H}L) + \beta \cdot T$，即 $\beta < L/H$。

其次，给定非政府组织的战略是 $\lambda_n = 0$，若援助方战略是 $\sigma_n = 0$，可获得的收益为 $(1 + \beta)[v\psi T + (1 - v) \cdot 0]$；若援助方战略是 $\sigma_n = 1$，则可获得收益 $(1 + \beta)v\psi T + (1 - v)\beta v\psi T$。显然，$\sigma_n = 1$ 优于 $\sigma_n = 0$。

综上，若 $\beta < L/H$，则 $\lambda_n = 0$，$\sigma_n = 1$ 为完美贝叶斯纳什均衡。

命题 1 的推理表明，当一个"坏的"非政府组织去模仿"好的"非政府组织时，只要它足够耐心，就能达到一个均衡。在混同均衡时，预期公共物品的折现值为：

$$T[v\psi(1 + \beta) + (1 - v)(\frac{(1 - q)}{H} + qv\psi\beta)] \qquad (3-7)$$

其中

$$\psi = \frac{q}{H} + \frac{(1 - q)}{L}$$

在分离均衡时，该折现值为：

$$T[v\psi(1 + \beta) + (1 - v)v\psi\beta] \qquad (3-8)$$

不过究竟在哪一种情况下公共物品的供给数量更大，目前还不是很清楚。如果是在混同均衡条件下，若 $1/H > v\psi\beta$，由于

$1/H < \psi$，则只要 β 和 v 足够低，那么混同均衡时公共物品供给的折现值将大于分离均衡时的折现值。直觉上这也很容易理解，因为在保持其他条件不变，各方的耐心都比较小，从而在短期内规约效应将占优时，混同均衡是各方都比较偏好的选择。同样也很明显，如果某非政府组织有更大的概率是"坏的"类型，那么，混同均衡也是比较偏好的选择。

以上的分析表明，非政府组织的作用也在很大程度上取决于遴选效应和规约效应的平衡。

在由非政府组织负责实施援助方援助计划的安排之外，还有一种替代办法就是直接通过政府来实施援助计划。为考察政府实施援助计划的具体情况，我们假定由援助方提供 T 规模的资源于政府，并进而分析在此情形下有关各方的均衡行为。由于 μ 本身在分析中并不起作用，所以我们可令 $\mu = 1$。假设援助方的援助水平可以为选民所观测，并且后者也会以政府实施援助计划的具体情况来进行投票。以 $G_\theta^*(T) = \mathrm{argmax}\, G - C(\theta G - T)$ 表示援助规模为 T 时，一个致力于服务选民利益的政治家所选择的公共品提供水平。很明显，如果政府以选民的利益为行政的依据，那么以上援助机会将直接完全转化为公共物品支出，即将有 T/H 的公共物品供给增量——同由一个"好的"非政府组织负责实施援助计划时的结果完全一样。因此，我们有 $\dfrac{\partial G^*}{\partial T} = \dfrac{1}{\theta}$。对前面的分析略作修改，那些未致力于服务选民利益的政治家将模仿一个致力于服务选民利益的政治家的临界寻租水平就可以写成：$\hat{s}(T) \equiv (H - L)\, G_H^*(T)$。

这样，援助资源的进入反而增加了可行的、存在再选举时的寻租水平。

【命题 2】 当且仅当 $\hat{s}(T) \geqslant (1-\beta)(X+T)$ 时，存在一个混同均衡解，且有 $\lambda = \sigma = 1$。

当且仅当 $\hat{s}(T) < (1-\beta)(X+T)$ 时存在一个分离均衡解，且有 $\lambda = 0, \sigma = 1$。

证明：

（1）混同均衡解。

首先，给定选民的战略是 $\sigma = 1$（即若选民观察到政府的行动为 $G_H^*(T)$，则选民继续选举该政府），"好的"政府在 $\theta = H$ 时提供 $G_H^*(T)$ 的公共物品，"坏的"政府在 $\theta = H$ 时面临两种战略，两种战略的收益现值分别为：如果选择攫取所有援助，可以获得 $T + X + \beta \cdot 0$；如果选择模仿"好的"政府，可以获得 $\hat{s}(T) + \beta(T+X)$。因此 $\lambda = 1$ 当且仅当 $T + X + \beta \cdot 0 \leqslant \hat{s}(T) + \beta(T+X)$，即 $\hat{s}(T) \geqslant (1-\beta)(X+T)$。

其次，给定政府的战略是 $\lambda = 1$，若选民战略是 $\sigma = 0$，则可获得的收益为 $(1+\beta)T\left\{\pi\psi + (1-\pi)\left[q \cdot 0 + (1-q)\dfrac{1}{H}\right]\right\}$；若选民战略是 $\sigma = 1$，则可获得收益 $T\{\pi\psi(1+\beta) + (1-\pi)\left[\dfrac{(1-q)}{H} + q\pi\psi\beta\right]\}$。在 $\pi > \dfrac{1-q}{qH\psi}$ 的条件下，$\sigma = 1$ 优于 $\sigma = 0$。

综上，若 $\beta \geqslant L/H$，$\pi > \dfrac{1-q}{qH\psi}$，❶ 则 $\lambda = 1$，$\sigma = 0$ 为完美贝叶斯纳什均衡。

（2）分离均衡解。

首先，给定选民的战略是 $\sigma = 1$（即若选民观察到政府的行动

---

❶　这是本书计算的结果，Timothy Besley（2006）漏掉了这个重要条件。

为 $G = T/H$ ，则选民继续选举该政府），"好的"政府在 $\theta = H$ 时提供 $G_H^*(T)$ 的公共物品，"坏的"政府在 $\theta = H$ 时面临两种战略，两种战略的收益现值分别为：如果选择攫取所有援助，可以获得 $T + X + \beta \cdot 0$ ；如果选择模仿"好的"政府，可以获得 $\hat{s}(T) + \beta(T + X)$ 。因此 $\lambda = 1$ 当且仅当 $T + X + \beta \cdot 0 \leqslant \hat{S}(T) + \beta(T + X)$ ，即 $\hat{S}(T) < (1 - \beta)(X + T)$ 。

其次，给定政府的战略是 $\lambda = 0$ ，若选民战略是 $\sigma = 0$ ，则可获得的收益为 $(1 + \beta)T[\pi\psi + (1 - \pi) \cdot 0]$ ；若选民战略是 $\sigma = 1$ ，则可获得收益为 $(1 + \beta)T[v\psi + (1 - v)\beta v\psi]$ 。显然 $\sigma = 1$ 优于 $\sigma = 0$ 。

综上，若 $\hat{s}(T) < (1 - \beta)(X + T)$ ，则 $\lambda = 0$ ，$\sigma = 1$ 为完美贝叶斯纳什均衡。

上述命题表明，一旦有 $\hat{s}(T) + \beta(X + T) > X + T$ ，"坏的"政治家就会模仿"好的"政治家。这一结果实际上证实了普遍流传的一个断言，即援助的存在常常会改变政府的激励模式，尤其是会恶化对在位者的规约水平；并且当 $\beta < L/H$ 时，援助还削弱了政府原本试图选择混同均衡的激励。故而，一旦政府在陡然间得到一笔大规模的援助资金的注入，那么实际上政府并不会全心全意实施这样的援助计划，尽管这样做有可能面临在选举中遭受惩罚的威胁。所以在决定是否选择由政府实施援助计划时，应该慎重考虑。

根据命题 2，最后我们考察在不同均衡的情形下，由政府负责实施援助项目所可能带来的公共物品支出的增量水平。

在混同均衡时，这一支出增量为：

$$T\{\pi\psi(1 + \beta) + (1 - \pi)[\frac{(1 - q)}{H} + q\pi\psi\beta]\} \quad (3-9)$$

其中 π 为随机抽取的情况下，所抽取政治家为致力于服务选民利益型政治家的概率。

而在分离均衡时，这一支出增量为：$T[\pi\psi(1+\beta)+(1-\pi)\pi\psi\beta]$

可以看到，这里的结果与我们在考察非政府组织时得到的表达式相似。

比较由非政府组织与政府分别负责实施援助项目时预期的公共物品支出增加额，可以总结如下。

【命题3】假定存在这样一个外在单位，它希望提供一些援助以扩大对社会公共物品的支出，该援助既可通过政府来实施，也可通过非政府组织来实施。同时也假定，政府与非政府组织，要么同时为混合均衡，要么同时为分离均衡。那么当且仅当 $v>\pi$ 时，从选民的角度来说，选择由非政府组织实施援助的福利效应才比由政府实施援助时的效应要高。

命题3表明，一旦政府与非政府组织具有同样的激励结构，是否直接经由非政府组织来实施援助计划更为合理，就完全取决于相对于政府而言，它是否具有更大的遴选优势。换句话说，在公共物品提供过程中，非政府组织的角色之所以值得特别推介，主要是因为它们较政府来说，更能选取到一些优秀的员工，愿意且有能力通过实施援助为民众谋取利益。

我们得到上述结论的一个核心假定，是政府与非政府组织会采用相同的均衡策略。但通过比较命题1和命题2，并没有什么充分的理由能保证这一点。那么，如果政府与非政府组织所选取的均衡策略不同，我们在命题3中给出的结论就必须要订正了。假定需要同时考虑税收和援助支出，则那些未致力于服务选民利益的政府将有更大的激励去选择混同均衡，此时，政府选择混同均衡的条件就将变为：

$$\hat{s}(0) + I(1 - \frac{L}{H}) > (1 - \beta)(X + T) \qquad (3-10)$$

这样，在非政府组织倾向于选择混同均衡的情况下，政府更倾向于选择混同均衡。假定政府选择混同均衡，而非政府组织选择分离均衡，那么在满足下式所表示的条件时，由非政府组织负责实施援助才是占优的选择：

$$(\pi - \upsilon)\psi[1 + \beta + \beta q(1 - \pi - \nu)] + \frac{(1 - q)(1 - \pi)}{H} >$$

$$(1 - q)(1 - \nu)\nu\psi\beta \qquad (3-11)$$

如果政府效能（the quality of government）与非政府组织效能一样，那么上式就可以简化为：

$$\frac{1}{H} > \pi\psi\beta \qquad (3-12)$$

若两者效能都比较低，由政府负责实施援助计划就会占优；而即使政府效能较低，但两者之间差别又不是太大时，由政府负责实施依然占优。

总体来看，该模型对在何时由非政府组织负责公共物品提供才更为合宜提供了以下三个预测：

（1）若政府与非政府组织采用同样的均衡策略，那么只有在非政府组织较政府有更多更乐于服务公共利益的成员时，由非政府组织负责公共物品的提供才是合宜的（遴选优势）。

（2）若非政府组织选择分离均衡，而政府选择混同均衡，则仅当非政府组织与政府效能差距较大或政府效能更大时，由非政府组织负责公共品提供才占优。

（3）若非政府组织选择混同均衡，而政府选择分离均衡，那么仅当非政府组织与政府之间效能差别不大，并且非政府组织效能相对较低时，由非政府组织负责提供公共物品才占优。

　　该模型指出了需要探讨的若干关键内容。首先，政府的行为存在许多并不完美的地方，从而为非政府组织的存在以及发挥相应的作用内生地提供一些空间。其次，模型揭示出在政府垄断实施援助的权力时，会如何改变他们行为的激励。再次，模型刻画出在非政府组织仅面临微弱的问责机制规约时，援助方与非政府组织之间合约缔结的具体过程。

4 公民社会与公共财政——英国公共财政之路

英国是世界上最早形成公民社会的国家，英国公民社会的发展是一个渐进和缓慢的过程，要想对英国公民社会的发展进行全景式的勾勒十分困难。但如下几条主线对于理解英国公民社会的形成和发展是至关重要的：中世纪城市自治、商品经济和私人产权；中世纪纳税人代议制、参与式治理；近代英国公共领域发育、公民权利的扩展。这几条主线均与公共财政的形成和发展息息相关。下面笔者将逐一予以介绍。

4.1 中世纪城市公民社会与公共财政的雏形

4.1.1 城市自治、商品经济与私人产权：中世纪城市公民社会的发育

前文述及，许多思想家认为中世纪的城市国家（city-state）即公民社会。现代公民社会的前身正是中世纪城市公民社会。❶

---

❶ 本小节部分材料参考魏建国：《自由与法治——近代英国市民社会形成的历史透视》，中央编译出版社 2005 年版。

中世纪欧洲主流社会，是以土地等级占有的自然经济为基础的，经济的商品化程度较低。正如美国学者汤普逊所言，中世纪西欧的"封建制度是一种政府的形式，一种社会的结构，一种以土地占有制为基础的经济制度"。❶ 在当时的社会历史条件下，普遍流行的是垂直式的制度安排，人们之间的关系是如此界定的：采邑和服务；分封和臣服；贵族、封臣与农奴。在全社会高度政治化笼罩下，中世纪的人们少有自由。正如马克思所指出的："中世纪存在过农奴、封建庄园、手工业行会、学者协会等等，就是说，在中世纪，财产、商业、社会团体和每个人都有政治性质……在这里，一切私人领域都有政治性质，或者都是政治领域；私有财产的制度就是政治制度。在中世纪，人民的生活和国家的生活是同一的。"❷

随着 11 世纪经济的复苏，西欧城市较快兴起和成长。从 11 世纪末到 13 世纪，西欧各地的城市接连爆发了为争取自治而反对领主的城市革命。革命带来的结果是，许多基督教世界的城市获得了自治权，并在城市中产生了较强的共同体自我意识和民主参与精神。11 ~ 15 世纪，欧洲大约有 5 000 个城市和市镇诞生。与封建庄园体制不同，在城市里诞生了横向式的制度安排，其特征是平等与合作。城市人创制了"共同誓言"（common oath），它不是以等级为基础，而是以平等为基础。自治的城市和城市国家在组织上以"共同利益体"（commonwealth）为基本政治原则。每个城市都是一个相对独立自治的公民社会，自行立法、司法、

---

❶　[美] 汤普逊著，耿淡如译：《中世纪经济社会史》（上），商务印书馆 1997 年版，第 203 页。

❷　《马克思恩格斯全集》第 1 卷，人民出版社 1956 年版，第 284 页。

征税、铸币，甚至按照需要结成政治联盟，自行宣战与媾和。城市共同体要求所有公民享有平等的权利与承担平等的义务，因此，它的结构是合作与互惠的横向关系，而不是以往的权威与依附关系。"所有市镇公民都享有平等的权利。这是一个能够繁殖的胚芽，从这里，远比从封建集团所宣布的平等更多地产生了中世纪的民主，这是一切近代民主之母。市民中没有一个人被允许有特殊权利。"❶ 因此，作为庄园"飞地"的城市，是"作为现代文明的一个重要因素登场的"。❷ 汤普逊认为："作为一个自由的、自治的公民社会的城市，是中世纪欧洲的一个新的政治和社会有机体。"❸ 詹姆斯·W. 汤姆逊也认为，当时的"每个城市都是一个自治的公民社会"。❹

在中世纪的城市中，民主政治体制已经具有一定的制度化与程序化的特征。比如，市民通过选举代表以成立专门委员会，来决定重大的财政和行政权力。威尔·杜兰指出："市政大会乃是自提比略以来的第一个代议政府；实在是他们，而非《大宪章》开今日民主政治的先河。"❺ 在当时的城市里，人们是公民；但在其他地方，人们是臣民。城市管理者的合法权力是由共同体授予

---

❶ ［法］布瓦松纳著，潘源来译：《中世纪欧洲生活和劳动》，商务印书馆1985年版，第201页。

❷ ［美］泰格·利维著，纪琨译：《法律与资本主义的兴起》，学林出版社1996年版，第45页。

❸ ［美］汤普逊著，耿淡如译：《中世纪经济社会史》（下），商务印书馆1962年版，第427页。

❹ ［美］詹姆斯·W. 汤姆逊著，徐家玲等译：《中世纪晚期欧洲经济社会史》，商务印书馆1992年版，第174页。

❺ ［美］威尔·杜兰著，幼狮文化公司译：《世界文明史——信仰的时代》，东方出版社1998年版，第889页。

的。因此，他们要对授权的委托人负责，并且承认自己的权力有着合法的界限，"共和国颁布了详尽的法律，以制约权力过大而出现的侵权现象"。"到 1250 年，在主要城市的宪法中，人们已经取得了统治地位"。❶ 这种限制公权力的做法影响深远。即使在专制君主和国家主权思想崛起的中世纪晚期，人们仍认为一个享有立法权的国王，必须受神圣法与自然法的约束。例如，国王不可无理地、任意地侵犯子民的财产权，因为财产权是自然法所认可的。韦伯称："真正的城市是西方特有的一个制度。"❷ "新城市中心的兴起和成长代表西方历史上的一个革命的转折点——它给了西方历史独一无二的和奇特的特性。一切后来的发展，包括工业革命和它的产物，其根源都可以追溯到中世纪时代的城市发展。"❸ 正如汤普逊所言："城市运动，比任何其他中世纪运动更明显地标志着中世纪时代的消逝和近代的开端。"❹

欧洲商业资本主义的兴起，并非常识所言的源于 16～17 世纪，而是源于庄园生产和封建经济关系全盛时期的 11～12 世纪。"事实上，在 11～12 世纪，广泛的商业活动是与庄园的生产方式和封建的社会政治关系并存的。新出现的商法体系——它是典型

❶ Norberto, B., *Democracy and Dictatorship*, Cambridge, 1989, pp. 12～13.

❷ ［德］马克斯·维贝尔（韦伯）著，姚曾广译：《世界经济通史》，上海译文出版社 1981 年版，第 274 页。

❸ ［意］卡洛·M. 奇波拉主编，贝昱、张菁译：《欧洲经济史》（第二卷），商务印书馆 1988 年版，第 10 页。

❹ ［美］汤普逊著，耿淡如译：《中世纪经济社会史》（下），商务印书馆 1962 年版，第 407 页。

的资本主义法——是与西方的封建法体系和庄园法体系同时产生的。" ❶ 可以说，中世纪每个城市发展的过程中，都包含着资本主义经济发展的胚芽，尽管这些胚芽生长缓慢。由于中世纪城市主要以获利为目的，很少去兼并与掠夺贵族领地，因此对欧洲贵族的威胁极小。如此一来，城市作为一种特殊力量在欧洲被保留下来，并成为摆脱封建社会消极因素的"飞地"。

在 11 世纪后期的一些城市里，一半以上的人从农业转行到商业。城市经济开始摆脱宗教伦理的束缚而获得独立发展，城市居民面对的首要世界是"市场"，而不再仅仅是教堂、城堡与庄园。城市居民开始大胆宣称："这里没有恺撒，只有金钱。"韦伯指出，"完整词义上的城市'社会'（community）仅仅出现于西方"，而"要构成一种真正的城市社会"，形成一种定居点（settlement），必须依靠商业贸易。❷ 中世纪城市最显著的特点，就是城市中的人的自由。韦伯还曾指出西方城市独具特色的东西，是人的法律地位，即市民的自由。城市居民皆为自由民，他们是作为自由人进入市民阶层的，即便是逃亡农奴，只要他在城里住满101 天就可获得自由。人口集聚促进了分工深化和市场范围的扩展，商业更加发达起来。在城市里，人身自由和私有财产受到法律的尊重与保护。中世纪城市里的法律体系，不仅确认了城市自治权，也界定了政府和市民、市民和市民间的权利义务关系，因而它是西方宪政的重要源头。伯尔曼指出："近代立宪主义的实

---

❶ ［美］哈罗德·伯尔曼著，贺卫方译：《法律与革命——西方法律传统的形成》，中国大百科全书出版社 1993 年版，第 407 页。

❷ ［美］哈罗德·伯尔曼著，贺卫方译：《法律与革命——西方法律传统的形成》，中国大百科全书出版社 1993 年版，第 483 页。

际存在首先出现于 11~12 世纪西欧的城市法律制度。"❶

　　这样，摆脱了国家干涉与政治钳制的中世纪英国的城市，特别是"沿海城市，第一次为经济活动提供了自主发展的机遇"。❷在 11 世纪，复兴王朝权力的种种企图都归于失败，地方自治原则差不多大获全胜，自治的城镇实际上变成城市国家。英国城市势力强大到竟能左右公权力和控制国王的程度，这远非大陆国家所能比。16 世纪的英国城市被纳入单一的国家整体，这在当时的欧洲是无与伦比的。16 世纪初，差不多一半的英国出口贸易集中在伦敦，16 世纪中叶甚至超过 90%，16 世纪后期则达到 2/3~3/4。N. 格拉认为，伦敦在组织供应圈方面比巴黎领先了一个世纪。❸ 1500 年，伦敦的人口约为 5 万人，只比它附近的竞争者大 3~4 倍。1600 年，伦敦拥有 15 万~20 万居民，比第二大城市中心大 10~12 倍。尽管地方上的镇的人口增长赶不上全国人口增长，但更多的有一定规模——500 人及其以上——的城市地区建立起来，此时可以在英格兰看到一个广大的精巧编织的城市网络，以伦敦为主导，将整个国家整合成一个相互依赖的系统。在 17 世纪的进程中，伦敦居民增至约 57.5 万人，人口在 5 000 人以上的镇增加了 50%，这让较早时期形成的城市等级网络更加复杂。在同一个时代，居住在城市的人口比例也在增长。它从 1520

---

❶　［美］哈罗德·伯尔曼著，贺卫方译：《法律与革命——西方法律传统的形成》，中国大百科全书出版社 1993 年版，第 479 页。

❷　［法］雅克·阿达著，何竟、周晓幸译：《经济全球化》，中央编译出版社 2000 年版，第 19 页。

❸　［法］费尔南·布罗代尔著，施康强、顾良译：《十五至十八世纪的物质文明、经济和资本主义》第 3 卷，生活·读书·新知三联书店 1993 年版，第 419 页。

年的大约 5.25%，增长到 1600 年的 8.25%，再增长到 1700 年的 13.5%。❶ 到 17 世纪 30 年代，伦敦跃升为欧洲最大的资本化都市。而到 17 世纪末，英国已经基本形成统一的国内市场。

需要特别注意的是，中世纪社会的根基即土地封建制，在欧洲的城市中发生了巨大变化：土地已不再具备封建的政治含义，城市特权中的租地法承认户主有权自由出卖城市土地。这标志着私人财产权的起源，具有革命性的意义。"土地的私人财产权，本身就是一个在历史中演变的概念。封建习惯法的核心概念不是关于财产而是关于相互的义务"。❷ 传统社会的土地等级占有制，使土地处于共有状态。在这种状态中，个人拥有财产更多依赖于政治身份与等级特权。而私有财产权诞生后，以往财产共有状态时的依附关系演变成私有财产状态下的平等契约关系，这为法治奠定了基础。同时，这种社会也需要通过法治来规范和保障人们的权益，以免陷入无政府混乱中。总之，社会结构日益由纵向的政治隶属转变为横向的权利平等。而在当时的历史条件下，最大的社会财富就是土地，学界一致认为，资本主义的起源核心之一就是土地产权私有问题。

可以说，"私有制为个人创造了一个不受国家控制的领域，它对政府的意志加以限制"，"私有制成为所有不受国家的强权控制的生活基础，成为自由、个人自治赖以植根和获得养料的土壤，它对人类的一切精神和物质的巨大进步产生了深远影响。人

---

❶ ［美］菲利普·T. 霍夫曼著，储建国译：《财政危机、自由和代议制政府》，上海人民出版社 2008 年版，第 18 页。

❷ Milson, S. F. C., *The Legal Framework of English Feudalism*, Cambridge，1976，p. 108.

们在这个意义上将私有财产称为个人发展的基本条件。"❶ 私有制和私人产权是为个人自治确定范围的法定尺度，维护财产权是社会契约的第一目标。承认私人财产权，尽管不是防止强制的唯一条件，但却是根本条件。阿克顿指出："一个不承认私有权制度的民族，缺乏自由的首要前提。"❷ 因此，如果用一个词来概括自由主义的纲领，那就是私有制。

15 世纪中期，百年战争败于法国后，英国出现了一些重要的变化。越来越多的农业人口脱离了隶农身份，并因此开始享受普通法的好处，特别是在财产权方面。由此而来的是，对私人财产提出明确要求的人发现其财产和身份确实获得越来越大的安全，农民开始有积极的动力对其土地进行真正的改良。同时，农业人口也越来越依赖于对货币经济的参与，这在其生活中占了相当大的份额。有些人不仅依赖农业，而且开始依赖制造业，更重要的是，他们对其地主的义务转化成了货币租金，人身自由和个人自治的空间越来越大。

中世纪英国的城市孕育出一种与以往的农业社会迥然不同的价值追求与制度体系，自治、自由、市场、金钱、法治、私人产权等离政治化的核心要素渐次登场，这标志着城市公民社会（此时严格意义上是市民社会）的产生，但此时的公民社会还是较初级的。

---

❶ ［奥］路德维希·冯·米瑟斯著，韩光明译：《自由与繁荣的国度》，中国社会科学出版社 1995 年版，第 104 页。

❷ ［英］弗雷德里希·奥古斯都·哈耶克著，杨玉生译：《自由宪章》，中国社会科学出版社 1999 年版，第 200 页。

4.1.2 中世纪城市国家公共财政的雏形

城市的公共治理体制，根源于城市税收的公共性。由于中世纪没有不设防的城市，所以城市"必须筹措款项，以供设防的经常费用，最方便的方法就是向市民本身去筹措。所有的市民都关心共同的防御，大家都必须担负防御的经费。每个人担负的数额根据其财产来决定。这是一个伟大的革新。因为纳税者这是根据自己的能力为公共事业纳税，而不是为诸侯的个人利益缴纳专断的封建税收。这样，税收就恢复了它在封建时期所丧失了的公共性质"。❶ 更难能可贵的是，纳税人根据自己的能力纳税，包括了后世税收公平中量能原则的核心内容。在王室财政大行其道的中世纪城市里居然出现了公共财政的雏形，理解这一现象的要点在于中世纪城市之间的战争具有公共战争特点，即真正的"国家"间冲突的特点；而中世纪的君主间的战争属于私人战争，虽然它们往往采取王朝的形式，但战争在很大程度上并非国家集体行为，更没有一支大的职业军队来支撑战争。以至于迟至"整个都铎王朝以及斯图亚特王朝早期，国家的军事力量仍主要依赖雇佣兵、大地主的扈从以及国民军"❷，海军只由少量的皇家船只组成。当战争来临时，通过雇用私掠船船员或征用私人船只和船员为国家服务，从而扩大海军规模。

需要注意的是，当时城市自治的手段与核心内容是税收自治，具体办法是包税制，即城市包死向国王缴纳的各种捐税，由

---

❶ ［比］亨利·皮朗著，乐文译：《中世纪欧洲经济社会史》，上海人民出版社2001年版，第51页。

❷ ［美］菲利普·T. 霍夫曼著，储建国译：《财政危机、自由和代议制政府》，上海人民出版社2008年版，第27页。

城市自己评估和征税，每年将该税款直接上缴至财务署，凭此向国王购买特许状，摆脱了过于繁杂的汲取项目，逐渐实现城市自治。而许多城市治安法官和城市推事是无薪职位，更加确保了财政的公共性。另外，由于自治的城镇实际上成了城市国家，多元政治共同体形成并相互竞争，这促进了各城市低税率和财政公共化。

4.2   纳税人代议制、参与式治理与公共财政发育

4.2.1   议会的产生与发展

"税收是我们对文明社会的支付"和"有权征税就是有权毁灭"同为现代税收国家的基本原理。❶ 无税收无以支持权利和自由，但税收也可以威胁权利和自由，具体效果取决于公权力与公民社会的平衡与博弈。迈克尔·曼（Michael Mann）认为，即便在专制主义国家，政治决策也常常因缺乏治理者与公民社会的制度化协商而"基础不牢"，很难实际渗入公民社会贯彻实施，自由仍存在于命令的空隙之中。议会和公共领域，作为公权力与公民社会平衡、博弈的产物和空间，对于推动财政公共化发挥了极为重要的作用。其中议会经历了从国王司法助手到纳税人的代议机构和最高财政权力机构的变迁。王室财政的内在矛盾引致自己的掘墓人——公共财政不断发育。

这一过程对英国的治理有重要影响，事实上后世英国善治的

---

❶ ［美］菲利普·T. 霍夫曼著，储建国译：《财政危机、自由和代议制政府》，上海人民出版社 2008 年版，第 1 页。

三种要素均借此过程发育起来：依靠公民同意（议会批准）制定法律，依靠公共空间形成监督和控制，共同制约内在于君主制政府中的暴政潜力和税收扩张冲动；依靠有充分产权和公民性的人们实现地方正义和自治；市场导向的经济社会秩序。这些要素相互交织，难解难分，每个要素都为其他两个要素提供支持。

议会在中世纪的发展过程中确立了其在代议制历史上特殊的地位，也见证了公民社会的发育过程。首先，议会是一个法院，且是司法效力高于其他的法院。在 13 世纪，议会就将法官和王国的重要人士召集在一起，通过考虑申诉和倾听抗辩，来协助国王处理司法问题。除了司法和咨询功能的结合之外，便是议会的重要的立法功能。就是在这里，那些要求对个体冤屈和共同冤情进行救济的请愿书被呈递上来。到 14 世纪，议会的工作负担已经转移，该实体实际上停止作为处理私人诉讼的法院，司法功能停止。此后，议会成为首要的立法场所，后来成为唯一的立法场所。尽管从技术上说，只有国王才能通过成文法（statute）来制定法律，因为没有他的同意，议会法案就没有法律地位。但到 1500 年，这个过程变得清晰起来，并在 16 世纪 30 年代形成严格的法律程式。一项法案要变成法律，不仅要通过国王的意志，而且要"通过议会的权威"。在 15 世纪涉及国王征税权的某些普通法案件中，法官有权讨论议会或特召会议（convocation）的法令能否废除皇家特许令赋予的税收豁免。

其次，议会在征税中具有重要作用。从很早的时候起，英格兰的统治者就不得不向议会寻求税收同意。在中世纪，人们希望君主"财政自理"。也就是说，君主的资金应当来自王室土地和例定规费。在英、法两国，岁入都来自私人领地和司法管理的收入（Miller，1981），以及经常要与教皇协商的教职人员什一税。

对犹太人课征的税等形成附加岁入。如果君主们还需要更多，即便是代表整个国家而资助一场战争的费用，他们也不得不获得同意才能课征某种形式的"临时"税收。因此，在中世纪早期，英国就有一个国家税收的传统。比如，盎格鲁—萨克逊和盎格鲁—诺曼国王能够征收抗丹税，以应对丹麦人的入侵及其余殃。尽管这是紧急课税，范围和规模上都有限，但这项课税是通过国王的大议事会的建议和同意明确授权的。严格说来，该项同意不是针对税收本身，而是针对国王对必要性的陈述。但是，以此为起点，国王开始为了自己的收入而与政治国家谈判，这就给他的行动施加了政治限制。这在实践上承认公众可以"推翻皇家特许权"。哈里斯（Hariss，1975）将英格兰首次国家世俗财产税（lay subsidies）的征收时间确定为 1207 年，将自此开始的这一进程的结束时间定在 1369 年。1207 年，英国的税收理论认为征税权力来自国王对于王国安全的责任和其臣民支持其防卫的义务。由于税收是为了王国的共同利益，所以就有可能在税收和冤苦救济之间建立关联，特别是那些与王室收入要求有关的冤苦。因此，税收谈判扩展成关于良政的广泛讨论。此后正式同意和批准成为财政汲取行为合法性的必备要件。当然，中世纪政府对臣民的数量和财富信息了解甚少，以至于这些政府仅仅为了获得必要的信息，就不得不启动征税程序。议会是国王借以了解民意，为贯彻政策做准备的工具。英格兰的君主们利用议会收集信息、影响民意，并将地方代表集中到一个中央机构里。

起初，同意是在国王的大议事会中给出的，它由代表王国共同体的权贵组成，并发出共同的忠告。但到 13 世纪末，形成一种更加进步的惯例，就是召集议员代表其共同体就权贵们已经达成一致的事项表达同意，等于承认了权贵人士本身缺乏让整个王国接受税收许可的权威。直到 14 世纪中期，给予这种同意的实体和程序仍未最终明确。比如，在 14 世纪早期，羊毛出口税（maltolt）就没有经过整个平民院的同意，而是由那些拥有羊毛并把它运到国外的商人同意的。这项税收开启了这样一种可能：国王可以绕开议会，转而直接与派别利益谈判，或者依靠他的议事会。这时议会坚持认为自己是拥有税收同意权的唯一实体，以防止税收在国王单独协商中成为特殊臣民群体的独享利益的来源。

自 1334 年以后，个人财产税，即当代人所熟知的动产税在英格兰得以建立。动产包括奶牛、公牛、家庭用品以及其他所有物——也就是能够从一个地方搬到另一个地方的财产。租金也应当纳税，但个人的住房和土地可以免税。自 14 世纪中期起，英格兰就比法国更为严重地依赖动产税和对贸易所课征的间接税。这导致与代议机关的磋商，英格兰的统治者为了实现他们的政策而不得不向权贵们让步，还要向大地主、城市代表以及商人们负责。结果不但促进了议会的发展，而且降低了税收课征的交易费用。英格兰依赖于单一大宗出口品的税收、动产税和特许而获得岁入，是由于这些岁入是相对容易监控的。特别是海关税费容易度量和监控，由此凸显出英格兰羊毛贸易和后来纺织品贸易的重要性，它们为英王提供了主要的岁入来源。1334 年以后，动产税得以建立，英格兰的岁入更加稳定，更容易监测。相反，法国的岁入有极为多样的来源，其中有些税源的监控费用极为高昂，法国也没有类似大宗税源。因此，英格兰税收课征的交易费用相对较低。到了文艺复兴时期，公民保护、经济援助和商业基础设施同战争一起，都成了赋予税收正当理由的交易收益。税收已经从资助战争的临时性缴纳发展为常规的缴纳。地方士绅、城市资产阶级和其他新的商业团体都已登上谈判舞台，他们的准自愿服从有赖于通过议会和其他代议机构达成的有条件合作，还有赖于政府将制裁不服从者的信念。不过，政府属于国王，并且由国王而不是人民付薪，从这个意义上讲，政府仍然是私人的（Hirst，1986）。

总之，中世纪英格兰君主的让步导致了议会的发展，议会又进一步增强了民众的议价能力。在伊丽莎白一世当政期间，国王对议会的掌控有了明显削弱，特别是平民院获得了自己的权力，尽管还没有成为现代立法机关。

作为中世纪王国治理基本要素的议会概念的清晰化是在国民认同和参与中完成的。由于从很早开始，议会在英国事务中的位置就要求将国家的所有利益者都召到这儿来，英国人正确地认为它代表了整个政治体。在14世纪中期，首席大法官索普（Thorpe）在回应一项诉状时声称，"议会代表整个王国的身体"这项规定被忽视了。到16世纪，这只不过是个常识。尽管最早的议会常常由权贵人士与国王的法官和主要仆从组成，它作为一个整体可以被认为代表了"王国共同体"，但是，平民代表也经常被召集，以考虑来自爱德华一世统治下的税收。从15世纪开始，议会被认为是国家的声音。在15世纪，已经是议会政治基本要素的平民代表成为贵族院的宪法伙伴，法律制定和税收批准方面需要两个部分的同意，现代两院制出现了。而且这一次，这些代表中的多数派已经变成绅士阶层的成员。在15世纪早期和中期，一半以上的城市代表是绅士而不仅仅是市民，到16世纪末则至少有80%。这样，议会成为整个王国的缩影，它让大英帝国为追求公益而行动。托马斯·史密斯认为："英王国最高和最绝对的权力在议会。"贵族、主教和平民"在那里提出建议，进行协商，并说明什么对于共同福祉是好的，是必要的"。议会同意在性质上不完全是形式的。议会的税收由批准它的同样一批人（或同一类型的人）来评估和征收，到 1334 年，英格兰已经具有了标准化、常规化的世俗税评估制度；议会的成文法也以同样方法得以实施。起初议会的建立可能表示统治者对强有力选民的妥协；然而议会的作用之一，是为了给准自愿服从或者合法性创造一些必要因素。议会程序也能解释统治者和选民的偏好，并为持续的、重复的互动提供场所，且统治者要向议会负责。此外，议会帮助统治者维护对民众的社会压力，以保持他们在讨价还价过程中的立场。

议会概念的清晰化又是在与王权的斗争，特别是关于财政权的斗争中完成的。由于在英国绝对主义的王权始终没有确立起来，所以，一旦国王遇到战争或者财政困难时，仍然必须求助于议会。尽管他总是强调议会仅有为国王筹款的义务，并无审查国王花销的权利。❶ 而只有在国王事前承诺将把钱用于自己认可的特定战争的时候，贵族和后来的新兴资产阶级才会有准自愿服从。比如，13 世纪中期，英格兰亨利三世试图为他所宣称的国家战争支出而提高税收，贵族们拒绝了他的要求——海外战争是侵略性的而不是防御性的。1621 年，当詹姆斯一世借口要对西班牙开战要求议会拨付战争费用时，议会则要求国王提交作战的具体方案，以审查计划的可行性。詹姆斯一世为此怒火中烧，他决定宁可舍弃战争拨款，也绝不能容忍议会干涉自己的权力。结果，由于议会不肯拨款，詹姆斯一世随之解散议会，英军遂惨败。再如，1629 年春，当查理一世与议会关系陷入僵局时，他解散了议

---

❶ 本部分材料参考魏建国：《自由与法治——近代英国市民社会形成的历史透视》，中央编译出版社 2005 年版。

会，实行了长达 11 年之久的无议会统治。查理一世之所以能成功，是因为当时的英格兰处于和平时期，国库面临的财政压力不大。但是，苏格兰 1639 年的反叛大大改变了这种态势，国王需要通过议会才能获得财源。❶ 总之，议会与国王间的财政对峙，使英国正常的政治运行遭遇困难。在这种情势下，如何既能实现和扩大，又能规范和约束国家权力和公共权威的宪政理论产生并付诸实践。

议会通过引述 1215 年的《大宪章》，来表明它的存在和权力是无可非议的。爱德华·柯克爵士认为，议会的权力保存在英格兰"古代宪法"中。古代宪法学说把议会和自由的源头追溯到《大宪章》，甚至早于诺曼征服的公元 6、7 世纪。在斯图亚特王朝时期，它成为英国议会建构独立政治权威的一个支柱。而另一个支柱是由人民选举产生并代表人民的下院，这个支柱开创了英国具有划时代意义的议会主权思想，即议会的权力来源于人民。1649 年，议会战胜国王后通过决议："在上帝之下，人民是一切正当权力的来源；在议会里集合的英国下议院是人民选出并代表人民的，在本国有最高权力……"人民主权观念是英国政治国家与公民社会相分离及公民社会得以形成的理论基石。

---

❶ 英格兰议会的财政权之所以有效，是因为国王的贫穷和国家需要防备费用，这两个因素比任何其他因素都更能说明为什么责任政府最先出现在英格兰而不是欧洲大陆。法国也有一个来源于中世纪传统的议会，但在 1614 年被取消了，国王获得了充分的财政权。路易十三和他的后继者们在没有议会的情况下称心如意地统治着，直到 1789 年。Roberts, C., *The Growth of Responsible Government in Stuart England*, Cambridge, 1966, pp. 62～63.

1688 年的光荣革命❶也是财政革命。公债议会担保制度诞生后，英国议会彻底获得了主权代表的地位，巩固了其纳税人代议机构的地位，并确立了其最高财政权力机构的地位。

中世纪晚期英国议会与国王的权力之争，实际上是立法权、主权代表之争，公民社会与政治国家之争。现代国家被称为税收国家，就在于它与财政具有须臾不可分离的关联，而立法权主要是为了解决国家财政等问题。可以说，"国家在这方面的功能在很大程度上是协调'公民社会'中诸利益集团的活动"。❷

4.2.2　参与式治理的权利与制度遗产

至 15 世纪，英国的治理已经非常依赖县里的显要绅士以及镇里的地方法团成员，他们与国王及其大臣共同参与王国的治理。治理参与者获得赋权的同时也意味着接受彼此的约束和限制，国王当然也不例外。这种统合中央相对集权和地方参与的治理是中世纪晚期非常稀缺的权利和制度遗产，它构成后世参与式民主和多中心治理的源头活水。

当时大多数英国人的政治和经济活动范围是极受限制的。据说他们生活在"自觉而有凝聚力的"共同体中，每个共同体是一个自治气息浓厚的小王国。在那里，家庭生活和生存的日常需要主导着政治生活。当冲突在社区和国家之间发生时，地方问题和地方忠诚常常压倒了国家问题和国家忠诚。因此，托马斯·埃利

---

❶　1688 年，英国资产阶级和新贵族发动的推翻詹姆士二世的统治、防止天主教复辟的非暴力政变。这场革命未有流血，因此历史学家将其称为"光荣革命"英国君主立宪制政体即起源于这次光荣革命。

❷　［英］迈克尔·曼著，刘北成、李少军译：《社会权力的来源》（第 1 卷），上海人民出版社 2002 年版，第 691 页。

奥特爵士（Sir Thomas Elyot）认为，英国政治体是一种"公共福利"（public weal）体制。托马斯·史密斯爵士（Sir Thomas Smith）也注意到在政治国家中平民广泛地参与治理。他将公民和市民包含在统治者当中，因为他们"在自己的城市和地区，或在自己居住的自治镇中提供着共同福利"。自由民——著名的 40 先令自由持有者——也不例外，他们承受着农村地区的地方治理和法律实施的任务。甚至贫穷的农民和工匠——他们"没有自由的土地"，而且传统上"在我们的共和国中没有声音和权威"，也常常大量参与公共事务。如在镇里做陪审员，在村里做警察和教堂看守人。因此，根据托马斯·史密斯的观点，英国社会中间阶层承担着相当大的公共治理责任，包括"在审判、违约纠正、官职选举、分配贡赋和资助，以及成文法律方面的管理责任"。如果我们忽略了"小人物"广泛参与公共事务的这幅图画，就无法抓住近代英国政体的性质。

中世纪晚期，绅士、自由民和其他能够参与地方治理的人在数量上是很多的。在 14～15 世纪，绅士已经发展成为农村社会独特的要素。16 世纪，每个县相当数量的这种人物参与地方政治事务，其在受到召唤时，愿意并能够承担地方治理的责任。16 世纪是英国绅士勃然兴起的世纪。绅士的兴起彰显了一种新的社会价值观：追求财富。绅士是那些具有较多财产，从而能够并愿意支付与其身份相符的花销和费用的人。作为一名绅士，需要有充裕的财富和闲暇，来培养优雅的风度、养成良好的教养和具备丰富的知识与阅历，以获得治理社会和国家的综合素质。托马斯·威尔逊（Thomas Wilson）认为，1600 年英国或许有 16 000 个绅士家庭。格雷戈里·金则估计，17 世纪末生活在英国城镇中的人口当中或许有 7.5 万～10 万家庭能够支持地方治理中的大众参与体制。

总之，中世纪晚期英国地方共同体与中央机构、公民社会和公权力之间形成一种相互协作的参与式治理，这种治理体系的实质是"国王命令下的自治"。这种治理形式严重依赖无薪官员，其范围从掌握最高国家官职和任县长的重要权贵，到维持地方法律和秩序的治安法官和城市推事，再到警察和其他小官员。公共服务的志愿性，使得王室财政非常引人关注，议会与王权的财政权力斗争成为政治秩序中最生动的主题，财政公共化由此破题。

4.2.3 中世纪国王财政收入的分梳与财政公共化

所有中世纪的君主们都依靠采邑税，领地的土地产品（尤其是森林）以及有时候还加上土地本身的销售和租赁收益，皇家土地上的实物收入，对战败贵族财产的偶尔没收，罚款，许可权税，对犹太人征的税，对教士征的税，还有向金融家的借款。在13和14世纪，岁入生产的可能性有所变化，来源范围有所扩大。新的通行费、市场税费以及对关税、贸易和财产所课征的税收都被建立起来，兵役代偿逐渐得到允许。君主们开始越来越嚣张地出售专营权、保护性立法和职位。英国仍然依赖王室婚姻、直接税［英格兰是什一税（tenth）和十五税一（fifteenth）的税］、教会税、专营权买卖和借款。

具体说，中世纪国王个人的财政收入包括常规收入和例外收入两部分。常规收入主要包括四部分。（1）王室土地收入和王室财产收入。其中有一些属于古代的领地，国王的初始禀赋，它们是不能完全转让的。在整个中世纪，皇家已经对它们进行收费。当然，通过没收而使王室得到新的土地，这在15世纪特别重要，其次就是把无主荒地充公。从15世纪中期开始，这方面的皇家收入普遍增长，主要是因为爱德华四世和亨利七世以及贵族们推动了旨在确保国王能够自食其力的改革。1534 年后亨利每年从教会土地中收到 4 万英镑初果税（first fruits）和什一税，在修道院解体后，则减至一半。1536～1544 年，每年出售修道院土地进账平均超过 11.2 万英镑。如果王室能够保有修道院财产，那么没有多少疑问的是，后来英格兰的宪法和政治历史会与实际情况大不相同，因为议会作为税收批准实体的作用几乎肯定会萎缩。但是在一个很短的时段内，主要是由于战争压力，以及它所产生的债务，转让修道院财产十分活跃。从 1539 年开始听到战争传言到亨利八世统治结束，价值约 80 万英镑的修道院土地被卖掉了。加上已经赐予出去的，王室拥有的前修道院财产减少了 2/3。据估计，在詹姆士一世继位后的第一个 10 年，他每年出售价值 2.7 万英镑的土地；而查理一世在继位后的第一个 10 年，也出售了大约相同数量的土地。来自土地的收入在伊丽莎白一世治初期占了常规收入的 40%，在其统治结束时则只有 30% 多一点。到 17 世纪 30 年代，就只有 14% 了。（2）源自国王身份地位的"财政封建制"收入。封建君主拥有对其承租人地产的未成年继承人的监护权，以及安排其女继承人的婚姻的权利。从 15 世纪开始，封建权利具有的重要财政含义充分展露，变成大大增加了的王室收入。亨利八世统治末期，"财政封建制"给国王带来的净收益每年达 7 000 英镑。伊丽莎白一世统治时期，该种收入在 1.5 万～2 万英镑波动。到 1640 年，更增至每年约 8.4 万英镑，其实值大体相当于 16 世纪 40 年代收入水平的两倍。在同一时期，它所提供的收入占皇家常规收入的比例为 7.5%～12%。因此，到查理一世统治时期，王室实际上能够运用这种古老的封建权利汲取发生在都铎王朝和斯图亚特王朝早期的土地增益，当然只有那些作为国王的承租人持有其地产的家族才被要求承受这些负担。(3)王室食物征用权和垄断权获得的收入。它通过直接介入市场经济而与通货膨胀保持同步,有效的税收包含了该物品的国王价格与市场价格之间的差异。国王的大管家也可以通过王室食物征用权采集食品和其他物品,而只用支付通常的费用。有时在某些地区,那些受制于王室食物征用权的人可以用钱支付这些物品,这实际上将皇家权利转化成为货币税。垄断权的授予与出售成为皇家收入的另一个来源,并伴有导致不公平的潜力。君主发放这种权利实质相当于征收消费税(excise tax),因为它们增加了某些消费项目的成本,从而让垄断者和国家均受益。伊丽莎白一世时期的大多数特许权包含了这样的条款:专门为王室保留部分收益以抵消这种授予所带来的关税收入上的任何损失。17世纪30年代,对淀粉、煤、盐和肥皂的垄断每年给王室增加了大约8万英镑。(4)君主在其统治期间的关税收入。英格兰至少从1275年开始拥有了一个全国性的关税体制,那时爱德华一世开始对羊毛、羊毛皮和皮革的出口征税。对羊毛、羊毛皮和皮革的关税持续征收到詹姆士一世时期,而1347年的布匹关税则持续到玛丽女王时期。严格说来,这些更老的关税不是国会税收,而是根据皇家意志征收的,而且是永久性的。关税收入的最重要的部分来自津贴,即经同意为了特殊目而且在有限期间内征收的税。拥有更长历史的是吨计津贴和镑计津贴,起初,这些津贴是为了在特殊的战时紧急状态下支付皇家开支。亨利七世统治末期,大约35%的王室常规收入来源于关税。关税收入在伊丽莎白一世统治初期约占总收入的45%,而在末期约占33%。王室可以通过包税方式保证关税对其收入的贡献。关税承包还在君主与特殊的金融商人群体之间建立了重要的关系,他们随时准备为紧急状态中的国王筹集贷款。作为回报，金融商人不仅享受贸易发展所带来的好处，而且得到经济中的特权——特别是他们对殖民地企业的控制以及对外贸的垄断。调节税（imposition）是在某些商品应纳常规关税之上征收的特别费。1573 年，伊丽莎白一世对甜酒进口实行了这种额外课费；16 世纪 90 年代，对羔羊和绵羊皮、啤酒和煤等物品的出口征收了调节税。尽管在 1610 年国会强烈抗议之后税率有所修正，但这些所谓"新调节税"成为此后皇家收入的常规部分。它们在詹姆士一世和查理一世时期进一步扩展和延伸。1640 年，关税收入相当于亨利七世末年收入的 2 倍以上，而比伊丽莎白一世末年关税收入增长了约 4 倍。到 1640 年，关税收入已占王室总收入的 50% 以上。应该注意，上述财政收入有的需要按照程序批准与征收，如来自王室土地、监护和婚姻方面的皇家权利、王室食物征用权的收入、关税；有的由王室行使特别权力直接筹集，如来自特许权和调节税的收入。

中世纪国王的例外收入主要包括三种。（1）国会津贴和相关的教界津贴。通常每次在国会征收普通补助时，由特召会议投票通过，这些补助也通过固定的和公认的收入方式送达王室。国会和教界补助由代议机构通过的王国集体法来批准，代议机构中的每个人据说由本人或代理人出席。到 17 世纪，国会津贴的主要形式就是所谓的十五税一和十税一（fifteenth and tenth），最先于 1332 年作为评估税而课征，十五税一和十税一继续征收到 1623 年。（2）17 世纪中期前都铎王朝在税收方面最重要的发展，是重新采取都铎王朝早期实行的直接评估的普通津贴（lay subsidy）。在亨利七世和亨利八世时期，特别是在 1523 年以后，这种形式的直接税才充分确立。这种税收的主要特征是由地方官员在中央任命的专员监督下，对来自土地的收入或个人财产进行直接的评估。(3) 规费、捐赠、强制贷款、造船费等"特权税" (prerogative taxation),由王室根据维护王国的特别(或紧急)权力来处理,无须议会同意。例如,在亨利八世时期,有 1522 ~ 1542 年所谓的强制贷款,有 1525 年关于"友好拨款"的失败尝试,以及 1545 年和 1546 年更成功一点的尝试。他的女儿玛丽一世和伊丽莎白一世也诉诸强制贷款和自由礼物来帮助平衡账目;而且在 1590 年,伊丽莎白一世需要船以及可以换成船的资金,以支持与西班牙的战争。众所周知,查理一世于 1620 ~ 1630 年运用了相同的手段。他在 1626 ~ 1627 年臭名昭著地强制贷款筹集了约 26 万英镑,大约相当于 5 次津贴。而从 1634 年起,他对造船费的需要带来了每年 10.7 万英镑的收入,超过任何和平年代的直接税。❶

总之,一方面,随着纳税人议会的成长和公民社会的发育,在中世纪全部国王个人收入中,更多财政收入需要按照程序批准与征收,如来自王室土地、监护和婚姻方面的皇家权利、王室食物征用权的收入、关税、国会津贴和相关的教界津贴、普通津贴等;财政支出上,议会也逐渐深度介入王室支出的拨款管理,表明财政决策已经引入公共选择和权力制衡机制,公共财政得到发育,摆脱王室财政的努力取得初步成效。另一方面,来自规费、捐赠、强制贷款、造船费、特许权和调节税等占比不低的"特权税"却仍由王室动用特别权力直接筹集,无须议会同意,又说明中世纪公权力限制不够充分,整体上并未步出王室财政形态。

---

❶ [美] 菲利普·T. 霍夫曼著,储建国译:《财政危机、自由和代议制政府》,上海人民出版社 2008 年版,第 43 页。

4.3　近代英国公共领域发育、公民权利的扩展与公共财政的形成

　　近代以来公民社会的发展首先表现为市场机制和私人产权的扩展与确立。史学界已基本达成共识：私人产权能够形成的一个条件是，西欧多元主权国家的形成、发展及竞争；而另一个条件是货币经济的发展，使资本具有了流动性、国际性。资本流动促使税收竞争，促使某些货币经济较发达的国家形成了保护私人产权的立宪政体。"那些为财产提供良好制度保护的国家繁荣了起来，而不那么做的国家则变得越来越贫穷，这种成功受到模仿，结果，政府对产权的保护在西欧多数地区普及开来。君主们经常抱怨他们控制商人的权力越来越小，但他们除了尊重私人产权以外别无选择"。❶ 英国由于其货币经济发展程度较高，因此较早就致力于提供良好的国内秩序和公正的法律制度为产权提供保护，以便能从不断增长的贸易利润中以征税的方式得到较多收入。当然，不能忽视国内社会危机导向下政治国家与公民社会博弈与平衡对产权的影响。诺斯指出："正是在国家控制方面的结构危机最终导致了一套促进现代经济增长的产权的出现。"❷ 可以说，英国私人产权的形成是受制于多元主权国家竞争、全球性资本流动和国内社会危机的结果。只不过英国最终把应对这种受制性的办法制度化为宪政，成为最早建立起保护产权的现代税收国家。税

---

　　❶　［德］柯武刚、史漫飞著，韩朝华译：《制度经济学——社会秩序与公共政策》，商务印书馆 2002 年版，第 248～249 页。

　　❷　［美］道格拉斯・C. 诺斯著，陈郁、罗华平等译：《经济史中的结构与变迁》，上海三联书店、上海人民出版社 1994 年版，第 166 页。

收是文明的成本，尊重产权必然加速王室财政奔向公共财政。这里的传导链如下：保护产权→治税公平而合宜→财政公共化→经济繁荣→税收增加。

然而，近代以来公民社会的发育另有重要的结构性要素，和上述要素共同构成公共财政形成的基础和动因。

4.3.1　近代英国公共领域发育

近代以来，随着市场经济、私人产权和个体自由的发展，社会利益和社会权力出现分化，个人与群体间利益冲突增加，加剧了社会失序和国际竞争。于是，与每个人都息息相关的公共事务与公共利益，开始被高度关注和讨论。除法治被更加重视用于社会整合和秩序重建外，私人利益和偏好组织化表达的渠道走向历史前台。18世纪初，英国最早出现了具有政治功能的公共领域，哈贝马斯认为，以私人产权为纽带，地主与资本家之间传统的对立与商业、金融资本家和产业资本家的冲突交织在一起，资本领域内部的斗争同时把各阶层调动起来，这是具有政治功能的公共领域最早产生于英国的原因。1695年，书报检查制度被废除，这使得理性批判精神可以进入报刊，使报刊成为涵养公民性、参与公共事务、监督公权力的重要阵地，从而把政治决策提交给新的公共论坛。"轴心文明"时代以公民责任和参与为主要特征的公民共和主义逐渐复兴，"党派精神"逐渐变成"公共精神"。

虽然最初主要报刊都在统治者的掌握之中，但是真正创造了具有现代风格的政治新闻事业的是以博林布鲁克（Bolingbroke）为首的反对派托利党人。1726年，博林布鲁克出版《匠人》杂志，这本杂志与随后的《绅士杂志》真正成为具有政治批判意识的公众的批评阵地。

　　尽管后世把议会和媒体均作为公民社会发育的重要支柱，但近代英国二者的关系经历了戏剧性的变化。起初议会试图对抗媒刊的批评，利用其禁止公众接触议会报告的特权阻止报刊刊登议会讨论的内容。但是，从 18 世纪 30 年代开始，《绅士杂志》和《伦敦杂志》开始对议会辩论进行报道；到 1771 年，伦敦市议员威尔克斯成功地在实际上破除了议会的特权，伍德尔福在《记事晨报》上全文连载了 16 卷的议会演讲，从此公众再也无法被排除在议会审议活动之外了，财政权斗争等议会活动内容进入公共空间，财政问题本身更加公共化了。到 1803 年，下议院议长正式允许记者在议院楼上旁听。1834 年，火灾后重建的议会大厦有了记者席。

　　报刊的发展最终导致议会活动彻底公开化，并且把议会制和传统体制从本质上区别开来。此时国王也试图在议会中寻求一批支持者，议会发生分裂，出现了新的党派。"议会中的少数派总是会到公共领域寻求支持，希望公众作出裁决；受到利诱而聚集起来的多数派则认为可以诉诸理性维护他们遭到反对派驳斥的权威。"❶ 政治领域出现了执政党与反对党之间持续争论的形式，"这种争论一般来说走出了眼前的问题，涉及的是一系列'政府问题'：诸如税权的分配，英国的自由，爱国主义和腐败，政党和议会党团等等"。❷

　　18 世纪，其他具有政治批判意识的公众联系和参与的机制也出现了，公众集会的规模越来越大，次数越来越多；1779 年，有

---

❶　[德]哈贝马斯著，曹卫东等译：《公共领域的结构转型》，学林出版社 1999 年版，第 74 页。
❷　[德]哈贝马斯著，曹卫东等译：《公共领域的结构转型》，学林出版社 1999 年版，第 74 页。

26 个郡建立起协会，讨论战争预算、议会改革等问题；18 世纪末，两党在议会外建立起院外组织，地方支部的建立使得请愿、公众集会和政治协会具有了严密的组织形式。1792 年，以福克斯在下院的演讲为标志，下院公开批判的功能被认可。

咖啡馆是英国公共领域发展过程中重要而有趣的现象。它成为公共空间和公共领域的中心，而且它也孕育了政治辩论的种子。这些辩论涉及法庭上的阴谋，社会与政治制度传统，更多的是政府的财政汲取行为以及它与商业、贸易和海外交往的关系。❶公权力与私权利的边界在辩论中愈加清晰，且相互塑造。

17 世纪中叶，咖啡成了民众当中富裕阶层的一般饮品；到 18 世纪中叶，伦敦已有 3 000 多家咖啡馆。布莱恩·考恩（Brian Cowan）认为："咖啡和咖啡馆的社会合法化是通过上流社会的'好奇文化'和以伦敦为中心的快速增长的商业世界的联合来实现的。现代英国早期的公民社会是绅士好奇心、公民性与城市商会混合的产物。"❷ 在咖啡馆中，知识分子和贵族走到一起，围绕文学和艺术作品的批评很快扩大到关于政治和经济的讨论。每个咖啡馆都有自己固定的圈子，一个上千人的圈子只有通过一份报纸才能组织起来，"与此同时，新的杂志和咖啡馆生活的内在联系也十分密切，以至于随意翻阅某期杂志都可以完整地复述出咖啡馆里的生活。报刊文章不仅被咖啡馆成员当作讨论的对象，而

---

❶ ［德］哈贝马斯著，曹卫东等译：《公共领域的结构转型》，学林出版社 1999 年版，第 37～38 页。

❷ Brian Cowan, *The Social Life of Coffee*: *the Emergence of the British Coffeehouse*, Yale University Press, 2005, p. 2.

且还被看作是他们的一个组成部分"。❶

另外，咖啡馆中还产生了新的社会交往方式，"这种社会交往的前提不是社会地位平等，或者说，它根本就不考虑社会地位问题。其中的趋势是反等级礼仪，举止得体，彼此尊重和宽容。所谓平等，在当时人们的自我理解中即是指'单纯作为人'的平等，唯有在此基础上，认证权威才能要求和最终做到压倒社会等级制度的权威"。❷ 毫无疑问，这样的交往方式也有利于加速英国等级社会的崩溃和公民身份的发展。

在英国财政史上，最初的所得税即著名的"战争所得税"从1799 年一直持续到1816 年（当代所得税的前身则一直到1842 年才确立）。1799 年直接所得税的创设标志着一个重要转折点。它从根本上改变了个人与中央政府的关系，为国家提供了一个巨大的新的岁入来源。18 世纪的英国是一个财政国家和战争国家。战争迫使时任首席大臣皮特成为一个岁入最大化者。他之所以尝试所得税，是因为此税是一种在经济上十分高效的岁入生产形式，但是对它的政治反对使其成本变得十分高昂。英国统治者逐渐习惯了接受公民社会约束，降低交易费用实现更多岁入。直到议会和内阁掌握了制衡国王的财政权力，所得税才成为可能。如果没有公共空间的讨论，缺少广泛的准自愿服从，管理所得税的交易费用必将非常高昂，以至于根本无法开征这一税种。整个18 世纪，相对于君主统治而言，代议机关的议价能力大大增强。这是从国王统治到内阁统治转型的一个重要时期。议会对开支控制的

---

❶　［德］哈贝马斯著，曹卫东等译：《公共领域的结构转型》，学林出版社1999 年版，第47 页。

❷　［德］哈贝马斯著，曹卫东等译：《公共领域的结构转型》，学林出版社1999 年版，第41 页。

增强，公众对税收政策的讨论都提供了保证，即税收是为了公共利益。公共领域的发育与议会制度的存在有助于促进准自愿服从，而后者则对于降低所得税成本必不可少。1800 年的所得税征收了大约 600 万英镑，已经比来自三级税岁入的 3 倍还多。1815年，拿破仑战争❶结束后，以废止所得税为目的的社会运动深入而广泛，许多未被授予选举权的贫穷劳动者参加了请愿活动。1816 年反对所得税的公民请愿活动集中到了议会里面，这场运动取得了成功，所得税被废止了。当存在良好的通信网络和公共空间能够传播政府政策辩论信息时，议会对财政政策的控制才使得征税政策更加容易受到公众的监督和压力。19 世纪初，这种条件业已存在，首相詹金森和他的大臣们不得不向公民废止所得税运动让步。总之，19 世纪"战争所得税"的兴衰存废与公共领域的发育、代议机关的议价能力息息相关。

4.3.2 公民权利的扩展

顾名思义，公民社会是由公民组成的。那么什么样的人才是公民呢？马歇尔精确地描述了英国公民身份的发展过程，认为公民身份是由公民的要素、政治的要素和社会的要素三部分组成的❷，与之相对应的分别是公民权利、政治权利和社会权利。在 T. H. 马歇尔被认为是经典之作的《公民身份与社会阶级》（1949）中，公民权被划分为三种类型，从而公民权内涵也就有三种不同的侧重。第一种类型出现在 18 世纪，被称为公民权利

---

❶ 1799 ~ 1815 年，拿破仑在上台后依仗其军事才能和法条的优势同反法同盟进行了一系列战争，史称拿破仑战争。英国是反法同盟成员。

❷ [英] T. H. 马歇尔著，刘训练译：《公民身份与社会阶级》，江苏人民出版社 2007 年版，第 2 页。

（civilcitizenship)，强调个人的财产、自由和正义等基本权利；第二种类型在 19 世纪确立，被称为政治权利（politicalcitizenship)，强调公民的政治参与权利；第三种类型在 20 世纪建立起来，被称为社会权利（socialcitizenship)，强调公民的经济与社会保障权利。

马歇尔认为，公民身份的演化涉及融合与分化的双重过程，融合是地域上的，分化则是功能上的。直到 17 世纪，英国仍然是一个等级社会。"社会是由各种等级地位的人所组成的职业身份集团的自成体系的等级体系"，❶ 不存在对所有人都一样的、由其社会成员身份所赋予的权利和义务。并且 "17 世纪的英格兰基本上是一个地方观念占主导地位的社会；在 16、17 世纪，甚至到了 18 世纪，当人们说 My Country 时，通常是指他所居住的郡县，而不是英格兰王国"。❷ 这和现代意义上与国家相对的公民身份是根本不同的。由于各种机构起初是混合在一起的，公民身份的三种要素也是混合在一起的。

马歇尔指出，英国公民身份演化的第一次重大起步开始于 12 世纪。此时王室司法体系建立，确定和保护了个人的公民权利。其结果是公民身份三个要素所依赖的机构实现分化，进而使它们分道扬镳，从而可以将每个要素的形成归于不同阶段。"公民权利归于 18 世纪，政治权利归于 19 世纪，社会权利则归于 20 世纪。当然，这些阶段的划分界定存在着合理的伸缩性，它们之间

---

❶ 许洁明：《十七世纪的英国社会》，中国社会科学出版社 2004 年版，第 29 页。

❷ 许洁明：《十七世纪的英国社会》，中国社会科学出版社 2004 年版，第 111 页。

存在着明显的重叠，尤其是后两个阶段之间"。❶

18 世纪是公民权利的形成时期，公民权利的形成与一些限制公民权利的法案被废除和一系列争取自由的运动密切相关。这些被废除的法案和制度包括《人身保护状》《宽容法》《天主教解脱法》《结社条例》和出版检查制度。运动则有柯贝特和理查德·卡莱尔倡导的争取新闻自由的运动。到 1832 年，"公民权利已经扩展到人们的财产权，并且在最基本的方面诞生了其当代的轮廓"。❷ 在经济领域，根据自己的意愿选择职业的权利是最基本的公民权利，这一权利的实现受到了习俗和法律两方面的阻碍。一方面，传统观点认为，地方和群体垄断某些职业是为了公共利益；另一方面，《伊丽莎白技工条例》把某些职业限制在一定的社会阶级范围之内。这两方面的障碍在新思想和法院的攻击下最终土崩瓦解，新的观点认为限制工作权利是对国民自由的侵犯和对国家繁荣的威胁，而普通法的灵活性能够使法官用一种巧妙的方式来考虑环境与舆论的变化，并最终将过去的异端邪说转变为正统观点。最后，《伊丽莎白技工条例》被废除。19 世纪伊始，个人经济自由原则已经成为一项不证自明的公理。

英国政治权利形成于 19 世纪早期，与公民权利不同，政治权利的"意义并不在于它创造了新的权利以充实已经为所有人享有的身份，而在于它把一些既有的权利授予了更多的人"。❸ 在

---

❶　［英］T. H. 马歇尔著，刘训练译：《公民身份与社会阶级》，江苏人民出版社 2007 年版，第 5 页。

❷　［英］T. H. 马歇尔著，刘训练译：《公民身份与社会阶级》，江苏人民出版社 2007 年版，第 7 页。

❸　［英］T. H. 马歇尔著，刘训练译：《公民身份与社会阶级》，江苏人民出版社 2007 年版，第 11 页。

19 世纪，选举权这项政治权利仍不属于公民身份的一项权利，尽管选举权随着改革不断扩展，但它仍是一个经济阶级的特权。以 1832 年改革为例，法案废除了衰败选区并把选举权扩展到租赁农以及拥有足够经济实力的佃农。但选民的数量仍然少于成年男子总数的 1/5，选举权仍然被某个群体垄断。19 世纪，政治权利仍是社会权利的副产品。直到 1918 年改革法确立了成年人投票权，将政治权利的基础由经济实力转向个人地位，政治权利才成为公民身份本身直接的、独立的组成部分。但是，此时由经济差异导致的政治不平等并没有消失，直到 1948 年复票制被废除，所有人的政治平等才得以实现。

社会权利最初起源于地方性共同体和功能性组织的成员资格，后来被《济贫法》和工资管制体系取代。工资管制体系在 18 世纪崩溃，工业革命使其无法得到执行，并且它与自由雇佣契约的个人主义原则相违背。《济贫法》在伊丽莎白一世时代是为了减缓贫困和制止流浪，其总体目的不是要建立一种新的社会秩序，而是要维护现有的秩序，使之保持最低限度的变革。但是在竞争性经济的冲击下，这一目的破产，《济贫法》被束之高阁。1834 年，《济贫法》放弃对工资领域和自由市场的干预，只向由于年龄或疾病等原因不能劳动的人和那些放弃奋斗、承认失败并乞求怜悯的弱者提供援助。这样社会权利就被从公民身份中剥夺了，社会权利不再是公民权利不可分割的一部分，而成为对公民权利的一种替代。因为只有当申请者不再是任何真正意义上的公民时，他们的要求才能被满足。《济贫法》和工资管制体系的失败，使社会权利在 18 世纪和 19 世纪早期几乎绝迹，而公共教育的发展又使 19 世纪成为社会权利的奠基时期。19 世纪末期，基础教育不仅是免费的，而且是强制性的。出现这种与个人自由相背的现象的原因有二：一是因为自由选择仅仅是心智健全者的权利，而儿童天生要接受训练，更何况，不能相信家长所做的一切都最能符合孩子的利益；二是人们越来越意识到，"政治民主需要受过教育的选民，科学制造业需要受过教育的工人和技师。因此，提高和教育自我就成为了一项社会责任，而不仅仅是个人责任，因为一个社会的健康取决于其成员的文明程度"。❶ 接受教育的权利是公民身份真正的社会权利之一，"随着 19 世纪公共基础教育的发展，我们跨出了通向 20 世纪公民身份之社会权利重建道路的决定性一步"。❷ 的确，对自由与法治的追求、公民性的涵养、私人产权保护技术的积累都离不开教育。

社会权利发展的新阶段始于 19 世纪末期，以布斯（Booth）对伦敦居民的生活和劳动调查以及皇家专门委员会对处于贫困状态的老年人的调查为标志。此时消除阶级差距仍是社会权利的目标，但它已经有了新的含义，"它不再仅仅试图减少社会底层阶级的贫困所带来的明显痛苦，而开始采取行动以改变整个社会的不平等模式。它不再像从前一样只满足于提高作为社会大厦之根基的底层结构，而对上层结构原封不动；它开始重建整个大厦，哪怕这样做可能会以摩天大楼变成平房的结局告终也在所不惜"。❸ 到 20 世纪，社会权利终于取得与公民身份其他两个方面要素平起平坐的地位。

---

❶ ［英］T. H. 马歇尔著，刘训练译：《公民身份与社会阶级》，江苏人民出版社 2007 年版，第 9 页。

❷ ［英］T. H. 马歇尔著，刘训练译：《公民身份与社会阶级》，江苏人民出版社 2007 年版，第 17 页。

❸ ［英］T. H. 马歇尔著，刘训练译：《公民身份与社会阶级》，江苏人民出版社 2007 年版，第 25 页。

总之，随着公民权的扩大，更多的人口成为真正的公民，有限政府让位于关心福利、教育和其他社会项目的政府。交易费用也在变化。经济发展和政府进步降低了一些交易费用，工厂与货币支付方式都使税收更容易受到监控。通信的进步和复杂代理形式的发展也使得检查代理人更加容易。这些反过来促进了公民权的扩展、公民社会的发育和公共财政的形成。

4.3.3　公共财政的形成

公共领域的培育和公民权利的扩展是公共财政形成的结构性力量，战争等引致的财政危机只不过是公共财政形成的酵母。

16 ~ 18 世纪的欧洲重商主义时期，也是国家之间的战争时期❶。欧洲在 16 世纪只有 25 年、在 17 世纪只有 7 年没有发生过大规模战争。在一定意义上，近代早期的国家是一个军事机构，各国每年用于战争的费用都占收入的一半左右。到 17 世纪末，英国已经发展成为一个财政军事国家，18 世纪见证了中央政府权力的进一步增强，到 18 世纪末，英国已经十分强大。指标之一就是，整个 18 世纪，它的税收负担比法国要高得多。英国战争资金主要依赖"政府通过累积永久性国债而筹集借款的能力"。整个 18 世纪，损失惨重的对外冲突给英国的财政能力施加了日益强大的压力。西班牙王位继承战争（1702 ~ 1714 年）、奥地利王位继承战争（1739 ~ 1748 年）、七年战争（1756 ~ 1763 年）和美国战争（1775 ~ 1784 年）期间，战争费用急剧增加。18 世纪年度政府开支增加了 15 倍（Brewer，1985）。18 世纪英国政府

---

❶　本节部分材料参考魏建国：《自由与法治——近代英国市民社会形成的历史透视》，中央编译出版社 2005 年版。

75%~85% 的开支都用于偿付军事或者此前历次战争期间发生的债务利息费用（Brewer，1985）。在不断增加的国债当中，利息费用是主要构成部分。1695~1795 年，年度债务偿付支出从 60 万英镑上升到 680 万英镑，1816 年的利息费用是 1790 年的 3 倍（利瓦伊，2010）。

因为"履行国家职能需要财政资源，财政资源的提供方式决定了个人和国家的关系"，所以说，"财政制度是经济制度，也是政治制度"。❶ 光荣革命后，英国议会除了牢牢控制税收权外，还发展出了公债制度，即政府向民众借款。公债作为一种财政制度，不仅涉及个人对国家财政的提供与选择问题，而且也是个体理性参与在国家财政中的体现。

17 世纪 90 年代，英国的对外战争使财政面临严峻困难。然而，光荣革命给英国带来了"国王—议会"联合政府。这使政府有了更加坚实的信任基础，从而促成公共财政领域的关键性变革，即财政革命。也就是，英国公共财政逐渐发展出"公债"，议会的担保成为政府可靠的信贷资金来源。而在此之前，王室借来的贷款主要用于战争，少部分用于加冕典礼、婚礼、葬礼等礼仪活动，加之国王凌驾于法律之上，因此，金融家对国王的贷款总是心存疑虑，而议会的担保解除了金融家的后顾之忧。光荣革命后，英国政府信用急剧增加，其表现是：在威廉三世时政府借债利率是 10%，而在沃波尔和佩勒姆时下降到 3%。这要归功于以下两点：（1）议会在债权债务中发挥核心作用。以 1688 年为界，之前，在贷款协议中，王室有调整条款的单方面处理权。之

---

❶ ［美］詹姆斯·M. 布坎南著，穆怀明译：《民主财政论——财政制度与个人选择》，商务印书馆 1993 年版，第 215、181 页。

后，调整债务条款必须获得议会的批准，议会作为出借人的代理人来应对王室。(2)由议会创立英格兰银行。英格兰银行作为中介机构，把原来分散在多家代理人团体手中的所有出借人集中在一起，有助于对君主实施共同的信贷抵制。光荣革命后，英国君主已不能随意决定债务的条款，而必须与议会、英格兰银行合作。

议会的担保和英格兰银行的建立，使公共信贷成为一种公债制度。"公债的利息准时偿付，不容违约，债权由议会保证还本，这一切确立了英国的信誉，因而借到的款项之大令欧洲惊诧不已"。❶ 在英国历史上，"议会担保"具有重要的历史意义。由于它能使公债相对稳妥地发行，从而为政府奠定了一种新的财政基础。进一步看，"议会担保"制是政治国家和公民社会平衡与博弈的结果，又反过来促进了政治国家和公民社会的统合。这里既可以看出公共财政形成的公民社会基础，又可以看出后世英国迅速崛起，第一个走向现代的制度基因。

"财政革命"，对英国来说也是一场宪政革命。"财政革命"为英国宪政国家的建立奠定了比较稳定的财政基础。1690 年，议会为国王确立了新的原则，即国王必须靠自己的力量来生活。臣民的自由由《权利法案》来保护，而议会的权力由财政安排来保证。因此，光荣革命也是一场宪政革命，"在很早的时候，财政问题就成为立宪的问题"。❷ 因为财政机制的安排，使英国"预算，这一纯行政的问题却因遵照英国传统和政治原因，成了立法

---

❶ ［意］卡洛·M. 奇波拉主编，贝昱、张菁译：《欧洲经济史》第 2卷，商务印书馆 1988 年版，第 433 页。

❷ ［英］阿萨·勃里格斯著，陈叔平译：《英国社会史》，中国人民大学出版社 1991 年版，第 163 页。

问题"❶。在英国，议会凭借其新获取的权力，第一次把立法当做建构公共权力的工具，有限政府的观念也由此产生。"立法机构名义上是在立法，然而事实上，它的首要任务乃在于建立并维持行政机关。"它的"主要关注点始终是控制并管理政府"❷。事实上，议会作为英国的立法机构，开始就不是为立法，而是为了财政事务才建构起来的。它的首要职能是批准拨款事项，而不是制定法律。

对政府的监督和控制是英国代议制最重要的功能。因为仅由议会制定法律规定捐税已不能满足近代欧洲国家作用的日益增大及每年国家财政花销变动不定的现状。法律能够保持稳定不变，捐税却需随时调整。可是，在国家政治生活中，人民要想保证自由，就必须有权依法约束和监督国家的行政花销。而这正是议会的重要职责。"议会主要是一个辩论和批评政府的场所，是主要的自治工具，这是它最为重要的职能"❸。

综上所述，议会在英国发挥了看似矛盾实则十分重要的作用。它集中反映了贵族限制王权、纳税人控制政府的力量；但从长期来看，它使得英国国王大大降低了税收课征的交易费用。税收课征要求国王必须同潜在的纳税人讨价还价，英国的谈判是通过中央集权式代议机构，结果具有普遍约束力，法国则不是如此。英国不断演进的议会最终增强了英国君主征税的能力。议会

---

❶ ［德］马克斯·韦伯著，张乃根译：《论经济与社会中的法律》，中国大百科全书出版社 1998 年版，第 44 页。

❷ Carter, J. C., *Law, Its Origin, Growth, and Function*, New York, 1967, p. 115.

❸ ［英］W. 詹宁斯著，龚祥瑞、侯健译：《法与宪法》，生活·读书·新知三联书店 1997 年版，第 196 页。

提供了一个有条件合作的论坛，降低了交易费用。议会一旦批准，就确保了高度的准自愿服从。只要君主与议会密切合作，就对财政政策拥有巨大的控制力量。至 18 世纪中期，英国政府的中央集权、高效的税收管理以及"议会法令被赋予的重大合法性"，使得英国国内难以出现公开抗税。18 世纪的英国是一个税率极高的国家。

在 17 世纪和 18 世纪，君主显然拥有索取税收以作为其服务之报答的权利。但在某种程度上君主仍然得"财政自理"，尽管公共利益的观念使公众有义务支持君主，也使君主有义务服务公众。代理人和民众都产生了从税收和其他贡赋交易中获取收益的预期。然而，光荣革命毕竟确立了议会的最高权威，它同时也是财政革命。光荣革命后，英国成为君主立宪制国家（constitutional monarchy）。议会取得了前所未有的权力：对政府的开支有否决权，对政府批准的资金使用情况有监督权。这种体制安排既有利于财富所有者对政府的控制，又开创了公共权力的分权体制：行政提出要求，下院授权，上院批准，法院审查。在程序和机制上，此种权力制衡明显地限制了以权谋私行为。在法律上和体制上，私人权利得到了更大的保护。因此，代议制成为驯服国王的宪政工具。

需要特别指出，光荣革命后一系列财政公共化取向的制度建设消除了旧制度引发财政危机的根源。光荣革命前，"王室财政"与"公共财政"是混在一起的。国王收支与公共收支不分。光荣革命后，议会逐步采取措施，将王室财政与公共财政分开。这些制度建设是国王、议会、内阁和纳税人之间不断博弈和制衡的结果，主要是通过王室经费支出改革、1693～1742 年颁行职位法案、皮特行政改革和格莱斯顿改革完成的。整个 18 世纪，英国的财政机制演进成为一个在议会和内阁控制之下的相对高效的管理体系。至 1799 年，议会尤其是下院对税收政策的控制权大大增强了，议会还大大削弱了"国王的影响力"。一方面保证了有效和稳定的统治；另一方面奠定了纳税人准自愿服从的基础。

1688 年之后，君主和议会之间可持续合作机制的关键在于下院给威廉三世所开出的筹码：1688 年之后，下院故意拒绝为国王提供充足的"常规"收入。这是为了确保国家元首必须依靠下院，而且必须经常向下院请求王室日常运转所需要的资金。

议会控制君主收入的一个关键是王室经费，它最初由 1698 年的王室经费法案所设立。用于王室经费支出的岁入，来自康沃尔公爵领地、西印度群岛 4.5% 的税收、关税和消费税以及各种世袭收入。王室经费是国王施恩的主要来源。国王无须向议会详细说明其支出情况，也无须向纳税人或议会公布国家财务记录。议会对财政控制日渐增强的第二个关键，是它在决定税收方面的作用越来越积极。它积极地制定税收政策，而且它还选择税种，比如 1688 年之后开始征收的地价税，这"使议会对政府开支的控制最大化了"。但相对于议会而言，国王仍能够保留相当大的权力，尽管国王对议席的控制并不彻底。在 1780 年的选举中，"议会中的 24 名议员是政府成员，而在其他的 221 席中大概有 119 席归个人所控制"（利瓦伊，2010）。在 1693～1742 年间颁行的职位法案，其设计初衷就是禁止公务员成为下院议员。

王室经费经常入不敷出，以至于国王不得不定期向议会请求额外的岁入，因而为国王作出新的让步和财政改革提供了机会。首先是建立"王室年俸"制度，取消君主大部分世袭收入，转列入"王室年俸"之中；确定"王室年俸"数额，由专门指定的政府收入（如货物关税）来支付。威廉三世（1689～1702 年在位）

和玛丽二世（1689～1694 年在位）登上王位后不久，议会给予一笔 120 万英镑的固定年收入终身授权，其中 60 万英镑为终身授权的王室年俸，余下的 60 万英镑用于军事支出，要不断地重新授权。1760 年乔治三世登基时，议会将王室经费岁入转移到自己手中，并拨给国王 80 万英镑的固定年俸以应付王室经费支出。在一个世纪的时间内，王室年俸的数额从最初的 60 万英镑，上升到 70 万英镑、80 万英镑，直至 90 万英镑。这样，没有议会的赞同，君主即无法获得收入。

"王室年俸"取代的是君主的世袭收入，但是，世袭收入自古以来作为君主的私人收入是君主自主支配使用的，因此授权以内的"王室年俸"君主也有征收自由。公共服务被认为是君主个人提供的服务，大部分是在君主支出的名义下以"公共项目"安排的，君主也有权随意增减。公众甚至政治家们都认为它是君主自己的事，议会难以有效干预。所以，王室年俸的使用状况，一方面议会很少要求君主报告，另一方面君主也抵制向议会报告，这就成为政府任意支出的避难所，逃避了议会的批评和年度审查。于是，后来议会着力区分王室私人支出和一般公共支出，将王室年俸中与行政管理相关的支出，逐渐转到"供应服务"项目中。不易剔除的部分，考虑到支出的便利留待逐渐解决。1782 年通过的《埃德蒙·伯克改革议案》，更加凸显了下院控制王室年俸的改革意图。改革的实质就是将从前曾界定为国王私人的财产重新界定为公共财产。首先，议会将国王世袭的财产归入议会监督之下的公共资金；其次，制定了明确的开支方针；最后，爱尔兰和苏格兰的养老基金、邮局累积的岁入和国王零星的土地收益都要处于公众监督之下。职位法案和王室经费支出改革进一步减少了冗余职位。1787 年英国建立了"统一基金"，此后王室年俸中许多民用支出项目转移过来。这些项目不属于年度拨款，但下院有权在任何时间内复查。

尽管议会努力地控制资金的支出，但国王的影响力并未在一夜之间迅速消失。英国的历史学家基本上都承认，从 18 世纪末期发端并一直持续到 1830 年左右的这些改革确实削弱了国王支配国家财政机构的能力。君主与其大臣之间权力制衡所发生的改变，进一步加剧了王权相对于议会的削弱。但截至 18 世纪末，还不存在维多利亚意义上的首相，内阁体系也没有任何改进。君主仍然是一系列独立部门的最高行政长官，首席大臣是小威廉·皮特所担任的财政大臣。

19 世纪初，议会的供应授权涵盖了超过一半的民用费用。1804 年议会作出规定，当王室年俸的支出比授权数超支 124 万英镑时，必须将其提交下院以便考虑采取什么措施弥补。1816 年 5 月，乔治三世（1760～1820 年在位）时约 20 万英镑的王室年俸赤字提交下院处理。议会从王室年俸中扣除了赤字，向"统一基金"或"供应服务"项目转移了足够的收入数额，用以保证王室年俸支出在现有水平上的收支平衡。1820 年 5 月，上院围绕是否将民事管理从王室年俸中剔除的问题进行了辩论。10 年后的 1830 年，改变了终身供应授权的原则，对每位新王采用每年授权，这才真正完成了王室年俸与政府其他财政支出的剥离，将君主私人支出与一般公共支出完全区分开了。为此，导致了政府辞职。

新政府上台后，王室年俸中仍然保留了一笔 7.5 万英镑的养老金。1837 年，议会将王室年俸中的养老金授权数额削减至每年 1.2 万英镑，实质上废除了旧的王室年俸制度。这笔小数额的项目最后于 1911 年被取消。最终实现了"将王室年俸限制在王室家庭支出内"的要求，解决了王室年俸公私混杂的状况。议会终于完全控制了所有的公共支出。到了最后阶段，围绕王室年俸的斗争，已不是议会与君主之间，而是议会与政府之间。这就具有了更多现代公共财政意蕴，财政公共化大大加深了。

皮特行政改革。英国富有改革的传统，至1683年包税制已经结束，1713年以后，全部税收中的绝大部分都是由政府雇员征收的。1785年，皮特着手进行行政改革，提高财政机制效率。他将税收管理部门重组成为两个机构，海关负责关税，税务局负责所有其他税种。他改革了皇家土地收入管理机构和邮局；还重组了收入体系，以期创建一个所有收入都应存入其中的中央统一基金；创立了精当的审计机构。他裁撤冗员，自1783年12月至1793年2月，减少了441个吃财政饭的职位。18世纪末期，着眼于提升财政收支管理的效率，皮特进一步对政府的财政管理进行集中和规范。例如，要求建立一个将所有支出合并在一起的支出预算，要求各个政府部门提前计划一年的支出，要求所有部门都按照统一的格式记录支出，等等。❶ 光荣革命以后，议会最初偏好的是地价税。议会控制着它的税负，地方士绅控制着它的征收。从18世纪中期起，重点转到了消费税。从1713年直到所得税创设的1799年，消费税都比其他税源的地位更高。尽管消费税的效率非常引人注目，但对于岁入生产而言它也存在重大缺陷。课征对象达到极致，间接税累退性导致税负主要由消费者承担，地产、工商业富人税负相当少。基于此，皮特勇敢地推出了所得税计划。

17世纪中期起的200余年间，围绕财政控制权问题，议会与

---

❶ 王绍光、马骏："走向'预算国家'——财政转型与国家建设"，载《公共行政评论》2008年第1期，第9页。

国王以及他所领导的政府进行了长期的艰苦斗争，结果最终形成了财政的基本制度——预算制度。也就是说，预算制度经过了长期的发育和成长过程。

从发展脉络来看，1688 年的光荣革命以后的一些标志性事件是预算制度生成过程中关键性的组成要素，1690 年议会成立了第一个现代意义的公共账户委员会审查政府的开支。此时，国家预算的基本部分就形成了。1787 年英国首相皮特任内，议会通过了一项统一基金法案，取消专款专用制度，将所有基金合并为唯一的"联合王国统一基金"。规定除特殊情况外，所有财政收入都纳入这一综合基金之中，一切财政支出也都从综合基金拨出，下院对政府的支出有了整体性了解。此时，预算制度已经基本完善。1802 年开始出版年度财务报告，包括了财政部的收支数据，财政公开迈出了关键一步。

格莱斯顿改革。英国政府预算最终确立于 19 世纪中期，以 1852 年格莱斯顿首次担任财政大臣为标志。此后的一段时间里，议会对于财政权的控制经历了一个渐进的也是决定性的变化，在政治上完全拥有了财政控制权。1854 年，议会通过《国家收入及国库支出法》，所有财政收入一概存入国库账户，各笔支出亦统统从国库账户的存款中付款。预算制度进一步完善。1861 年 4 月，议会通过了"格莱斯顿议案"，在全院大会之下设立国家审计委员会，专对下议院负责。1866 年，议会通过《财政审计部法》，设立审计总长，并在财政支出方面建立起全面的国库控制。

至此，公共财政最终形成。❶

　　18 世纪末至 19 世纪中叶，公共财政的基本制度——预算制度的确立标志着公共财政最终形成。君主立宪制确立，尤其是责任内阁制形成之后，国王的实权很快转移到议会，国王丧失了实际统治权成为统而不治的"虚位元首"，首相走上行政的前台。原来议会与国王之间围绕财政问题的斗争为议会与内阁的冲突所取代，其间还夹杂着政党之争、上院与下院之争。

　　显然，1688 年以来的近代公民社会包容了更加发达的市场机制和私人产权，带有明显自治特征的参与式治理，不断扩充的公共空间和公民权利。和城市公民社会相比，它结构性要素更加健全和发达，是正式意义上的公民社会。近代公民社会以其强大的结构性力量将自由、法治、自治、尊重等理念植入政治国家，英国因此充分展开了从限权、限政到宪政的历史谱系。财政作为政治国家履行职责的重要基础、后盾和政策手段，其形态告别中世纪的王室财政而逐步形成公共财政，就是对上述历史性变革作出的回应。

　　总之，11 世纪兴起的城市自治、私人产权和市场机制促使英

---

　　❶　第一，中世纪来自规费、捐赠、强制贷款、造船费、特许权和调节税等占比很高的"特权税"无须议会同意，由王室动用特别权力直接筹集；第二，1830 年，君主私人支出与一般公共支出的剥离；第三，1866 年，确立财政支出上的全面国库控制和比较完善的预算制度。说明之前学术界认为公共财政在中世纪末已经基本成型不能令人信服。王绍光、马骏也指出，"在 13 世纪末至 18 世纪末这一时期，随着国家逐步从领地国家过渡到税收国家，国家的财政收入汲取能力大大得到提高。然而，这些资金中的绝大部分并没有被用于公共目的，而主要被用来满足统治者及其军队和官僚体系的消费。"王绍光、马骏："走向'预算国家'——财政转型与国家建设"，载《公共行政评论》2008 年第 1 期，第 8 页。

国形成了初级的公民社会和公共财政的雏形；中世纪晚期，特别是 15 世纪后纳税人代议制、参与式治理的发展促进了公民社会与公共财政的发育；1688 年以来，近代真正的公民社会发育起来，促使财政公共化加速，19 世纪 50 年代后，英国公共财政最终形成。英国的公共财政之路充分证明：公民社会是公共财政的基础。英国的公共财政之路还证明，财政汲取和代议过程、公共领域的发育、公民权利的扩展之间的关系不一定是相逆的。通常能够吸纳公众偏好创造纳税意愿，促进财政汲取。

上述结论能扩展到法国和其他国家吗？

5 公民社会与公共财政——法国公共财政之路

　　英法两国国情不同，公民社会和议会民主发育的不平衡直接影响两国获得税收授权的程序和课税方法都有显著差别。很长时间内，法国统治者的相对议价能力看起来比英国统治者更高，但其代理和谈判成本却比英格兰高得多。这是为什么呢？如下几条主线对于理解法国公民社会的形成和发展至关重要：中世纪城市自治；王权集中与中世纪后期逃税、抗税运动；近代以来法国公共领域、公民身份与平民结社的发展。这几条主线也均与公共财政的形成和发展息息相关。下文将逐一予以介绍。

5.1 中世纪城市公民社会与公共财政雏形

5.1.1 中世纪城市自治与城市公民社会的发育

　　历史地看，在1789年前后对法国政治生态发挥决定性影响的第三等级，是12世纪自治城市市民的后代和继承者。这个阶层的法兰西国民，不仅声称自己要复兴，要自我管理，还要管理、复兴整个民族国家和主权。毫无疑问，这是通往公民社会的呼声，它如此响亮，传遍世界。

其实，他们扛着复兴的大旗，抱负却远远超过了自己的先祖。12世纪默默无闻却英勇地起来造反的市民，唯一目的不过是觅个安身之处，逃脱领主们隐蔽的暴政，特别是无休无止的汲取。城市对现代文明的影响主要在于两个方面：一方面是市民们的经济社会状况所发生的变化，每个人因获得私人产权而实现个人自治；另一方面是城市内部的公共治理、财政能力所发生的深刻变化。

欲了解城市自治的经过，必须先对5～11世纪的城市状况有个印象，这段时间介于罗马帝国覆亡到城市革命兴起之间。罗马帝国覆亡之后，5～10世纪期间的城市状况既不是奴役也不是自由。它们是强者施加暴力和不断劫掠的对象。然而，尽管遭到这一切可怕的动乱，尽管有贫穷和人口减少的问题，城市还是保存下来，还保持了一定的重要性。大部分城市里有它的教士、主教。他们行使对当地人的权力和影响，成为当地人和征服者之间联系的纽带，从而使城市保持某种独立性并得到宗教的庇护。此外，城市里还遗留下许多残存的罗马体制，如经常召开的长老院和参议员会议。在城市获得它们的自治地位之前，在它们的力量和防御工事足以向国内遭难的人提供避难所之前，舍教会外别无其他可供安全保障的时候，教堂的庇护权就足以把许多不幸的逃亡者吸引到城市来。他们栖身于教堂内或附近，这些寻求安全的人中不仅有下等阶层，如农奴和农民，还不乏有地位的人士、有钱的亡命者。当时一些有权有势的人受到比他权势更大的邻人甚至国王的追捕，只得放弃领地，带着能带的一切来到城市藏身，托庇于教会的保护，成了城市公民。诸如此类的逃亡者，对城市的演进不无影响。他们带来了资金和优秀的思想文化。在此基础上，劳动分工细化、产业集聚和细分，商业和工业开始发育。商

品经济的发展客观上为公民社会的发展创造了条件。这样，城市
的力量渐渐恢复了。但城市的发展在法国的南部和北部有着不同
的特点，有着鲜明的专业分工。当时较大的工商业中心都集中在
南部，如蒙彼利埃、纳尔榜、马赛、波尔多、土鲁斯、阿耳等。
这些城市有相当发达的手工业。马赛有棉纺织业、造船业、印染
业和制革业。蒙彼利埃、纳尔榜等有制呢业、制革业、珐琅器制
造业、锡器制造业等。马赛是经营东西贸易的主要港口，其他各
城也是法国与意大利诸城和东方各国中介贸易的中心。法国各地
出产的呢绒、麻布、金属品、鞣皮、食品等都通过马赛和其他南
方各城运往东方；由东方输入的物品主要是香料，其次有染料、
糖、原棉和奢侈品等。

北方经济比南方落后。但到12世纪，城市已有比较显著的
发展。北方各城手工业以毛麻纺织为主。生产毛呢的有阿拉斯、
博韦、伊普尔、兰斯、马恩河畔夏龙、拉昂等城；生产麻布的有
皮卡尔迪、香槟、诺曼底等地区。除纺织业外，各城还有制革
业、首饰业等。城市发展促进了各地区的经济联系。从12世纪
中叶起，香槟伯爵领地的市集开始发达。到香槟进行交易的，除
法国和佛兰德尔的商人外，还有意大利和其他地方的商人。

然而，城市的安全保障并未与它们的力量同步恢复。10世纪
时，商人们外出经商回来，经常不能安全地进入城市，回家的路
上不断有领主及其帮凶拦路打劫。经济活力增强后，财政汲取数
量惊人上涨。市民的力量、重要性、财富多了起来，需要保卫的
利益也多了。同时也更有必要来保卫它们，因为这力量、利益、
财富都成了领主们垂涎的对象。危险和邪恶与对抗它们的手段同
时在增长，许多城市平民揭竿而起，要求保障人身和财产安全。
虽然8、9、10三个世纪里城市发生的多次反抗掠夺和争取自治

的运动都失败了。但它们在人们心中埋下了自由的种子,为此后两个世纪实现城市平民自治铺平了道路。

11世纪平民自治是城市居民向他们的领主宣战的结果。先是罗纳河和卢瓦尔河以外的法国北部城市发生了驱逐领主派来横征暴敛的手下人,接着市民们筹集公共收入、缔结联盟、患难相助,发动反抗领主的战争。最后领主不得不与平民缔结和平条约——自治特许证。法国北部的城市从11世纪末起就开始作摆脱领主统治的斗争。最早获得自治并建立城市宪章的是康布雷城(1077年),接着努瓦永、圣昆廷、博韦等也建立了自治城市。多数城市是在与教会领主进行激烈的斗争之后才取得自治权的。拉昂是其中比较典型的例子。12世纪初,拉昂处于主教戈德里的残暴统治之下。1108年,市民用大量金钱向戈德里买到成立自治城市的权利,还向国王路易六世(1108~1137年在位)献了厚礼,获得国王确认城市地位的特许证。1112年,戈德里因为进行新的勒索,决定撤销拉昂自治。国王事先得到戈德里的贿金,也撤销了发给拉昂的特许证。愤怒的市民冲入主教住宅,杀死戈德里。国王会同法国北部的大封建主共同镇压拉昂起义。但是市民坚持斗争,挫败了封建统治者的镇压,重新获得拉昂的自治。1128年,路易六世再次批准拉昂的自治地位。先行者的成功传染开来,自治特许证的模式也如出一辙。例如,努瓦永的自治证成为博韦和圣昆廷等城市自治证效仿的模式。

法国城市自治在12世纪已是普遍的事实。罗马帝国统治下,那些构成主权的权利——宣战或征兵权、征税权、立法权以及选举权等权利——脱离了各城市而集中于唯一的主权城市罗马,城市制度仅仅成为一种行政管理方式。如今,被罗马征服者废除了的自由权又重新进入城市,这就是城市自治的政治意蕴。在城市内部，至少在早期，全体居民组成全市大会。所有参加城市宣誓的人（凡是居住在城墙内的人都必须参加）由钟声召集到大会场址。大会选出行政长官，主要负责举行新的选举或民众暴动。市民协商自订税赋，自行审判和惩罚，并拥有民兵组织。总之，在12世纪，市民自我管理，自我主宰。市民国家是一切，城市本身是不足道的。

私人产权和公民权利在自治城市获得了较充分的保障。比如桑利斯城 1173 年获得的自治特许证如此约束市民："在他认为是正义的举动中，一个人要帮助另一个人，但他们决不允许一个人夺取另一个人的东西，不准向他课征人头税，不准强索他的任何财产。"❶ 蒙彼利埃等许多城市均有类似规定。

自治权的实施创立了一个广泛的新阶级——中产阶级。中产阶级的形成为公民社会的发育准备了一根坚实的支柱。尽管在12世纪，这个阶级几乎完全由商人、小店主、在城市里居住的土地或房产小业主所组成；300 年后，中产阶级的行列包括律师、医生、各种学有专长的人和当地的行政官员。我们在这些人中见到欧洲市民阶级的最初因素，他们的处境、利益和习俗迥异。然而，这个阶级为了共同的诉求在自治中逐渐接近，在相互同化中逐渐养成谅解、宽容、尊重等公民性。1302 年，市民代表作为独立的第三等级受邀参加法国历史上首次三级会议，这是权力结构平衡的结果，是政治生态的客观反映。

总之，中世纪法国城市私人领域（商业经济和私人产权）的发展、公共治理的自主性和公民权利的保障，均证明当时已发育

---

❶ 雷吉娜·佩尔努著，康新文、刘惠杰译：《法国资产阶级史》上册，上海译文出版社 1991 年版，第 21～22 页。

出初级水平的公民社会。

5.1.2 中世纪城市公共财政雏形

中世纪法国城市为了提供一般公共服务，需要自理赋税，包括直接税和间接税。直接税中的主项是人头税，根据财产和收入的多寡来征收。一些城市针对葡萄酒的间接税也比较可观。有时还征收入城税和通行税。财政收入除保证市一般行政支出外，主要用于军事防卫支出或大家商定的其他公共支出，颇有"用之于公益，定之于公决"的公共财政意蕴。若常规财政收入难以应付，一般会征收特别捐税来弥补。需要指出的是，许多城市除了运营自己的公共财政外，还延续了向领主纳税的传统。如拉昂市的自治特许状中对此有具体的规定，只不过对纳税的数量作了限制，不得任意超越。有时国王还要向城市征收任意税和动产税，但城市有协商谈判和评估的权利。任意税是国王在他的领地上征收的一种封建性质的税收。一般把法王所有的大片未封领地，称为"王领"。国王长期持有对王领城市和乡村征收任意税的特权，无须其他机构同意。城市治理者和王室官员均对城市税源进行评估并交换协商征收数额。城市治理者积极限制税权的随意扩张，减轻了王室对城市利益的掠夺。城市经济迎来一个宽松、自由的环境，活力大大提高，财富迅速积累，提高了处理自主能力。这种协商治税、民主治税的倾向也代表了公共财政发展的主要方向。

5.2 绝对主义国家与抗税运动

5.2.1 王权集中与绝对主义国家的产生

到路易七世（1137～1180 年在位）和腓力二世（1180～1223 年在位）统治时期，国王在打击封建主、集中权力的斗争中需要利用城市的支持。城市也要求加强王权，打破封建割据对城市发展的束缚。于是城市和王权结盟，路易七世发给城市的自治特许证就有 20 多个，城市则以金钱和武装支持国王。正如恩格斯所说："王权和中产阶级的联盟开始于 10 世纪；在整个中世纪期间，远非永远形成联合的形势：王权与中产阶级的联盟屡为冲突所中断，但终能变得更牢固、更强有力，从而帮助王权取得最后胜利。"❶ 在王权集中的同时，城市也摆脱了封建领主的统治。

大约 12 世纪末开始，扩大公共权力成为一种必需，因为强大的公共权力是个体自由发展的保障。正如洛克所指出的，现代国家必须拥有更大的权力，这是人口和流动资本增加、私人财产增多、对外贸易发展所必需的。国家安全的保障、工商业的健康发展，均需要代表国家主权的王权政府强大起来。

城市需要统一的国内市场、统一的税制、统一的货币和度量衡，需要安全、自由的贸易。可是，城市或城市联盟力量不足，要想消除封建割据，只有依靠王权。恩格斯指出："在这种普遍的混乱状态中，王权是进步的因素，这一点是十分清楚的。王权

---

❶ 恩格斯："论封建制度的解体及资产阶级的兴起"，见《封建社会历史译文集》，生活·读书·新知三联书店 1955 年版，第 13 页。

在混乱中代表着秩序，代表着正在形成的民族与分裂成叛乱的各附庸国的状态对抗。""封建制度的瓦解，以及城市的发展，这两个过程引起了地方分权制；因此就产生了实行君主专制的直接必要性，通过君主专制把民族结合起来。……因此，应该宁可把它看成是等级的君主制（仍然是封建君主制，但却是瓦解中的封建君主制和萌芽中的资产阶级君主制）。"❶ 总而言之，从 14 世纪到 17 世纪，在地区竞争和公共服务升级的压力下，城市和王权之间已经结盟。

尽管城市与王权的结盟在英、法两国实现得较早，并因此建立了主权国家，然而由于城市和王权不同的力量对比，最终导致不同的国家性质。英国由于城市力量的强大能对王权构成一种制约而使国家发展成君主立宪制国家；在法国，王权居于主导地位而使国家发展成为绝对主义国家。

由于法国城市力量的软弱，在与王权联盟中，王权吞没了城市。为了维护地方秩序，人们在暴政和无政府之间选择了前者。1440 年前后，也就是英法百年战争临近结束时，让·茹凡纳尔·代·于尔森说道："如果有位国王能给法国人带来国内和平，哪怕他是撒拉逊人，法国人也会服从他。"之后不久，路易十二有幸恢复了王国的安定，维持了"廉价面包时代"，❷ 因而被称为"人民之父"。而"三级会议极欲终止法国动乱的愿望，使王室不

---

❶ 《马克思恩格斯全集》第 21 卷，人民出版社 2003 年版，第 453、459 页。

❷ ［法］费尔南·布罗代尔著，施康强、顾良译：《十五至十八世纪的物质文明、经济和资本主义》第 3 卷，生活·读书·新知三联书店 1993 年版，第 571 页。

经被统治者的同意便夺取了征税权"。❶ 结果，法国国王成为民族利益的代表。路易十四说："只有当全部权力完全集中在唯一的国君手里时，臣民的幸福和安谧才有保障……臣民没有权利，只有义务。"

在法国等这些大陆国家，城市与国王"这一联盟帮助王权取得最后胜利，而王权则以奴役和掠夺报答了它的盟友"❷。"法国的城市分子与其是受到尊重的同盟者，不如说是在王家官员密切监督之下的俯首帖耳的宠臣"。在法国宫廷中，"社会生活的方式以及文学艺术的精神几乎原封不动，未受城市的影响；中世纪的骑士制度的遗风依然成为具有支配力量的因素"❸。贵族没落了而没有丧失其最恶劣的特权，城市丧失了它的民主遗风和重要地位。戴维斯·S. 兰迪斯对 18 世纪英法两国的资产阶级进行对比后发现，"英国资产阶级 ……对金钱机会异常敏锐和有责任感，这是一个追求富裕与商业的民族"。而法国资产阶级被自认为体面的生活所吸引，却付出了发展受阻的代价，兰迪斯称其为"心理和制度的反现代化病毒"。❹ 的确，和同期的英国相比，法国的市场机制和私人产权均不够发达，这对后世影响深远。

18 世纪的法国，其国家机构以权威和传统为基础，并未以理性和功利为原则。同样，强调个人自主的原子论社会思想也未取

---

❶ ［美］道格拉斯·C. 诺斯著，陈郁、罗华平等译：《经济史中的结构与变迁》，上海三联书店、上海人民出版社 1994 年版，第 147 页。

❷ 《马克思恩格斯全集》21 卷，人民出版社 2003 年版，第 454 页

❸ ［英］克拉克主编，中国社会科学院世界历史研究所组译：《新编剑桥世界近代史》第 1 卷，中国社会科学出版社 1999 年版，第 79 页。

❹ ［英］伯纳德·E. 布朗：《法国现代化的道路》，见谢立中、孙立平主编：《二十世纪西方现代化理论文选》，生活·读书·新知三联书店 2002 年版，第 875 页。

代旧的等级化社会思想。同时，具有封建民主因素的等级议会被取消了，反对绝对君主制的资产阶级思想家只有诉诸自然法中人的权利，以全体国民的名义通过反对封建特权来反对王权专制。到 18 世纪法国的一个自治市兰斯、博韦、拉昂或努瓦永去看一看，人们会感到惊讶。城内见不到堡垒，见不到掩护墙，也见不到民兵，没有防御工事，一切都暴露无遗。城市如何管理？居民又是些什么人？市民回答说，城墙外住着一个有权势的人，可以不经他们同意随心所欲向他们征税，可以召集他们的民兵，送去打仗，而不必问他们同意与否。这些官员都不是由市民提名产生的。城市的事务都不由城市内部决定，而由国王派来的一个行政长官决定。他一人独揽大权，在远处发号施令。居民们没有集会的权利来共同商议与他们有关的事情，教堂也从来没有敲响过召集他们去公共会场的钟声。王权就是一切，市民已经不重要了。

路易十四（1643～1715 年在位）把绝对君主制度推到顶峰。1648 年，为支撑反对哈布斯堡王朝的持续战争，为向西班牙人的谈判者证明法国人有继续战争的意愿，王室加紧摊派苛捐杂税，负债累累。到 1648 年年底，它已经预征了 1650 年和 1651 年应缴的税收，1648 年 4 月宫廷颁发敕令，停发 4 年各地高等法院法官的俸禄。5 月，巴黎高等法院，时称巴列门，联合各地法院通过决议，以整肃政府弊端为名，提出 27 条建议。要求国王撤回派往各地的监督官，国王如要公布新税和其他财政法令时，须由法院审查登记，废除人头税和包税制，惩办贪官污吏与不法银行家，未经宣布罪状不得任意捕人，被捕者须在 24 小时内交法庭审讯。这些要求反映了社会各阶层反对封建专制王权的愿望，得到广大人民群众的热烈支持。8 月 26 日，宰相马扎然下令逮捕高等法院中倡议运动的领袖布鲁瑟尔等 3 人，激起人民群众的极大义愤。这一事件便成为 1648～1652 年反王权"福隆德运动"（又称投石党运动）的导火线。8 月 26 日夜，巴黎爆发了人民的武装起义。起义者一夜之间就筑起了 1 260 个街垒，因此，历史上称这个日子为"街垒日"。1649 年 1 月 5 日，法王与廷臣逃往圣日耳曼，而后派孔德亲王调兵围攻巴黎。3 月 11 日，巴黎高等法院与马扎然签订和约，高等法院福隆德运动结束。1650 年，又爆发了投石党运动，因为这次运动是由孔德亲王领导的，故又称"亲王福隆德运动"。孔德亲王谋取马扎然的职位未成，便联合对宫廷不满的亲王、显贵们，密谋推翻马扎然政府。1650 年 1 月，马扎然拘捕了孔德，亲王的拥护者们便在外省暴动，教士也与贵族联合，对抗宫廷，声援亲王。孔德亲王获释后，同西班牙结盟并与国王军队展开激战，太后、国王和马扎然再次逃离首都，一时政局大乱。该运动坚持了两年，到 1653 年被平息。

1661 年路易十四亲政后，加强专制统治，宣称"朕即国家"，集政治、经济、军事、宗教大权于一身。路易十四宣布教士会议必须听命于国王，各大臣未经国王同意不得发出任何政令。到路易十四统治时期，从前的初等法院已经全面衰落，只有巴黎高等法院和 12 个省级高等法院还能在一定程度上继续发挥作用。

1665 年又宣布，高等法院和地方高等法院不得讨论和表决国王的敕令。是年，巴黎高等法院召集会议，准备讨论国王的一项敕令。按传统，高等法院有权通过这种方式制约国王的权力。此时，身着猎装、高筒靴，手执马鞭的路易十四突然进入巴黎议会厅，对议员们说："你们的集会所带来的不幸结果是众所周知的，我命令你们解散这次集合讨论诏令的会议。主席先生，我禁止你召集此种会议，并禁止你们任何一人提出此项要求。"

巴黎高等法院以"注册权"和"谏诤权"对王权进行一定程

度上的限制。根据长期以来形成的惯例,按照国王意志发出的法律只有经高等法院"注册"后方能生效。如果高等法院拒绝注册,就根据"谏诤权"解释其拒绝的理由。对于遭到拒绝的法律,国王可以通过隆重会议或"御临法院"等形式强行注册。1673年1月,路易十四撕碎了最高法院谏议书并亲临该院,再次宣布"朕即国家",废除了这一制度,从此进入专制鼎盛时期。1766年3月3日,路易十五在高等法院宣称:"我本人享有至高无上的权力,整个立法权都属于我自己,我不依赖别人,也不与他人分享,我是整个国家秩序的中心。民族的权利与利益和我本人的权力与利益必然地联系在一起,并且只能掌握在我的手中。"

5.2.2 中世纪后期逃税、抗税运动与陈情书

专制时期君主的征税权虽强于此前的国王们,但仍受各种形式的制约,主要是来自地方村镇居民的抗税运动。1624~1648年间每个省份年年都有一起或几起城乡骚乱或暴动发生,一般都是为了抗税。1624年,路易下令撤销凯尔西三级会议对地区人头税的支配权,凯尔西各村镇居民手执武器,抗拒王命。1630年,因废除勃艮第三级会议,导致了"第戎暴动"和埃克斯、普瓦提埃的城镇起义。两年后,里昂丝织工人抗议政府提高出口税。1636~1637年,昂古姆瓦、森通热、普瓦图和佩里戈尔等地爆发农民运动,反对政府增加人头税和葡萄酒销售税。1638~1639年,被称为"赤足汉"的反对苛捐杂税的大规模农民起义席卷下诺曼底,等等。在大规模地区性冲突的同时,法国广大地区的小型抗税斗争也时有发生。从此,作为法国公民社会最具代表性要素的社会运动,开始登上历史舞台。如果说谁最终能让法国财政部门屈服,那绝对是法国的普通纳税人;如果说谁最终能撕开法国王权

的铁幕，那绝对是法国公民的社会运动。但由于王权和社会精英
的结盟力量过于强大，这个过程又是长期的、艰苦的。17 世纪，
路易十四与路易十五为制造战争动用残酷的军事力量以榨取税
收，激起了民族起义和反抗。仅路易十四在 1653 年、1656 年、
1670 年、1671 年、1685 年、1686 年，特别是 1701～1709 年，就
频频面对血腥的冲突与叛乱。

　　1748 年，在沉重的战争开支的压力下，财政总监马肖·达努
维尔再次试图进行财政改革，创立了 1/20 税。规定：凡是有财
产收入的人都要按收入纳税。巴黎高等法院、各省法院、布列塔
尼三级会议和教会大为哗然。巴黎法院则裁定新税不符合宪法；
而布列塔尼三级会议和其他有三级会议的省份以及教会也都强烈
反对。经过几年较量，终以路易十五的妥协而告终：他放弃了对
达努维尔的支持，保留了免收教会全部捐税的特权。巴列门已经
阻止了新税法令，但法国纳税人继续顽强地阻挠着所有的税收法
令，旧的或新的。正如詹姆斯·赖利所看到的，18 世纪末法国真
正的问题不是税收豁免权或特权问题，而是逃税问题。

　　如果我们想进一步考察普通法国臣民如何看待税收，不能放
过一个重要的信息源，那就是陈情书。许多主题实际上在巴列门
档案室收集的几百份陈情书里都有出现，它们也许来自诺曼底或
普罗旺斯，也许涉及教会、贵族或第三等级。所有的陈情书都宣
称忠于国王；都表达了对其部长们的敌意，而且谴责他们对财政
危机的管理不善。陈情书并不否认王室所经历的财政困难，但是
它们喜欢认为这些困难正在结束，或至少比较容易救治。阿让的
第三等级相信，认真考察收入和开支可以找到解决办法——一个
平衡的预算。阿布莱特的第三等级则坚持，在这么一个考察之
后，涉嫌侵吞公款的大臣应该受到审判。有些陈情书，如阿朗松

贵族的陈情书，坚持认为卖掉皇家土地足以摆脱赤字和债务。其他陈情书则为财政问题提供了更具体、更现实的解决办法。

大多数陈情书接受累积的债务，并建议王室削减乱花的养老金，降低征税成本，履行还债义务。许多陈情书建议废除税务总局，这些陈情书建议清理税费，实施单一的、以土地为基础的税收体制。

不只是第三等级代表，贵族代表也呼吁结束财政豁免权，至少有一份贵族陈情书提出制定一项"无偏私的"法律。许多陈情书反映了贵族放弃财政特权的意愿，第二等级的确准备放弃他们的财政豁免权。这些陈情书，贵族的或平民的，要求所有的财政豁免权、特权以及非正式权利应该废除，其根据是平等原则，而不是更高的税收回报。地域特权要消失，而有等级会议的省与无等级会议的省之间的鸿沟要填平。实际上，所有详细讨论财政问题的陈情书都呼吁在全国各地建立省级会议，以分配税收并监督它们的征收。应该是法国臣民——而不是钦差大臣或可售职位持有人——去决定分配和征集税收。

所有的陈情书都呼吁扩大法国臣民的权利，有的则呼吁恢复这些权利。大多数陈情书呼吁定期（第3年、第4年、第5年）开会，对新税进行投票，并审查国家预算。大多数陈情书声称，"只有等级会议审查和批准的税收才是合法的"，等级会议代表的首要职责就是"制定法国宪法，并要在公正的法律中得到尊崇"，臣民审查和批准皇家法令的权利是这部宪法的一部分。阿朗松的第三等级声称，"没有法国臣民同意的所有课税都是非法的"。而且，大多数陈情书明确声明，当前所有的税收都是"不合法的"，因为它们没有得到法国等级会议的同意。如果没有第三等级的同意，没有召开全国等级会议，没有创建省级会议——总之，就是以牺牲王权为代价对法国臣民进行大规模授权——那么任何课税都不能被批准。陈情书坚决主张：除非国王妥协，否则没有什么财政措施会得到批准。对征税的大众同意的强调在陈情书中是如此普遍，以致它构成 1789 年全体一致的诉求。

1789 年春，法国全国开始举行三级会议的代表选举。选举期间，各地人民群情激愤，撰写了大量的陈情书。陈情书的内容大多是要求制定宪法、废除封建特权和大土地所有权、保护私有财产、实现工商业自由、归还公社土地等。

有效的监督、搭便车的消除以及最大限度的平等都是政府治理合法性以及国民自愿服从的必要条件。这些恰是法国财政体制明显缺乏的特征，法国纳税人不服从就不那么奇怪了。从很早的时候起，英格兰的统治者就不得不向议会寻求税收同意。而法国的三级会议则是不定期召集的，后来到 15 世纪，三级会议最终将征税权移交到国王手中，缺少进行重复交易和重复协商的明确论坛。因此，法国更容易遭受不服从和实际叛乱两种形式的抗税。一个允许纳税人和政府进行商谈的代议主权机构有利于创建促进服从的合法感觉。一个良好的证明是，尽管通过 1789 年革命创建的国民议会也遇到抵抗和逃税，但它在一种无序、经济萧条以及对中央权威的各种挑战的氛围中，勉强地从法国公民那里汲取了巨额收入。但问题是，此前法国的代议机构做了什么？

5.3 议会浮沉、财政危机与宪政潮涌

5.3.1 议会浮沉与代议制制度框架

早在 1302 年，腓力四世召开了由僧侣、贵族、第三等级市

民的代表参加的首次"三级会议"。从此"三级会议"成为法国政治生活中的一部分。此外，法国一些大贵族领地，如布列塔尼等地，也有等级会议。腓力六世于 1338 年签署文件，规定"除非有紧急需要，而且经过各等级人民同意，国王无权征收任何新税"。1357 年，法国颁布《三月大敕令》，确认三级会议享有决定税额、监督赋税征收和使用的权力。从形式上看，已经接受人民主权原则，承认治税权归属人民。然而，这一规定并没有在实践中很好贯彻。1360 年，刚被从英国赎出的法王约翰二世（1350～1364 年在位），未经全国或地方的等级会议的同意就征收盐税、葡萄酒税和其他产品税。法国国王自查理七世（公元1422～1461 在位）时就做到了"不需要各等级同意便可任意征派军役税"，而当时的贵族只要自己能够享受免税权，就听凭国王向第三等级征税。这时已经埋下了大革命的种子。1436 年，三级会议批准永久征收交易税、盐税等间接税，征收的数量由中央政府决定。1438 年，三级会议甚至授予国王建立常备军和不经三级会议同意征收军役人头税（教俗贵族享有免征此税的特权）的权力；此后，国王征收军役人头税的权力成为惯例。1439 年，三级会议同意按同样原则对平民征收基于财产的直接税。自此，国王取得不经三级会议同意而自行征税的权力。尤其在长久以来就是王国组成部分的地区，王室直接决定税收而无须议会的投票，并由王室行政官来征收。国王正是利用这一不召集三级会议的权宜之计，使三级会议的财权仅仅成为一种历史。查理八世宁愿与外省的三级会议相协商，因为它们绝不能抵制或修改御前会议的决定。正如 15 世纪时召开的三级会议指出的：国王窃取"未经三个等级同意和协商而以人民的血汗自肥的权力"乃是一切流弊的根源。君主专制国家的财权竟然扩大到这种程度，它可以公然宣称"你们不得先于我而征税",以制止贵族们未经国王特许状批准恣意向其臣属征税。不要忘记,财权依附于王权是王室财政的典型特征。

但由于地方和贵族的压力,路易十四允许一些边远的和较晚并入法国的省份继续保留三级会议并发挥一定作用,如布列塔尼、普罗旺斯、勃艮第、多菲内等省。这些省三级会议定期召开,有一定政治和行政权限,其中最主要的是表决税收。甚至这些机构经常可以与国王谈判出一种相当有利的课税。❶

与全国等级会议一样,省级会议在14世纪晚期也趋于衰落。即使在一个软弱的国王如查理四世统治下,君主也能够在没有等级会议同意的情况下征税,主要是因为重要的省级精英(贵族、政府官员、有势力的城市居民)通过免税和分享皇家税收而被收买。如果负担是由地方农民和工匠承受,那关他们什么事呢?法国中央集权协商会议的衰落,是法国君主相对议价能力比英格兰君主更强的一个指标。议价能力缺乏使英格兰君主无法作出法国君主可以作出的某些选择,而且迫使英格兰君主作出了法国君主未曾想过的让步。不过,强势的法国君主未曾想过他们会为此付出代价。

大约始于1420年,省级会议开始复兴。法国大部分地区的省级会议更频繁地开会,并获得王室对其征税同意权的承认,而且发展了一批常任官员,以评估和征收它们所批准的税。有些议会走得不大顺利,但到16世纪晚期,法国有一半以上地区的省议会就税收问题投过票。它们的复兴至少部分反映了皇家承认地

❶　[美]菲利普·T. 霍夫曼著,储建国译:《财政危机、自由和代议制政府》,上海人民出版社2008年版,第284页。

方特权以便把各省与王室拴在一起的策略。还有什么办法比承认它们有集会、提交请愿书和同意征税的权利更能将一个地区及其精英与王室绑在一起更好的呢？省级会议还促进了王室与地方精英之间的协商。而且到最后，王室开始依靠他们评估和征收地方税收。14~17世纪，征收一个相当比例的间接税的权力卖给了私人包税商。其他税收（主要是直接税）由省级议会（等级会议）或王室官员（行政官）征收。在某些省份——如朗格多克——议会不仅对税收进行投票和征收，而且决定征税形式。在其他省份，议会对税收进行投票，但由王室行政官来征收。该时期，人们又看到一些纳税人议会的影子。

17世纪，国王和省级会议之间的权力平衡又偏向了国王这一边。特别在路易十四时期发生了显著的变化。与16世纪比较，王室拥有更多的代理人来收税，并贯彻皇家意志。更重要的是，为了让省级会议屈从于君主的意志，后者有更多的资源可供分配。王室更频繁地采用奖赏和操纵等手段，这些手段即使运用于最强大的等级会议——如朗格多克等级会议——也会成功。退休金、得到皇家恩惠、在税收花费上的自由裁量权以及直接来自富有的皇家金库的贿赂等，都用来争取特定等级会议的同意。如果这些手段不能奏效，王室为了按自己意志行事，就会干扰选举。在会议中安插自己人，操纵议程，以及排斥碍手碍脚的议员。王室仆从主持议会开会，并报告那些没有重视皇家意志的倔强官员。到17世纪晚期，皇家的这些策略让剩下的这些等级会议完全驯服了。正如约翰·洛克在法国旅行期间所指出的，即使朗格多克等级会议也不敢拒绝国王的增税要求。因此，毫不奇怪，到1700年，就税收问题进行投票的省级会议所在的地区下降到只占全法国的30%。由于国王获得了充分的财政权，国家三级会议

1614 年被取消。路易十三和他的后继者们在没有议会的情况下称心如意地统治着，直到 1789 年。

整体而言，法国等级会议没有真正控制钱袋子。1327～1485年，英国议会 4 年中至少有 3 年开过会，同时期的法国等级会议 5 年至多有一年开过会，而自那以后，开会的次数就更少了。英国议会那个时候成为税收问题的协商舞台；而在法国，那种协商发生在省级会议和地方议会，绕过了全国等级会议。法国等级会议也从来没有行使过真正的立法权，尽管议员们通过请愿和示威影响到皇家立法，但他们的作用只是建议性的。因为是国王在制定法律，他不一定要听取议员们的意见。即使等级会议努力表达自己的意见，王室也很容易对付他们，要么挑起一种利益反对另一种利益，要么在会议解散后不理他们的要求。至 17 世纪，显然没有强大的制约力量能够保证王国所有人的自由。没有一个中央组织能够与王室谈判，并代表整个王国说话，尤其是没有任何政府组织可以保护普通臣民的财产免受任意的征税。法国等级会议已经衰落很久，省级会议生存下来，但它们与王室合作，享受着特权，并帮助征税。因此它们不可能持续保护农民和工匠免受皇家任意的征税，而且无论如何他们的利益从来不会延伸到省外。至于巴列门中的法官，他们的职位让他们在该制度中有重要利益，而且他们容易被特殊恩赐收买。当然，代议制的制度框架仍然再生产了公共性，培育了第三等级的宪政精神，为近代法国的议会政治奠定了社会基础（李炜光，2005）。

作为身处大陆的绝对主义国家，法国迫于特殊的地缘政治压力和军事压力，其目标和偏好是跑马圈地，王室把对占有土地最感兴趣的贵族集团引以为盟友。相反地，英国作为海上强国追求贸易利益，它们吸引的是那些拥有现金资本的人，即任何拥有财产的人。它们主要通过产权激励和议会创造同意动员起有产阶级的全部财力，并最终把他们联合成一个整体，提供了持续发展的动力。可以说，立宪政体促成和呼应了公民社会与新兴的资本主义，因为它们促成了一个私有财产阶级的联合。而绝对主义政体倾向于维护封建主义社会结构，区别对待不同类型的财产所有权，碎片化的利益结构使得公民社会的统合功能没有充分发挥。代议机构在由农民和地主组成的法国遇到困难；传统的农业关系还占有主流地位，其财富是土地，是不流动的，而且容易掠夺。拥有了这种财富，统治者显然有更少的理由讨价还价。因此，"与更有机的立宪国家相比，绝对主义国家在深入基础结构和进行社会动员方面的效能要稍差一些（军事权力组织例外）"。❶

　　如上所述，中世纪，英格兰君主的让步导致了议会的发展，议会又进一步增强了民众的议价能力。法国则不同，即使在中世纪，法国的君主们也同无数的地方议会谈判过，但是议会的重要性随着时间逐渐消失。造成两国差异的主要原因有四：（1）主要收入来源的性质。英格兰主要依赖贸易税收、动产税和特许收入等大宗税源，法国依赖更为多样化的分散税种，其中有些税源的监控费用极为高昂。（2）两国国土规模的差异。法国相对规模大且地区差异明显。（3）战争。法国一直是战场，英国相对少许多。（4）法国的地方主义。法国更加地方化的市场和更为强大的封建特权，使得其人民较难作为一个整体而认识到公共利益，更不用说围绕公共利益组织起来了。这些是解释英格兰出现中央议会和法国出现地方议会且走衰的关键因素。因此，法国君主较少

---

　　❶　［英］迈克尔·曼著，刘北成、李少军译：《社会权力的来源》（第1卷），上海人民出版社2002年版，第696页。

利用议会获得同意和行动，更多地将其作为评估潜在问题的论坛。而且法国君主要跟许许多多的个人和地方政府协商谈判，法国需要的代理人比英格兰更多，官僚集权比英国的程度更高。这造成法国税种和税收课征方面更大的地区差异、更高的代理费用以及更高的谈判费用。

大革命前的法国君主饱受税收复杂性、偷税漏税的困扰。在某种程度上，这种状况是由英法收编被征服领土方式的差异所导致的。英格兰的内部殖民主义是以强制服从英格兰的法律和惯例为特征的；法国则允许各行省保留自己的习俗和制度。最终的成本对法国而言十分昂贵。它不仅需要一个额外的官僚阶级，以中央政府代理人的形式贯彻和监控行省与统治者所签订的协议；还导致了两种截然不同的行政单位的并立。一是三级会议省（勃艮第、朗格多克、布列塔尼、普罗旺斯和多菲内），它们保留着中世纪的议会召集权；二是财政区省，它们处于中央机关的直接管辖之下。后来，大部分三级会议省被合并。然而，至少在最初，征税制度是地方事务，这一事实导致谈判的费用很高。地方和地区的自治造成了对交易条件的不同解读，以及对是否同意的不同决定。如果没有英格兰那样强大的议会，解决办法只能是建立全国性的、中央集权的行政机构，这成为 16 世纪法国的典型特征。

法兰西的经济结构阻碍了集体行动和集体利益。经济上占统治地位的阶级便组成联盟，但是并没有建立国民议会。由于缺乏一个建设完善的国民议会，法国国王相对于强有力的选民而拥有的权力资源比英格兰国王更多。法国的统治者能够课征许多税收，实行多种征税机制；征税时，法国国王决策能力方面的绝对权力比其行动能力更大。而这些都是英格兰君主们无法做到的。自 14 世纪中期起，英格兰就比法国更为严重地依赖动产税和对贸易所课征的间接税。法国的经济状况迥然不同，对农业土地和农产品课征的直接税是更好的岁入来源。史家认为，英格兰对贸易征税的趋势导致了议会民主的兴起，而法国对财政资产征税的趋势导致了绝对主义。16 世纪，英法两国的国家税收制度差别很大，两国获得税收授权的程序和课税方法都有显著差别。英格兰的君主们通过中央议会获得课税授权；而法国的君主们则要同许许多多的地区和个人谈判。到 1334 年，英格兰已经具有了标准化、常规化的世俗税评估制度；法国则很早就建立了巨大的官僚体系，但它并非标准化的制度。法国更加依赖职位买卖和包税商，而其课税方式的地区差异更大。在英格兰，贵族、新兴资产阶级以及城市市民都支持一个能够控制王权，并最终以立法程序制定经济政策的中央代议机构。英格兰君主较之于民众相对较弱的议价地位，导致他们作出了法国君主不必作出的让步。然而，不断演进的议会最终又增强了英格兰君主征税的能力。议会提供了一个有条件合作的论坛。它促成了准自愿服从，降低了交易费用。法国的君主也许曾经"更为强大"，但他们真正的征税权力却受到更多约束。在其他条件都相同的情况下，英格兰统治者的交易费用看起来比法国统治者更低，法国的代理和谈判成本也比英格兰高得多。法国国民也许需要更高的人均税负才能满足政府开支，尤其是战争支出的需要。

总之，中世纪法国形成一种特殊的治理结构：联结王室和各种精英，尤其是贵族的流动联盟（精英对君主输送忠诚，得到特权和好处的回报）；相对弱势的公民社会和代议机构。议会几经沉浮，却始终未获主权，当然也未彻底获取财政决定权。尽管法国的理论家在宗教战争中号召抵制王室，法国人民也不缺乏不服从的传统，但到 17 世纪，法国政治更牢固地拥抱绝对主义，宪政并未成为意识形态的宠儿。这些均与英国形成鲜明的对照。相应地，法国王室财政色彩更浓厚些，财政公共化程度远不及同期的英国。

5.3.2　财政危机与宪政潮涌

14～17世纪，法国财政体制变化很大。简言之，法国纳税人所缴纳的直接税主要针对土地和来自土地的收入，尽管最初的直接税只是一个按人头计算的固定额。最著名的直接税是土地税（taille），还有其他相关的课税，如军需税（taillon）、入市税（crues）、人头税（capitation）等。纳税人也需要缴纳间接税：根据数不清的名目征收的货物税，最著名的是葡萄酒税；针对商品从王国一个地区流往另一个地区而征收的通行税以及盐税（gabelle）等。

在皇家预算中较显著的项目是宫廷的开支。路易十一生活得像个资产者，使其家庭开支从1460年的250 000里弗尔猛增到1481年的415 550里弗尔。路易十一曾埋怨说："当公职人员在和他们认为像我这样钱包丰满的人们打交道时，他们总想尽力按照他们自己的利益来安排事务，以便从中取得最多收益。"查理八世和摄政女王安娜想要"生活得像个样"，他们的开支惊人。因为用馈赠礼物和年金把贵族和王室联系起来已是公认的政策，所以在预算中这一笔开支也很大。为了这个目的，查理八世平均每年花费50万里弗尔。无怪乎说，在查理八世逝世时，"无数人对他沉痛哀悼，因为他对他的宠臣们曾比以往任何一个国王更加慷慨。他给予他们的实在太多了"。

然而，在皇家预算中比重更高的项目是战争开支。1700～1710年，路易十四将75%的岁入用于战争。正像法国路易十四的财政大臣柯尔贝尔所说:"贸易是公共财政的源泉,而公共财政是战争的中枢神经。"❶ 1758 年,国王收集了 36 530 万里弗尔,1763 年则有 42 540 万里弗尔。支出增长得更快:1758 年达到 36 640 万里弗尔,而 1763 年达到 43 420 万里弗尔。祸因不难确定:七年战争。不断增长的战争成本让其成为 18 世纪法国所经历的最昂贵的战争,而且财政将无法从冲突中恢复过来。

1789 年左右,国债已接近 50 亿里弗尔,王国政府财政出现巨额赤字,其价值大致接近于第二次世界大战后的 40 亿美元。这个数字还不到英国国家债务的 50%,可由于这个国家的两个特权阶级是免税的,法国财政不能承受这一负担。更严重的是,政府的巨大支出是依靠大量借债来维持的,由于缺乏英国式的议会担保制,债务利息高达 8.5% ~ 10%,比英国政府借款利息高出一倍。为了支付到期的债款和利息,王国政府又不得不举借新债,从而使国家财政状况陷入恶性循环。到 18 世纪 80 年代,国家的债务已经占国家税收的一半以上,政府陷入了严重的信贷危机。

尽管如此,经过漫长的征途,法国在政府能力上颇有建树。看一下从 1610 年以来一个世纪期间法国政府的预算。以每年每人一个工作日的工资来表示,20 年间王室的支出波动巨大:1610 年每人 2 个工作日,1650 年升至 8 个工作日,1670 年又降至 5 个工作日。(由于"每人"涵盖了儿童与老人,平摊下来,每个家庭的负担是原来的 3 倍之多。)人头税在 1610 ~ 1650 年上升了 4

---

❶ [英] E. E. 里奇、C. H. 威尔逊主编,高德步等译:《剑桥欧洲经济史》,第 5 卷(近代早期的欧洲经济组织),经济科学出版社 2002 年版,第 529 页。

倍，仅在投石党运动期间降低了 1/3，在路易十四与柯尔伯掌权的 17 世纪 70 年代又加速上升。柯尔伯于 1683 年去世，但那时他已经搭建起了一个有效的忠诚的国家庇护网络与行政体系。国家处于持续扩张之中。至路易十四 1715 年去世，一个法国人每年为支持民族国家所付出的劳动量，是一个世纪之前路易十三统治下的臣民的劳动量的 7 倍。到 1789 年，一位法国人每年要为政府劳动 24 天，增长了一倍甚至还要多。1653 年之后，由于政府能力经历了一次颇为壮观的提升，受保护协商在国家范围内显著缩减，法国政体的威权主义特征更加显著。王权继续以出售或出租特权——公职、农业税、行会垄断等的方式，为军事力量与中央行政快速聚敛资金。这一行为引致贵族、法院、公职人员、纳税农民、市政当局以及行会在政治上的普遍反对，成为政府能力进一步扩张的重大障碍。

1774 年，路易十六即位。他是一个怀有改革愿望的君主，但绝对主义国家至此累积的弊病和民怨已颇为深重。王后玛丽·安东尼奢侈无度，使王室的开支不断增加。路易十六时期，法国为了打破英国的海上优势和殖民霸权，卷入北美独立战争，耗费了巨大军费，从而使国债比路易十五时期增加了 3 倍，达 20 亿里弗尔。尽管国家出现了巨大的财政危机，拥有巨额财富的第一、第二等级仍然享有免税权，使国家税源大受影响。为了摆脱财政危机，路易十六先后任命经济学家杜尔阁、日内瓦银行家内克等人进行财政改革。改革的内容主要包括：取消第一、第二等级的免税特权，教士和贵族必须向国家交税，取消对工商业的一些限制，减轻农民负担等等。但是这些改革先后由于第一、第二等级的反对而失败。法国的财政已濒于破产的边缘。

在财政危机的同时，法国又爆发了空前的工商业危机。1786

年，英法两国订立了贸易条约，根据条约，英国商品可以享受低税率的待遇。此后，大批物美价廉的英国货物涌进法国，造成法国的棉织品、皮革、制帽等许多传统工业减产，不少手工工场倒闭，大批工人失业。1788 年和 1789 年，由于自然灾害，法国农业连年歉收，造成粮价空前上涨。广大下层人民在承受无尽的苛捐杂税的同时，已无法经受如此种种灾难，纷纷起来反抗。仅在 1789 年春，法国城乡就爆发了 300 多起人民起义。最有影响的是巴黎圣安东地区的工人起义。起义者与前来镇压的军队战斗了两天。此后，各省的人民起义和暴动也此起彼伏，预示着更大革命风暴的到来。

路易十六面对财政危机和日益高涨的人民革命运动，企图召开已有 175 年没有召开的三级会议来挽救其统治危机。资产阶级和第三等级的各阶层群众也希望召开三级会议，企盼会议迫使路易十六接受改革。

1789 年 5 月 5 日，三级会议在凡尔赛召开。参加会议的第一等级的代表 291 人，第二等级的代表 270 人，第三等级的代表 578 人。其中第三等级的代表多为资产阶级和知识分子，一些同情第三等级的教士和贵族的代表，如西耶斯、米拉波等人也由第三等级选出。大会开幕后，国王致简短的开幕词，其内容只能归纳为一条，第三等级要出更多的钱，不许进行任何改革。然后，财政总监内克作了长时间的讲话，但内容空洞，没有任何要改革的新意。之后，国王掌玺大臣宣布，各个等级只能按传统的方式开会，每个等级只能有一票表决权。如果这样，第三等级尽管代表人数多，但对表决将不会起到作用。为此，第三等级的代表强烈反对这种投票方式，提出三个等级必须在一起开会，投票时应以人数计票。会议陷入僵局达一个月之久。在此期间，巴黎市民成群结队地来到凡尔赛，聚集在会议大厅的回廊里，表示对第三等级的热烈支持。根据西耶斯的提议，第三等级的代表于 6 月 17 日宣布，第三等级单独举行会议，称为国民议会，选举巴伊为议长。国民议会召开之后，便通过了国王征税不合法，偿还国债，国民议会的法案任何人无权否认等决议。6 月 20 日，路易十六下令封闭会场大门，代表们只好转移到网球场上开会。在巴伊的带领下，代表们激动地宣誓"永不脱离国民议会，将在形势需要的任何地方召开会议，直到宪法的制定并在坚实的基础上得到巩固"。这就是法国历史上著名的"网球场宣誓"。此后，第一、第二等级的代表也纷纷参加了国民议会。7 月 9 日，国民议会改名制宪议会。从此揭开了法国大革命的序幕。1789 年 8 月 26 日，法国国民议会通过了《人权宣言》，这是人类有史以来对人权概念的最全面和系统的论述。《人权宣言》第三条规定："所有主权来源于国民，任何团体、个人均不得行使未由国民明确授予的权力。"这具有划时代的意义。主权在民，表示路易十六将不再是法兰西的国王，他的权力将受到宪法的严格限制。人民财产不得任意侵犯，为税收宪政主义铺平了道路。1792 年国民公会（convention）的成立，表明法国不再是一个君主专制国家，也宣示法国要彻底朝向一个新制前进。同年 9 月 21 日，国民公会开会正式废除君主政体，而"共和"一词则于翌日取代原先 1791 年宪法上所注明的"王权"。《人权宣言》和其后的若干份宪法使法国形成宪政潮涌之势，同时，限权、宪政迈出了财政公共化的坚实一步。

5.4 近代以来的法国公共领域、公民身份与公共财政

5.4.1 近代以来的法国公共领域与公共性的再生产

论及法国，谁都不敢忽视 18 世纪法国启蒙时代思想的声音。18 世纪末的政治思想家，不仅帮助将一场财政危机转变成一场革命，而且塑造了那场革命。公共领域里的财政话语始于——也终于——没有代表不纳税的观念。这是一个不小的成就：如果没有财政危机及其允许法国臣民（不管是法官还是平民）施加于王室的政治压力，就不会发生革命。卢梭，除了用社会契约论的思想为大革命提供了发动机外，还用许多方法预示着未来。"所有税收确实应该在人民或其代表的同意前提下才能合法地设立……"他进而断言"一个公正的政府会将公共行政的一部分留给每个个体，以便个体感觉到像在自己家里，并相信法律只用来保护共同体的自由"。不平等减少自由（freedom）并最终毁灭自由（liberty）。卢梭坚持认为，征税可用来"防止财富的集中，防止不平等"。这是一个非常现代的税收观；它认为征税不仅是成熟的纳贡形式，而且是社会管理的手段。税收可以阻止"奢侈"，缓和威胁社会和谐和政治自由的"不平等"。❶

18 世纪 60 年代，巴列门复兴了。尽管此前国王与其法官之间的冲突并不新鲜，但是现在它变得更经常、更危险。1763 年，反叛性最强的法院来自各个省。在鲁昂、波城、格勒诺布尔和图

---

❶ ［美］菲利普・T. 霍夫曼著，储建国译：《财政危机、自由和代议制政府》，上海人民出版社 2008 年版，第 321 页。

卢兹等省，当然还有最壮观的布列塔尼和朗格多克。巴列门与皇家意志激烈冲突。巴列门的复兴源于公共领域：詹森主义和阿德里安·勒佩奇的两卷本谈论主权法院历史的书。詹森主义点旺了抵抗的怒火，并导致法官的良心评价。从反对皇家的教皇至上论到抵制皇家征税只有短短的几步，而从争取高卢派自由的斗争中涌现出来的法官对他们在政体中的作用更加清楚和确信。同时，阿德里安·勒佩奇的《关于巴列门基本作用的历史信札》于1753年和1754年出版，让法官们有了表达其立场的词汇。勒佩奇实际上重新发现了法国宪政主义，让主权法院成为反对专制的唯一屏障。勒佩奇认为，巴黎的巴列门及其省级"延伸物"是古代梅罗文加议事会的继承者，"与君主制一样古老"。法院的职责包括"从来不注册任何违反王国法律的东西……"巴列门有权利，或者不如说是责任，来抗议或赞同国王的行动。的确，巴列门代表着将国王的所有臣民召集起来的中世纪旧议会传统。勒佩奇已经接近提出人民主权原则，而且他暗示君主和人民之间存在契约。

　　受勒佩奇历史观点的鼓舞，巴列门走出来与国王进行战斗。1756年、1763年以及此后一段时期的财政法令引起了巴列门内部的强烈抗议。法官指责国王试图将战时课税延长到和平时期，搁置皇家债券的利息支付，以及进行"专断的"评估，课征第三种所得税等。更为重要的，巴列门让国王课征新税变得不可能，以至于18世纪70年代和80年代王室严重依赖借债。国王和主权法院之间的斗争将皇家财政问题带入公共领域，而财政危机激起了一次小规模的公共争论。百科全书学派和重农学派争论如何更好地恢复财政健康和重组财政体制。保皇派（通过一个强大的君主来改革）和贵族派（通过贵族和代议机构来改革）相互争辩。关于召开等级会议的要求被听取了。

1789 年春，三级会议代表选举期间，各地人民群情激愤，撰写了大量的陈情书。人们在咖啡馆和俱乐部高谈阔论，交流陈情书和各种思想。资产阶级也为自己大造舆论。许多公共知识分子和自由贵族撰写文章和小册子在各地流传，鼓动人民进行反封建的斗争。其中最有代表性和影响的是自由贵族米拉波所撰《对普罗旺斯人的呼吁》、罗伯斯庇尔写的《对阿图瓦人的呼吁》以及修道院长西耶斯所写的《什么是第三等级》。代表选举伊始，部分贵族主张按传统方式召开三级会议，即三个等级代表人数相等，分别开会议事，每个等级各占一票。对此，在《什么是第三等级》一文中，西耶斯写道："什么是第三等级？是一切！它在政治等级中有何作用？一无所有。第三等级要求什么？要有所作为。"西耶斯在政治学上提出了一个划时代的新原则，那就是第三等级就是整个国家。他指出，在法国 2 600 万名生命中，至少有 2 500 万名属于第三等级，事实上，第三等级就是整个国家。假使在三级会议中，其他等级拒绝与它同席，"第三等级必须自己单独组成国民议会"，"第三等级无一例外地代表全体国民议事和表决"。为了使第三等级能够夺取整个国家，西耶斯提出一套系统的国民代议制理论和宪法理论。他认为，法律应保护个人自由和财产安全，法律来源于国民的意志。所以，国民永远是宪法的主人。西耶斯的思想理论在社会上发挥了巨大的政治动员作用，为第三等级和将要到来的大革命提供了最锐利和勇猛的公共武器。

5.4.2　公民身份与平民结社

到 1793 年，法国的革命政权已经取消了大部分在旧政体下所划分的头衔，并称呼前君主制下的成年男性臣民为 citoyens。而且在法国人民之中争论成为一个法国人、爱国者、天主教徒或公民，到底意味着什么，已变得更为普遍了。较多的人认为，"公民"特指脱离地方与特殊环境因素的一种普遍的政治身份。公民身份是指类属意义上的个人与其政府代理人之间所建立的一种相互义务关系的纽带。这种身份来自连续谈判的历史积累。1793 年4 月，未婚的法国青年男子与革命政府的代理人相互承认，并且表达了这些青年男子对国家的集体附属的权利或义务。

旧政体下的法国，并不存在公民身份，至少没有覆盖到国家范围内的所有人口。尽管如前所述，可以按照马克斯·韦伯的观点，认为在 1789 年之前很久欧洲城市就已经在小范围内出现了公民身份；旧政体下的法国城市确实承认市民享有其他人所缺少的政治与经济权利。贵族与牧师行使了与君主相对的权利与义务，甚至极少集会的三级会议，也组成了一种国家的公民。1789年三级会议的一小部分人集合起来，将自己转变成为一种国家代表的集会，并且为大量的成年法国男子建立了配套的基本权利。在这些意义上，1789 年之后革命者所创立的公民身份实乃借助于旧政体的代议制框架。

大革命从一开始就大大扩展了公民身份的范围。公民身份的扩展，兴起于在新的人民主权原则下，公民权利与政治权利之间的平衡。根据这种激进原则，所有值得尊敬的与有责任感的个人都不能只享受国家的保护，而且要直接参与到国家治理之中去。唯一的问题在于，如何界定值得尊敬的与有责任感的个人，以及如何排除其他人。随着革命的进程，法国的公民身份在范围上也有所变动，但是从长期的走向来看，仍然有了很大的扩展。尽管到 1946 年法国的妇女才有权参与国家选举，但自 1848 年以后，对于法国本土成年男子的投票权与成为公职人员的成员资格，只有年龄上的限制。

随着革命的逐步深入，实际上所有的法国人都可以进入由政府开设的法庭。在 19 世纪期间，集会、结社、罢工或者竞选的权利以及接受教育、服兵役、接受人口普查、缴纳个人所得税，以及满足其他公民例行职责的义务都得到了扩展。最终，在 20 世纪，一系列的福利，包括失业保险金、养老保险金以及家庭津贴进入了公民的腰包。法国已经创立了一个强有力的公民身份版本。与旧政体下的权利与义务相比，它体现为一种广泛的受保护协商。

强有力的公民身份依赖于直接统治：革命消灭了非直接统治，加强了渗透与整合。比如，通过国家立法，在地方市镇沟通与权力运作两个方面建立起高度标准化的行政等级。一个有效的政府官员等级可以从中央直达个人或者家庭，然后再反馈回中央。尽管在法国革命的早期，革命严重依赖之前已经存在的商人、律师、其他职业人员及其代理人之间的网络，从而绕过了贵族、牧师以及王室官员的网络，但是到拿破仑时期，国家官僚已经形成了自己的势力。1799 年之后，在富歇的铁血领导下，创建了一个高效的、普遍深入的国家警察体系，统治法国下个世纪的行政结构诞生了。

然而，从历史与比较的视角来看，法国与其他地方的直接统治的建立，并不十分依赖于像罗伯斯庇尔、富歇或拿破仑这样的天才人物，反而依赖于反抗者的群众斗争。在典型的西欧情景中，1750 年之后陆军与海军数量的巨大增长，使得雇佣兵不再受到统治者的青睐。他们越来越转向从国内人口中招募军队，并且征收新的赋税以支付这些军队的费用。而军队越来越依赖于有独立意志的立法机关的拨款。可以肯定，平民百姓厌倦了为这些新兴的、昂贵的军事体系支付费用。但是平民百姓与其庇护人通过采取从消极抵制到揭竿而起的方式来反对战争赋税、招募新兵、抢夺物资以及限制贸易的行动，都被不同形式的镇压、说服与谈判所消灭。无论干涉、镇压、说服与谈判这些活动本身是否有此倾向，它们的确形成了直接统治的制度，国家权力急剧下沉。因此，公民身份是在斗争中产生的。公民身份并不能保障民主，但在合适的条件下，它可以促进民主化——一种不仅能够相对扩展政治参与的广度与提高政治参与的质量，而且可以约束公民群体的协商与保护公民不受政府专横行为所伤害的运动。

当社会变迁使得现存的不平等与公共政治相分离时，当公共政治与政府代理人成为信任网络的重要保障者时，当政府代理人与政治居间调解者之间的行政纽带松懈时，公民身份尤其会带来民主的形式。产生这种效应的特殊机制如下：形成一种横穿群体不平等的政治活动联盟，瓦解现存的相互隔离的信任网络建立公民社会。

在 17~19 世纪的法国案例中，1789~1799 年的大革命使这种机制达到最高峰。它基本上在同一时期消灭了作为部分自主的居间调解者的贵族与牧师，使军事力量接受中央集权化政府的控制，消灭了各种形式的特权联合体，在整个国家建立起了统一的行政管理体系。得以扩展的民主并没有在早期大革命中存活下来，但由于这些变化已经发生，在拿破仑下台之后的每一次重建威权主义控制的努力都会招致更为一致与有效的反对。正是第一次革命民主化为后继的革命动员提供了模板与根据。虽然 1830 年、1848 年与 1870~1871 年的社会动员暂时有所退潮，但仍然制造了向受保护的协商迈进的运动。

18 世纪的革命打开了通往民主化的道路。19 世纪服兵役义务的平等化，反映了政治权利与义务更为普遍地平等化了。青年男子以及他们的家庭和社区，在政府的强制、可选择的职业机会以及政府自身的承诺下，开始与军队征兵合作。在 19 世纪的法国，顺从的增加可能既反映了公共政治与不平等的分离，也反映了以前被隔离的信任网络开始与公共政治相结合。从这一点来看，在社会各阶级之间军事义务的平等化，成为法国民主派的主要诉求。尽管 19 世纪免除了受教育和宗教义务，但法国建立了一套相对平等的男性服兵役制度。因此他们将信任网络融入公共政治，并抑制了不平等向公共政治的转移。

可以肯定的是，公民身份头衔与政治参与的过程强烈地倾向于男性；甚至 1945 年姗姗来迟的女性投票权也没能消除这一男性主义偏见。在此过程中，共同服兵役成为绕过阶级、宗教与地区界限的男性团结机制的基础。退伍军人集团（如拿破仑军队中的幸存者）从 19 世纪开始成为一支政治力量。随着议会政治与选举开始在第三共和国时期占据重要位置，退伍军人也明显地表现出从与右翼联合转到与左翼联合。通过与其支持者的跨阶级联合，他们将村、镇与中央政府联结起来。20 世纪 60 年代期间，在安茹省的香佐村，第二次世界大战退伍军人的组织实际上是唯一可以将不同阶级、政治倾向以及宗教归属的人粘连在一起的组织。一种对应的统一，发生在阶级内部，他们是一批在同一年份获得服兵役资格的人。共同服兵役的信任网络使他们直接与中央政府对话，于是促进了民主化。

法国旧政体下广泛存在的社团已经在重建个人之间的信任网络、与国家公共政治隔离和提供基础公共服务方面发挥着重要作用。法国非营利组织的发展可以追溯到中世纪，当时罗马天主教堂及其教派成立了很多的慈善组织，行会和兄弟会也建起一个在一定专业基础上互相提供帮助的体系。

阿古龙记录了 18 世纪普罗旺斯的村镇中，宗教团体、青年修士协会、民兵团体以及类似组织的公共生活的核心部分。它们围绕不同的公共活动、权利与义务组织起来——指挥圣灵日游行队伍，羞辱不道德的个人，为队伍提供军事护卫，收缴妇女的异族通婚联盟税费，以及（文雅地）为庆典增添气氛。社团的主要负责人一般是一位有名望的贵族。每一个有组织的行业都会形成一个在地方公共生活中占据自己位置的相互分离的团体。在协调社区范围内活动的同时，18 世纪的组织实际上已经将社区的界限融入了公共政治之中。

通过牧师与贵族的居间调解，这种旧政体下的社团充当了间接统治的工具。大革命将他们清除出公共生活，代之以爱国俱乐部、国民警卫队、革命委员会以及由文官组成的市政机构。雅各宾派尽最大努力关闭或者吸纳了自治组织。1799 年在督政府领导下，平民社团暂时复苏。但是随着拿破仑权力的崛起，它再次失去了自治权。《拿破仑法典》宣布："未经政府授权，超过 20 人以上，旨在每天或定期举行聚会讨论宗教、文学、政治或其他主题的社团都不允许成立，一经发现，政府当局可以采取强制手段。"尽管共济会集会所作为拿破仑政权的联络点而兴旺一时，但是随着 1815 年的复辟而一落千丈。在复辟期间，以教会为基础的组织获得暂时复苏，但是也没能阻止旧政体社团形式的长期衰落。

然而，与此同时，被称为俱乐部、圈子、娱乐场、会所或协会的精英社团形式开始兴盛起来。由于共同的智识、艺术或者政治兴趣，它们在七月王朝统治下扩展至整个法国。工人也正在以相似的程度形成互助协会——其公开的方向是提供死亡救济金、疾病救济金、失业补助，帮助就业与社交，但同时也暗地里加入一些反对雇主的行动。在里尔，一个在 1834 年拥有 6 万人口的工业城市，王室官员计算的拥有公共知名度的互助协会不少于 106 个。在普罗旺斯，工人阶级的社团基本也从事相同的活动。它们活动的场所经常被作为一种私人饮酒俱乐部，尤其是在一些盛产美酒的乡村。随着 1848 年大革命的爆发，它们立即投入了左翼公共政治活动之中。

当局对资产阶级和工人阶级的社团一直保持着密切关注，对前者主要是看其是否达成政治联盟、反对现存政体，对后者主要看其是否"联合"反对雇主。两种社团都促进了将信任网络整合进公共政治之中的进程。它们创造了公共舞台上的政治演员以及政治协商。随着 1848 年大革命的爆发，资产阶级—工人的共和式联盟的形成，加剧了其民主效应。1848 年大革命对男性投票权确立后，政治俱乐部开始遍布整个普罗旺斯；他们将资产阶级、工人和农民一起带入了共和主义政治之中。

意识到新近形成的（或者至少是新近公开化的）社团在国家民众动员中起到的关键作用，政府很快开始大范围地取缔这些组织。随着拿破仑三世镇压活动的升级，很多公开社团都转为秘密协会，但仍然在帝国时代追求共和主义方案。直到此刻，一种广泛的代表共和主义方案的跨阶级联合终于形成了。这一联合不仅通过减弱不平等对公共政治的冲击，以及将信任网络整合进公共政治而促进了民主，而且积极培育了一种民主化的方案。1864 年法令赋予了结社自由。

尽管 1870 年在名义上建立了第三共和国，但是该共和国直到 1879 年才真正开始运作政府。另外，在第三共和国下，政治在尖锐的阶级分化与广泛的左右两翼联盟的对立之间摇摆。不过整体来看，社团生活促进了向着广泛的、平等的、受保护的、有约束力的平民协商，向着民主迈进的进程。在第三共和国早期（1881 年），国民大会废除了拿破仑对公共集会的任何形式的政府认可的要求，尽管它仍然要求组织者事先向警方通报。1901 年颁布的结社法给予社团以充分的自由——除了对宗教集会的重要约束——从而认可了其长达一个世纪的进展。

5.4.3 近代以来法国公共财政的形成

法国财政公共化的模式是先实现财政统一，后实现预算监督（王绍光、马骏，2008）。

如上所述，虽然法国很早就明确税收必须经过等级会议批准，但代议机构在由农民和地主组成的国家实践遇到困难。土地财富为代表的不动产容易掠夺，加之王室和贵族联盟的治理结构，都使统治者缺少讨价还价的压力。因此，中世纪议会几经沉浮，却始终未彻底获取财政决定权。这样，议会财政权形同虚设。甚至三级会议自 1614 年以后一直没有召集过，直到 1789 年。税权几乎完全被王权吸纳。财政危机是 1789 年撬动路易十六重新召集等级议会的杠杆，未承想却导致革命。

不过，在大革命以前，法国在政府能力上已颇有建树，着手采取得力措施，逐步实现了财政统一。中央政府部门，年初必须上报公共资金需求表，月初必须上报公共资金分配表，明示各项税收的具体支出用途；国王审核、签署后生效。另外，各行省也得向国王上报年度收支平衡表（先列支出，后确定资金来自哪项税源），国王审核、签署后严格遵照执行。国王实现了对财政的集中控制。但实际上由于地方分利集团的干扰以及税收征管水平的限制，当时的财政统一程度并不是很高。旧制度下第一份预算诞生于 1788 年，尽管它仅仅停留在文字上，实际上未获执行。推出这个预算的理由是："长久以来，我们的财政一直被分灶吃饭困扰。我们的税收相当分散，不同的收入用于不同目的的支出。所有的税收最好还是由财政部统起来比较好。"❶

1789 年 6 月，新生的国民议会颁布法令明确以后财政议定权（不包括开支）专属于全国代表。但当时并没明确国民议会行使权力的程序和方式，更没有建立相应的预算制度。法国 1791 年宪法进一步确认议会有预算议定权。第三编第三章第一节第一条曾规定："宪法委任立法议会以下列的权限……二，限定公共经费（De fixer des depenses，dubliquis），三，规定赋税的种类、税率期间，以及课税的方法。"❷ 之后的几部宪法，继承了这种传统。

拿破仑重拾控制全部财政开支的梦想。1807 年，为更好地掌握预算收支信息，控制监督财政支出，拿破仑创立了国家审计署。此后，中央政府已经基本上掌控了财政资源。但拿破仑轻视议会监督，引起不少非议。波旁王朝复辟后继续加大财政统一的力度。法国年度预算的实施肇始于 1814 年，声称将根据行政需要对各部门拨付用款。财政部门司职公共资金使用监督的财政稽查总署成立于 1816 年，由财政部和国库部几个不同稽查机构合并而成，其任务是开展直接检查或二级检查，以及审计或评估，促进公共财政健康和有效的管理。法国于 1817 ~ 1827 年，颁行一系列财政法令，以图集中管理财政收支。规范了预算文件的形

---

❶ 王绍光、马骏："走向'预算国家'——财政转型与国家建设"，载《公共行政评论》2008 年第 1 期，第 10 页。

❷ ［日］美浓部达吉著，邹敬芳译：《议会制度论》，中国政法大学出版社 2005 年版，第 267 页。

式，决定了会计年度和结账的时间，统一了会计机关的工作，决定了账目的形式和报告书的性质；要求每年各部长要提交报告到国家审计署接受审查。这些法令当然有利于促进财政的集中统一，但公共财政的建设绝不是一蹴而就的。法国王室仍不时乱收滥支，查理十世的财政混乱则引发了1830年革命。尽管在许多方面七月王朝没有过多变革，但新国王路易·腓力在财政实践上往前迈进了一大步。他宣布承认君主立宪政体，重申议会主权。自1831年始，国民议会决定财政拨款的细节。法国向预算国家的转型至此初步完成。随着实践的发展，议会两院对于预算不仅享有同意权，而且享有提案权及修正权，只不过众议院享有先决权。1875年宪法第1条上规定："参议院和众议院同样有法律的提案权及修正权。但是，关于财政的法律，先须提出到众议院经其议决。"所谓"关于财政的法律"，不单只有预算，连所有的赋税法、国债法、会计法等这些都是先要提交众议院议决。❶ 另外，法国的国库集中支付制度和审计法院都是世界上建立较早又很成功的范例。

　　总之，相对于英国发达的市场机制和私人产权，近代法国公民社会更加强调社会运动和公共领域，以及公民身份和公民权利。和中世纪城市公民社会相比，近代公民社会结构性要素更加健全和发达。它推动法国走向宪政之路，推动财政形态走出中世纪的王室财政而逐步形成公共财政。因此，法国的公共财政之路同样证明：公民社会是公共财政的必要条件和结构性动力。但由于法国王室和贵族联盟的特殊治理结构，以及不动产为主要对象

❶　[日]美浓部达吉著，邹敬芳译：《议会制度论》，中国政法大学出版社2005年版，第293页。

的汲取模式，近代早期法国没有像英国那样走向君主立宪制。

简言之，12 世纪城市私人领域（商业经济和私人产权）的发展、公共治理的自主性和公民权利的保障，促使法国形成了初级的公民社会和公共财政的雏形；中世纪后期逃税、抗税运动与陈情书，财政危机与宪政运动均促进了公民社会与公共财政的发育；1789 年革命以来，近代真正的公民社会发育起来，促使财政公共化加速，19 世纪 50 年代后，法国公共财政最终形成。法国的宪政之路和公共财政之路比英国要曲折得多，财政公共化程度相对低。很长时间内，法国君主较少利用议会获得同意和行动，加之国债议会担保制的缺失，使法国在和英国的竞争中处于劣势。这本质上反映出法国治理结构上政治国家与公民社会统合不够。比较英法的公共财政之路，可以看出，征税和专制主义最终是不可调和的。自由、法治和私有产权导向下的公民社会被证明更有能力深入社会基础结构，促进财政汲取和公共化。

6 公民社会抑制与非公共财政：
中国皇权专制社会的财政

如果说，前面两章是从正面检验本书的基本假设：公民社会是公共财政的必要条件和结构性动力，本章则是提供反面的检验，即公民社会遭遇严重抑制甚至国家淹没社会意味着财政的非公共化。另外，中西公民社会发育的外部环境有重大区别。在西方的历史经验中，公民社会先于国家或与国家同步发育，具有"原发内生"的特点；中世纪源远流长的封建制是以"威权粉碎"和"集地方分权之大成"为特征的，❶ 国家力量对公民社会的影响不是很强，相应地，财政公共化得以逐渐展开。中国只在先秦时代存在过封建社会，秦朝以后的历史属于漫长的皇权专制社会，公民社会发育、发展的外部环境是严峻的，在先天上存在国家传统过于强大、社会力量薄弱的不足，相应地，非公共财政存续了较长时间。

黄仁宇指出："如果中国历史和其他各国文化有唯一最重要的歧异，那就是公元前 221 年秦始皇的统一全国。随着青铜时代的终止，全国立即展开政治的统一，这种政治上初期的早熟，创

---

❶ 黄仁宇：《放宽历史的视界》，生活·读书·新知三联书店 2001 年版，第 36 页。

造了一个惊人的纪录，在此后千百年间树立了一个中央集权的传统。"❶ 至于这种历史格局的成因，黄仁宇认为："易于耕种的纤细黄土、能带来丰沛雨量的季候风和时而润泽大地、时而泛滥成灾的黄河，是影响中国命运的三大因素。它们直接或间接地促使中国要采取中央集权式的、农业形态的官职体系，而纷扰的战国能为秦所统一，无疑的，它们也是幕后的重要功臣。"❷ 这种政治上的早熟给中国带来内聚力强等优势，同时也导致中西对比展现出中国历史上存在突出的"强国家"传统。相应地，社会发育缓慢、不充分，且缺乏法治传统。"概括言之，中国政治体系的早熟在当日不失为一种成就，可是中国人也必须为此付出代价。从外表形式看来，在基督之前有了这些设施，国家的机构便形成流线型，可是其下端粗率而无从成长发展。直到最近中国仍缺乏一种司法体系"。❸ "中国缘于地理上之要求，政治体系初期早熟，使各地方上之利益及地方上的组织无从充分发展先期构成多元社会，只好采用间架性的设计，构成中央集权的官僚体系"。❹ 这样一种"强国家"的传统构成了中国公民社会发展最重要的背景，使中国公民社会在历史上呈现出与西方不同的发展路线。

从具体的历史进程来看，中国的这种"强国家"传统正式确立于秦扫平六国、建立统一的中央集权国家之时，此后历经各个

---

❶ 黄仁宇：《中国大历史》，生活·读书·新知三联书店 1997 年版，第 18 页。

❷ 黄仁宇：《中国大历史》，生活·读书·新知三联书店 1997 年版，第 21 页。

❸ 黄仁宇：《中国大历史》，生活·读书·新知三联书店 1997 年版，第 34 页。

❹ 黄仁宇：《中国大历史》，生活·读书·新知三联书店 1997 年版，第 304 页。

王朝都未有改变。但是，"整个看来周人实为中国初期各种制度的创始者"，❶ 黄仁宇认为间架性的制度设计在周朝已经基本成型，以血缘为纽带的宗法家族制度形成了专制主义中央集权制度的关键基础，这些制度对中国社会此后数千年的历史都有深刻的影响。另外，从中西对比的角度看，中国只在周朝存在过典型的封建社会，值得特别重视。

6.1 周朝封建宗法性的治理结构与我国大一统文化的起源

6.1.1 周朝的兴起与封建宗法性治理结构

商朝末年，周是商所节制的部落国家之一，以西安为中心，在渭水流域拥有农业基地。到商代最后的一个国王期间，周王不是因为他的威势，就是由于他的仲裁力量，已开始打破局面。不少名义上受商节制的小国家，已开始向周臣服。周之势力东渐，及于汉水。后西伯的一个儿子（后来的周武王）纠集多数叛商的部落国家东征，于是以周代商，时在公元前 1027 年或前 1122 年。周朝是中国历史上第一个建立了比较强大的中央政权且统治区域广袤无比的王朝。

心思各异的部落国家、广袤的领土和落后的交通给新兴的周朝带来了统治上的难题。针对此，周公创设了一套"间架性的设计"（schematic design）。即在使人口统计和土地测量的技术尚未

---

❶ 黄仁宇：《中国大历史》，生活·读书·新知三联书店 1997 年版，第 13 页。

准备妥当之际，在一个区域广大的国家内，造成了一种人为的政治区分。❶

周公把王室亲属、少部分商之子孙和原各部落国家的首长分封到全国各地做诸侯，谓之"封建亲戚，以蕃屏围"。诸侯们兼有军事领导权，按国之大小，以五等面积，封为五级，各按所封地距国王都城的距离而有不同的功能和义务。理论上封地都处在九条大型方格的地带里，各封地与国都同心。

周公另一创制是在封建制度下建立宗法家族制度，将封建与宗法关系结为一体。每个诸侯的疆域内，必有宗庙，它成为地区上神圣之殿宇，其始祖被全疆域大众供奉，保持着一种准亲属的关系。在封地内，周人建立了嫡长子继承制度为基础的宗法体系，不仅公侯伯子男的名位世袭，即便主持国政的卿及大夫也仍由指定的世系所把持。宗族内部存在大小有别、序列分明的血缘等级。封建制度依据着这一血缘等级建立起周朝的政治等级结构。周王的嫡长子为天下的宗子，称为"大宗"，他继承周朝的宗统大权。其余的庶子为"小宗"，他们被分封出去建立新的领地。通过这套大宗、小宗层层分支封建的宗法结构，周朝建立起对广袤领土的政治统治。

但是，在政治结构之外的社会领域，周朝是依靠庶民家族来维系。❷ 庶民家族是一种生产性家族。在生产技术极其落后的情况下，庶民家族乃是一种为了维持集体劳动而存在的在组织上不

---

❶ 黄仁宇：《中国大历史》，生活·读书·新知三联书店1997年版，第13页。

❷ 以下部分内容参考唐海华："中国政治传统与公民社会发育"，见萧延中等：《多难兴邦——汶川地震见证中国公民社会的成长》，北京大学出版社2009年版。

系统的个体家庭的集合体。周朝时实行土地国有制，这是周朝宗法国家稳固的基本条件。没有国有化的土地，周朝的王族就无法进行分封和维持政治统一，并且在分封后也无法获得经济的来源。而这种土地国有制又是具体地通过基层的庶民家族内部的井田制来实现周朝王族的经济利益。

聚族而居的庶民家族实际上往往是以井田公社体现出来的集体，集体劳作的井田制使得个体依附在家族上。家族内部同时也与贵族家族一样，都奉行祭祀、嫡长子继承、同宗共财等基本的宗法原则。由于王族家族和政统的一体化，庶民家族内的亲亲秩序也有一定的政治性。庶民家族内政治化的亲亲秩序是周王朝宗法国家完成对社会渗透和控制的纽带。最终，庶民家族和特定地域的土地的结合所组成的农业公社，不仅是宗法国家的经济来源所在，同时也是宗法统治体制中的最基层单位。黄仁宇指出，井田制是"间架性设计"的代表，❶ 八家农户向心耕作是中国政治的缩影。

周王朝为了稳固对社会的控制，在这一套血缘等级控制机制外，还进一步开始对社会进行行政编制。周朝首先将统治区域分为"国"与"野"，中央地区称做"国"，地方区域称做"野"，作为行政的编制称为"遂"。据《周礼·地官》记载，周朝在"国"中设了六个乡来管理人民，乡的编制是：

> 五家为比，使之相保。五比为闾，使之相受。四闾为族，使之相葬。五族为党，使之相救。五党为州，使之相

---

❶　黄仁宇：《中国大历史》，生活·读书·新知三联书店 1997 年版，第 15 页。

�。五州为乡，使之相宾。

依靠家族血缘的凝聚，再加上户籍编制，周朝便把庶民、奴隶牢牢地束缚在土地之上，稳固其统治的基础。社会的个体全部被装入宗法国家的框架内。

不过，周朝时尽管社会被统一在宗法结构内，王族自上而下的统治力量却并不强大，政治结构内部存在众多相对独立的空间。这种弱点是由封建制本身造成的。封建制帮助周王朝实现了对广袤空间的统治，但其层层分封的制度设计，却使得每一层的宗主都受到权力上的限制，权力被层层分割开来。诸侯限定了中央王朝的权力，卿、大夫又限定了诸侯的权力。每一级宗主只是在权力所及的层次上做到宗君合一，到下一层次君权就受到限制，当然也就谈不上宗君合一了。况且，在西周贵族家族中已有家臣制度，即贵族拥有私人官吏，他们与家主是一种非血缘的关系，实质上为单纯的政治关系，这与宗君合一的逻辑是相冲突的。这种权力的分割在周王朝宗法体系内部血缘关系随世代变化而日益疏远、淡薄后，成为政治冲突和战争发生的基础。这一宗法国家的内在缺陷使得周朝的政治统一并不坚实。

6.1.2 周朝的治理危机与我国大一统文化的起源

春秋晚期，铁制农具产生，个体家庭获得独立生产的能力。战乱与生产力的提高推动了庶民家族的离散，引发了人口的流动。在周王朝的井田制生产体系之外形成了个体化的庶民生产者。这一变化引发了连锁反应，当井田公社无法维系时，周朝被迫向承认土地的私有制转变。到公元前544年，鲁国率先改革实行初税亩，使田租和田税分开，贵族食租，国君食税。周朝对这一制度的认可标志着它开始默认土地的私有化。

在宗法国家这一系列的变化下，周朝的政治权力显著下降，社会结构发生明显变化。在东周礼崩乐坏的过程中，开始形成较多的流动人口与手工商业的发展。同时，由于周朝无法再提供物质保障，士开始自谋生路，变成一个有较强独立性的阶层。在士的基础上，产生出活跃的思想群体，形成百家争鸣的局面。封闭的贵族等级体系也被打破。周朝进入到整体性的危机，中国也面临国家形态上的第一次重大转型。

总体上看，周朝在政治上并没有形成稳固、缜密的强大统治体系，但是创建了一套以血缘差等序列为基础的社会宗法结构。这一宗法性的结构经过孔子以"仁"为价值的转化，适应了此后土地私有与非血缘政治秩序的新环境，成为此后中国两千年的社会基础。同时，周朝的宗法国家原型也奠定了深层的维系政治统一的文化心理，此后的七雄争战以及历代王朝的分裂都没有放弃对政治统一的追求。因为宗法国家的"天下共主"、国本一家的历史已成为中国各种政治力量的深层的潜意识，家不可分，国也不可分。由此，大一统在宗法文化的基础上变成一种贯穿中国历史的核心价值，分裂的中国总是顽固地重新统一，再次形成强大的国家政权。这与罗马帝国瓦解后一去不返、政治统治从此衰落的西方历史显然是有天壤之别。

中西封建制度的共同点大致说来都是以世袭贵族掌握地方治权。西方封建制度历时久远，"威权粉碎"和"集地方分权之大成"的特征显现得较为充分，这为财政公共化留下了空间；相对而言，中国的封建制度是短命的。当孟子劝说战国的君主行周文王之政时，周之封建已衰退到不可认识，井田制度早被放弃。[1] 接下来，中国进入漫长的皇权专制时期。

6.2 皇权专制时期的社会整合机制

战国末年，秦扫平六国后，在其战争体制的基础上建立起了一套与封建制有重大差异的皇权专制制度。这套制度通过郡县制实行中央对地方的垂直管理，打破了周朝时中央权力被层层分割的格局。皇帝不再依靠血族实现对国家的统治，而是创造了一套非世袭的行政官僚体系控制社会。这套制度经过此后汉朝的完善定型为一种稳固的"儒表法里"的统治结构。它具有强大的中央集权，在基层又以宗族为控制工具，并推行重农抑商的经济政策。这导致公民社会的独立发展一直受到抑制，不仅难以发育成长，反而变成政治力量的依附。自公元前 221 年秦王朝实现"大一统"，秦始皇"废封建、立郡县"，确立"天下事无大小皆决于上"的皇权专制制度，经过历代王朝的不断发展、强化，直至 1911 年清帝逊位才被彻底废除，前后历时 2131 年。

6.2.1 大共同体本位下的政治控制

秦朝在公元前 221 年统一中国，是历史上重要的里程碑。统一之后又采取各种巩固步骤。六国边界既废，全国划为 36 郡。每一个郡有守（相当于今天省长）、尉（相当于今天防区司令）和监（相当于今天监察专员）各一。战国七雄中，秦国经济落

---

[1] 黄仁宇：《中国大历史》，生活·读书·新知三联书店 1997 年版，第 27 页。

后，农业一元，内部的凝聚力也强。长年的战争锻炼出了一种超
强的军事管理和动员体制。这一体制奉行的是与周朝礼教完全相
反的法家思想，开启了一种新的传统，毛泽东对此有"百代都行
秦政制"之评断。

秦之体制既成流线型，法家思想即构成其意识形态。❶ 法律
代表君主的意志，必须不打折扣地强制实施。因为法家站在君主
统治天下的立场，又以国家富强为追求，因而无从创制西方式的
民法。法家主张以法而治，不再依靠血缘纽带来建立统治网络。
这意味着要打破原来天子与诸侯之间存在的"伦理关系"和世卿
世禄制度，皇帝与官僚间变成了一种工具性的雇佣关系。公元前
213 年秦皇下令焚毁若干书籍。法家思想的实质是将原来属于一
个血族的国变成皇帝一个私家的国。一切大宗、小宗都不再拥有
独立的领地与治权，皇帝依靠其打造的官僚体系与超越族群形态
的军队对社会进行直接的管辖，真正地实现"溥天之下，莫非王
土，率土之滨，莫非王臣"。以皇权为中心，整个社会都服务于
其利益。这样一种形态无疑与宗法国家时代那种"人各亲其亲，
长其长"的封建格局完全不同。秦晖特别将这种新的国家形态称
为"大共同体本位"的国家。❷

在这种"大共同体本位"的新国家形态下，中央的权力集中
与控制发展到登峰造极的地步。在技术与交通仍然落后的时期，
秦朝就已经开始建立起发达的基层控制体系。这一基层控制体系
力图打破族群的纽带，以行政的力量直接进行"编户齐民"。从

---

❶ 黄仁宇：《中国大历史》，生活·读书·新知三联书店 1997 年版，
第 34 页。

❷ 秦晖：《传统十论——本土社会的制度、文化及其变革》，复旦大
学出版社 2003 年版，第 79 页。

秦朝的乡亭里制开始，历代王朝都竭力地通过完善基层的"编户"制度来达到对社会的控制。

在法家思想左右下，秦朝的统治完全抛弃了以往的族群工作，以打破一切宗法，为皇权的一人统治扫平障碍。秦朝时的大共同体与小共同体是处于绝对对立的状态下。秦朝时采用法家极端的反宗法措施，规定"不得族居"，"民有二男不分异者倍其赋"，"父子兄弟同室共息者为禁"，强制解散大家庭、切断家族纽带。法家鼓励"告亲"，禁止"容隐"，秦律规定妻子告发丈夫，妻子的财产可免遭抄没；丈夫告发妻子，不但他的财产可以保全，妻子的财产也可以用来奖赏他。

这种过激的大共同体控制最终引发了社会对国家的暴力反抗，导致秦祚短暂、二世而亡。在秦之后，汉朝的统治者吸取教训，起初以道家为指导实行无为而治，恢复社会的生机。此后又转向"罢黜百家，独尊儒术"，接受强调宗族治理的儒家思想的指导。所以，汉代的国家权力不再渗透到基层社会中直接进行管制，而是将正式官僚的边界惯例性地停止在县级以上，县以下则依靠宗族与士绅的帮助进行社会控制和忠孝教化，正所谓"王权止于县政"。不过，虽然外表尊奉儒家思想对宗族控制个体予以支持，但皇权专制国家对宗族组织支持的真实用意是为了抑制臣民个体权利。这种新的思路实质上是一种"儒表法里"的模式，它所形成的国家形态变成为"大共同体为本，小共同体为用"。❶这种更加巧妙的模式最终奠定皇权专制的稳固基础，社会上的宗

----

❶ 秦晖没有看到这一细致而重要的变化，笼统地把秦汉等历代王朝都称为"大共同体本位"，但实际上秦汉之间围绕如何处置"小共同体"有完全不同的思路与实践模式。

族也获得了一定的发展空间。在魏晋南北朝时期，宗族从战国和秦朝离乱涣散的虚弱状态恢复后发展到如日中天的程度，农村为豪族所控制，百姓多为豪族的部曲，中央控制的人口越来越少，基层行政机构形同虚设。东晋时期，士族甚至敢与皇家相提并论，有"王与马共天下"之说。但经过隋唐科举制的设立，庶族兴起而士族削弱，皇权重新恢复到强力掌控社会的局面。

　　宋朝后，皇权对基层社会的控制达到更细致的程度，成为中古之后王朝制度的典范。一方面，皇权建立了一直延续到清朝的保甲制以及户籍制度，另一方面，在宋朝文官的推动下又设计出新的宗法家族制度与乡约制度。到明清时期，中国皇权专制制度发展至巅峰，皇权成为超越于官僚制度与社会之上的权力怪物，社会在思想与行为上受到更严密的监控。总体上，借助宗法网络与行政机构的双重统治，皇权专制时代的个体没有太多的自由空间。

6.2.2　经济制度与社会组织

　　周朝的土地国有制进入皇权专制时期后没有再延续，但是新出现的土地私有制也并没有得到法律上的可靠保护。在大共同体本位的国家形态下，国家随时存在剥夺民间财产的可能，并且还以"齐民"的形式干预、调整民间财产的分配。"齐民"就是"损有余，补不足，以齐力敏"，以政治力量强制财产的均平。这是大共同体"编户"的配套措施，通过"编户"与"齐民"的结合，皇权更牢固地对社会进行控制。这种"齐民"模式的具体体现之一是在社会上推行均分继承制。先秦宗法国家中，贵族从权力到财产都由长子继承，"四民"的身份与职业也由长子继承，这是保持宗族强大的一个基本措施。但秦以后，商鞅始制均分继承制，除了皇位、王位等爵位，在土地和财产上都废除了长子继承制。这种制度上的变化根本是为了避免皇权受到可能出现的强大社会力量威胁。王安石很好地阐明了其中的逻辑，他指出：欲使天下之人为君之奴，必先使天下之人互不为主奴，否则"阡陌闾巷之间人，皆能私取予之势，擅万物之利，与人主争黔首，而放其无穷之欲"。❶

这种均分继承制在社会上的推行，遂令社会的财产、土地极易分散，社会缺乏集中的资本为商业和结社的发展提供基础。

在经济政策上，皇权专制对有利于社会发展的商业采取了抑制的政策。历代都反复强调重农抑商，对商业破坏"编户齐民"、导致人口频繁流动的可能竭力防范。商鞅变法时，就强调"重本抑末"。秦朝统一后，将天下富商尽迁于咸阳而加以管制。始皇死后，汉承秦制，抑商主义未曾稍改。至汉武当国，更把商贾打入"四民之末"，国家政策上也正式讲明了要"重农抑商"。汉武之后的盐铁争论中，更是确立了盐铁专卖的制度。此后，皇权在经济上垄断经营，形成"利出一孔"的格局。这使得中国传统社会商业的发展始终难以获得突破。

欧洲中世纪后期，封建公侯无力控制城市，才让市民不受庄园法庭的管制，恰恰从这种城市特权，产生了公民的自由权利，这在前两章已经述及。这样的故事在同期的中国历史上不仅未曾发生，却有与之相逆的趋势，城中绅商与官僚的冲突从未发生。欧洲汉学家白乐日（Etienne Balazs）说，中国的官僚从未失去城

---

❶　秦晖：《政府与企业以外的现代化中西公益事业史比较研究》，浙江人民出版社 1999 年版，第 186 页。

市的掌握。事实上中国官吏在城墙之内，权力最盛。❶ 商业即便在城市中形成繁荣的局面，但其实也是在国家的控制下为满足皇家与官府需要而服务的。宋代的商业政策较宽松，出现了城市商业的繁荣，城市中形成了商人与手工业者的行会。但这些行会并非商人与手工业者自治的组织，而主要是官府操控的。行会是为了官府便利控制生产为自己所用，并进行强行索取的组织。商人与手工业者加入行会须经官府批准，一旦加入名列"行籍"，不经官府同意就不能随便退出。商人最终都必须依附、勾结官员，才能获得经商和赢利的机会。黄仁宇认为，中国迟至明末，商业习惯陈旧，商业水平不高，其症结又不在商业本身，而是中国传统政治制度及社会风气所拘束。其最大障碍在绝对否定私人财产，次之则发行货币全部为政府职权，政府所创设交通通信机构，又不公开为民间服务。此外，官僚地主之声势烜赫，家族关系之坚不可破，无一不妨碍纯粹经济力量之开展。❷ 严重的商业抑制和商业依附性导致中国的城市中没有像欧洲中世纪城市那样形成资产阶级和城市公民社会。

通过乡村强大的宗族组织、城市中的行会组织，皇权专制国家始终从社会的内部遏制着社会的独立发展，个体被钉死在土地上或管制在行会中，无法获得较多的独立空间。正如美国人古德诺在 20 世纪初见到古代中国的残影后所总结的："由于中国社会结构的特点，一个人如果不是某个家族的成员，一个商人如果不

---

❶ 黄仁宇：《中国大历史》，生活·读书·新知三联书店 1997 年版，第 29 页。

❷ 黄仁宇：《放宽历史的视界》，生活·读书·新知三联书店 2001 年版，第 29 页。

是某个行会的成员，那么他在社会上会几乎没有立锥之地。"❶ 对于个体的结社，历代王朝也保持着限制，在结社发展到可能威胁自己时，就予以明确地取缔和禁止。❷ 例如，清朝初年统治者就将明朝时比较活跃的士人结社取缔。只有能对官府的社会治理有辅助作用的组织才被允许存在，例如寺院系统建立的救济组织，民间的庙会、花会组织以及康乾年间出现的一些手工业行会组织。为挽救时局，清末实行新政，1908 年颁布的《宪法大纲》第一次规定了"臣民于法律范围以内，所有言论、著作、出版及集会、结社等事，均准其自由"，自此民间结社在法律上得到了认可。可惜未来得及付诸实施，清王朝已是明日黄花。

但是，由于自然灾害、人口膨胀以及政治腐败的作用，又不断地产生着对皇权国家"脱序"的游民。这些游民丧失自己的土地和职业后，脱离了宗族和基层行政制度的控制，在秘密的状态下结成社会的非法组织和帮派进行谋生。他们带有明显的反社会性，敢于反抗，甚至直接造反夺权，因此构成了皇权国家的最大威胁，许多次王朝的革命都是在游民群体的主导下推动的。对于这种致命威胁到政权安全的游民群体和组织，皇权国家的反应是更加严厉地推行编户齐民的政策，强化对社会的囚禁铁笼。

因此，总体上来讲，在强大的中央集权的皇权专制时期，社会在思想、经济和组织上受到的严厉控制远远超过宗法国家时期，也远远超过同期的英国和法国，难以产生新的独立的公民社

---

❶ ［美］古德诺著，蔡向阳、李茂增译：《解析中国》，国际文化出版公司 1998 年版，第 91 页。

❷ 需要说明的是，传统时期，"社会"不是我们今天理解的含义，"社"和"会"本是指民间的组织。传统时期的概念是使用"朝廷"与"民间"，而不是"国家"与"社会"。

会因素。"强国家，弱社会"是中国历史发展给当代中国留下的政治遗产，它也成为中国公民社会发育的制约条件。

当然，历史不能跳跃，中国公民社会不可能突然凭空产生。作为"强国家"传统的对立统一体，中国历史上另一脉"弱社会"里的自主性传统和自治性因素成为公民社会发育的历史条件和宝贵资源。学界已从多角度阐述了"皇权止于县政"的思想。对于中国农村社会而言，黄仁宇强调"国家政权在广大乡村延伸和增长的技术阻碍"；[1] 马克斯·韦伯提出了传统中国"有限官制论"的看法："事实上，中华帝国正式的皇权统辖权只施行于都市地区和次都市地区。出了城墙之外，中央权威的有效性便大大地减弱乃至消失。"[2] 费孝通指出："中国乡土社会的基层结构是一种差序格局。……皇权政治在人民实际生活中，是松弛和微弱的，是挂名的，是无为的。"[3] 秦晖则把中国传统社会的情况概括为："国权不下县，县下惟宗族，宗族皆自治，自治靠伦理，伦理造乡绅。"[4] 于建嵘认为："在传统社会，地方政治制度的基

---

[1]　黄仁宇认为："一统的中华帝国因在地方组织及技术设备的欠缺，只好用最低度的共通因素——抽象的观念和意识形态治理国家，通过家族团结，在广大乡村实施治理。"见黄仁宇：《中国大历史》，生活·读书·新知三联书店，1997 年版，第 117 、171 页。黄仁宇又道："中国传统社会因采取中央集权，事无大小，悉听朝廷号令。此在工业革命之前，交通通讯技术未曾发达之际，实有多数不合实际之处。"见黄仁宇：《放宽历史的视界》，生活·读书·新知三联书店 2001 年版，第 1 页。

[2]　马克斯·韦伯著，王容芬译：《儒教与道教》，江苏人民出版社 1993 年版，第 110 页。

[3]　费孝通：《乡土中国·生育制度》，北京大学出版社 1998 年版，第 63 页。

[4]　秦晖：《传统十论——本土社会的制度、文化及其变革》，复旦大学出版社 2003 年版，第 3 页。

本事实是：在成文制度方面，国家行政权力的边陲是县级，县以下实行以代表皇权的保甲制度为载体，以体现族权的宗族组织为基础，以拥有绅权的士绅为纽带而建立起来的乡村自治政治。"❶于建嵘还指出："在治理古代乡村社会的权力体系中，除一开始就包含有自上而下的行政因素之外，还具有乡村社会成员自我管理内部事务、寓于社会之中的自治权因素。古代乡村权力体系从来就是具有行政权与自治权并存的二元性特征。也就是说，在传统中国，国家与基层乡村社会是相隔离的。自上而下的国家权力没有也不可能全面介入以小农经济为基础的分散性日常社会生活。具有自组织功能的家族社会也只能在一个较有限的地域社区里形成自治共同体。而国家和社会从来都不会也不可能绝然分离开。"❷ 上述这些论断都印证了吉登斯关于"国家—社会"二元结构的判断。他认为："传统国家本质上是裂变性的，其可以维持的行政权威及体系整合水平非常有限。"❸ 于建嵘特别强调绅权在乡村治理中的作用："总之，绅权作为一种地方权威与皇权和族权共同构筑了中国传统乡村社会的权力体系，士绅们在乡村社会里发挥着各种影响和作用，他们使国家的行政权和乡村自治权融为一体，是乡村自治政治的重要纽带。"❹ 从经验基础看，宋朝以降，在"靡所不综"的县一级，实行县官"避亲避籍"与"三年轮换"制度，这种"县治"策略的大转变，客观上导致了中央对农村社会控制的弱化甚至异化。清朝末年，太平天国建立

---

❶ 于建嵘：《岳村政治》，商务印书馆 2001 年版，第 41 页。

❷ 于建嵘：《岳村政治》，商务印书馆 2001 年版，第 107 页。

❸ 安东尼·吉登斯：《民族——国家与暴力》，生活·读书·新知三联书店 1998 年版，第 63 页。

❹ 于建嵘：《岳村政治》，商务印书馆 2001 年版，第 105 页。

了"守土乡官制"，光绪末年、宣统初年又提倡"乡镇自治"。尽管这些改革主要停留在文本制度上，然而毕竟具有一定的自治色彩。

应该承认，中国的皇权确实不存在制衡与抵制它的制度化力量；但由于地理条件和交通通讯技术的制约、统治者追求长期租金最大化、源远流长的"民本"思想、"编户齐民"的限度等复杂原因，现实中又确实存在皇权相对于社会的边界，存在政府权力之外的民间网络、宗族组织以及地方精英治理。从另一个角度看，一般而言，资源汲取、社会控制和公共服务是统治的基本要素，中国皇权专制社会的统治一般具备前两个要素，但常常不能满足全社会的公共服务需求，尤其不能满足广大农村的公共服务需求。正是由于国家权力不能或没必要贯彻至基层，才使乡村社会事实上部分获得相对独立的空间和一定的自主性。不过，有几个要素对于分析中国皇权专制社会的社会结构是不能忽略的：其一，皇权和族权对绅权的制约。其二，科举制度使国家和社会精英结盟，除中举者被体制吸纳外，其余把持绅权和族权的地方精英也在价值观上与国家意识形态高度统一，这是传统中国国家与社会高度整合的文化原因。黄仁宇把中国传统社会的基本结构比作一个庞大的"潜水艇夹肉面包"大致讲的是同一个道理。其三，从本质上讲，皇权专制时期的皇帝若想从社会获取什么，基本不需要征得社会的契约化同意。因此，国家权力几乎具有全能性质，只不过就国家能力而言，皇权专制时期的政府不能被称作全能政府。因此，笔者不敢苟同当前部分学者过高评价"传统乡村自治"甚至将其等同于民主制度的观点。

6.3 中国皇权专制社会的非公共财政

与公共财政相比，非公共财政主要是指财政决策、执行、监督三权集中于政府，没有外部力量对其进行平衡与制约的一种财政模式。这表现在四方面：第一，由政府全权决定各种税收、支出等财政事项，并不需要特别听取纳税人的意见；第二，由中央执掌财政的决策权和监督权，地方政府只是中央政府政策的执行者，没有独立于中央政府之外的财权（冯俏彬，2005）；第三，财政支出主要不是用于民生等社会领域；第四，财政收入主要来源于非税收入。由于资料限制，本部分主要从前两个方面着手考察。

中国实施皇权专制制度期间大略可以看做南北统一王朝的有11个，即秦、西汉、新、东汉、西晋、隋、唐、北宋、元、明、清。每个朝代都经历了由盛而衰的过程，几乎每隔200年左右就有一次天下大乱，朝代更迭成为中国皇权专制社会政治的主线。皇权专制制度下，皇权同时吸纳了行政权、立法权和执法权，当然也包括了制税权。这导致政治结构的横向扩展与制衡缺失，甚至比中世纪法国的集权程度还要高。赋税制度属于典型的"竭天下之财以赡一己之私"的王室财政。

6.3.1 中国皇权专制社会的赋税制度沿革

综观整个皇权专制时代，所有专制王朝都经历了从初期轻徭薄赋、放水养鱼，转向中期汲取无度、赋税骤增，再到最后民力殚竭、王朝崩溃的盛衰周期。早在宋代秦观就明确指出，历代"盗贼"产生的原因始终在于统治者推行的残酷的赋税制度："古之盗之所以兴，皆出于仍岁水旱，赋敛横出，徭役数发，故愚民为盗，弄兵于山海险阻之间，以为假息之计。"❶ 到了明清时代，人们对于统治者的酷税使得无以为生的百姓只能揭竿而起这一"王朝后期定式"更是路人皆知，如清代抱阳生编著的《甲申朝事小记》中记载的民间诗云："民畏重征不畏盗，自古如此君莫惊。"❷

把赋税视为王朝更替的导火索，不是欧美近年来勃兴的新财政史研究的专利。金观涛（1984）认为，在王朝初期，税赋很低，主要由田赋和人头税等国家可控部分构成。但到了王朝中后期，官僚机构日益膨胀，国家开支不断增大，包括杂税和徭役的税负不断加重，最终把农民推向饥饿死亡的边缘，导致农民铤而走险，国家全面崩溃。李炜光（2006）也指出："中国历史上千百次全国性的或局部有较大影响的农民起义，无一不是由于赋税、徭役过重的原因所引发的。赋税（过重）是导致王朝颠覆、改朝换代的最直接的和最根本的因素。"黄敏兰（2002）、袁绪程（2003）、秦晖（2007）、王毅（2007）等都持同样观点，而李约瑟盛赞黄仁宇的大历史观"一切靠抽税而转移"。

中国赋税制度起源甚早。秦始皇统一全国后，进一步肯定和发展了已往的赋税制度。公元前216年，颁布"使黔首自实田"的法令，令地主和有地农民自报占有土地数，按定制缴纳赋税。秦田律规定"顷入刍三石，稿二石"，即每顷土地应向国家缴纳饲草三石，禾秆二石。如果隐瞒土地，少缴或不缴租税，要受到

---

❶ 秦观：《淮海集》卷十七。
❷ 王毅：《中国皇权制度研究》，北京大学出版社2007年版，第937页。

法律的惩处。如果部佐已向农民征收田租，而不上报，就以
"匿田"论处。此外，秦王朝还征收"户赋"和"口赋"（人
头税）。

汉承秦制，"既收田租，又出口赋"。❶两汉对百姓的管理，
实行编户制度。那些被正式收入政府户籍的平民百姓，称为编户
齐民。编户齐民具有独立的身份，依据资产多少承担国家的赋税
和徭役、兵役。编户齐民制度标志着我国皇权专制社会完整的赋
税制度正式形成。汉律要求农民按田亩如实向国家报告应缴租
额，报告不实或家长不亲自报告，要罚铜二斤，还要把未报的农
作物及贾钱没入县官。汉与秦所不同的是，汉初鉴于秦亡的教
训，被迫采取"休养生息"政策。汉高祖（公元前 206～公元前
195 年在位）时规定十五税一，景帝（公元前 156～公元前 141
年在位）时改为三十税一。但这并不能说明汉代人民的负担轻，
因为汉代除征田赋外，还征"算赋""口钱"和"更赋"。算赋、
口钱是人头税。汉高祖四年始为算赋，"民年十五以上至五十六
出赋钱，人百二十为算"，❷贾人及奴婢加倍，出二算；惠帝六年
（公元前 189 年）令民女子年十五以上至三十不嫁者出五算；文
帝（公元前 179～公元前 157 年在位）时减轻算赋三分之一，民
赋四十钱。口钱是未成丁的人口税。武帝（公元前 140～公元前
87 年在位）用兵，国用匮乏，"民三岁以至十四岁，出口钱人二
十三"。❸

魏武帝初兴，实行计亩而税、计户而征的赋税法令：每亩粟

---

❶ 《汉书·食货志》。
❷ 《汉书·食货志》。
❸ 《汉书·食货志》。

四升，户绢 2 匹、绵 2 斤，余皆不得擅兴。晋武帝（265～290 年在位）统一国家后，于 280 年颁布《占田令》，规定：丁男（16～60 岁）按 50 亩缴田租，丁女按 20 亩缴田租。如户主为次丁男（13～15 岁，61～65 岁）按 25 亩缴租，为次丁女的不缴租。50 亩，收租税 4 斛，即每亩 8 升。除田租外，还要缴纳户调。丁男做户主的，每年缴绢 3 匹、绵 3 斤；户主是女的或次丁男的，户调折半交纳。晋武帝死后，内乱即起，这个《占田令》并没有得到长久实施。南朝赋税苛重混乱。北魏实行均田制。北魏太和九年（485）颁布《均田令》。15 岁以上的男子授种植谷物的露田 40 亩，妇人 20 亩；男子每人授种植树木的桑田 20 亩，产麻地方男子授麻田 10 亩，妇人 5 亩。次年，颁布征收租调的法令，规定一夫一妇每年交纳租粟 2 石调帛 1 匹，15 岁以上的未婚男女 4 人、从事耕织的奴婢 8 人、耕牛 20 头，分别负担相当于一夫一妇的租调额。并建立"三长制"，即"五家立一邻长，五邻立一里长，五里立一党长"，责三长清查户籍、征收租调和徭役。丁男（21 岁为丁男）和 18 岁以上的中男，各受田 100 亩，其中 80 亩为口分田，20 亩为永业田。受田丁男，承担交纳赋税和服徭役的义务。

唐武德七年（624）颁布"租庸调法"，规定：每丁每年向国家交纳租粟 2 石；调随乡土所出，每年交纳绢（或绫）2 丈，绵 3 两；不产绵的地方，即纳布 2 丈 5 尺，麻 3 斤。此外，每丁每年还要服徭役 20 日，闰月加两日；如无徭役，则纳绢或布替代，每天折合绢 3 尺或布 3 尺 7 寸 5 分，叫作庸。如果政府额外加役，加 25 天，免调；加役 30 天，租调全免。每年的额外加役，最多不得超过 30 天。租庸调法还规定了依照灾情轻重，减免租庸调的具体办法。唐中叶，面临安史之乱以来的财政匮乏和尖锐的阶级斗争，统治者着手整理财赋制度。唐德宗建中元年（780），宰相杨炎制定了两税法。两税法的实行是土地兼并改变了土地占有状况在赋税制度上的反映。安史之乱后，百姓田地"多被殷富之家、官吏吞并"，❶ 以丁户为本的租庸调法不再适用。两税法从按人丁课税转到按财产课税，体现了赋税的发展规律。同时，它将各种捐税加以合并，分夏、秋两季征收，简化了税制，故宋、元、明、清皆兼采之。

宋朝王安石变法。其中，与赋税制度有关的法令，有方田均税法、募役法。熙宁四年（1071）八月由司农寺制定《方田均税条约》，分"方田"与"均税"两个部分。"方田"是每年九月由县长举办土地丈量，按土地肥瘠定为五等，"均税"是以"方田"丈量的结果为依据，制定税数。募役法，又称"免役法"，熙宁三年（1070）十二月，由司农寺拟定，开封府界试行，同年十月颁布全国实施。免役法废除原来按户等轮流充当州县差役的办法，改由州县官府自行出钱雇人应役。雇员所需经费，由民户按户分摊。原来不用负担差役的女户、寺观，也要缴纳半数的役钱，称为"助役钱"。

明万历九年（1581），首辅张居正在清丈全国土地的基础上，针对赋役制度的弊病，总结明朝中叶以来各地改革赋役制度的经验，在全国推行一条鞭法。一条鞭法上承唐朝两税法，下启清朝摊丁入亩，是中国赋役制度的一次重大变革。明朝中叶以后，《神宗实录·万历十八年二月》对一条鞭法的说明是："总括一县之赋役，量地计丁，一概征银，官为分解，雇役应付。"其内容要点是：第一，以县为单位，赋役合并，总为一项征收，改变过

---

❶ 《唐会要》卷85。

去赋、役分开征派的办法，简化了繁杂的徭役名目和摊派手续。第二，改变过去按户、丁派役为按人丁数和田粮数派役，部分地实行摊丁入亩。即派役时，既按丁又计地。各地丁粮派役的比例没有统一规定，例如河南邓州（今河南邓县）役银按"丁一粮三"比例编征，陕西白水县役银按"丁六粮四"比例征收。三，田赋中除政府规定地区仍征收米麦外，赋役一律征银，农民出银代役，官府雇人承应。四，赋役征收由地方官府直接办理，不再由里甲负责，"丁粮毕输于官"。❶

清廷入关后，宣布以明代的一条鞭法征派赋役，并免除一切杂派和"三饷"。但由于军需频繁，常常横征暴敛，杂派无穷。一条鞭法虽然把徭役银挪向地亩征派，但丁银从未被废除。康熙（1662~1722）时，人民的丁银负担极为繁重，山西等地每丁纳银至四两，甘肃巩昌至八九两。农民被迫逃亡，拒绝交纳丁银，以至于形成丁额无定，丁银难收。于是康熙五十一年宣布，以五十年（1711）全国的丁银额为准，以后额外添丁，不再多征，叫作"圣世滋丁，永不加赋"。清朝雍正帝时，实行"摊丁入亩"，把历代相沿的丁银平均摊入田赋中，征收统一赋税。简化了税收和稽征手续。是中国皇权专制社会后期赋役制度的一次重要改革。其主要内容为废除人头税。无地的农民和其他劳动者摆脱了千百年来的丁役负担；地主的赋税负担加重，也在一定程度上限制或缓和了土地兼并；而少地农民的负担则相对减轻。客观上放松了对最底层农民的人身控制，农民和手工业者从而可以自由迁徙，促进了劳动力流动。有利于调动广大农民和其他劳动者的生产积极性，促进社会生产的发展。

---

❶ 《明史·食货志二》。

历览中国皇权专制社会的赋税制度沿革，以两税法为主要标志，课税对象从以人丁为主，转向以田亩为主，税制从繁杂走向简化；以一条鞭法为主要标志，课税方式从实物地租为主，转向以货币地租为主；以"庸"为主要标志，农民从必须服徭役，发展为纳绢代役。这是顺应经济发展要求的必然结果，也是国家与各利益集团之间力量消长的必然结果。从公元前 356 年商鞅变法，以向国家交纳税收、承担军役或力役为条件承认私人占有和使用土地的合法性，一直到清朝，国家财政收入都主要由三部分组成：田赋、人头税和以盐铁为主的工商业收入。相对来说，盐铁类的工商收入在整个传统时代都处于补充的地位，财政收入的主体是田赋收入和人头税收入（不同时期有时以人为征收单位，有时以"户"为征收单位）。两税法之前，各类户口人丁税是财政收入的主体，田赋收入次之。两税法确立了田赋收入作为国家财政收入的基本原则，但从原则向实际的转化经历了漫长的岁月。明万历年间张居正实行"一条鞭法"以后，田赋和丁税并行，并逐渐成为主导。清雍正年间实行"摊丁入亩"，人头税正式退出了历史，田赋收入成为国家财政收入的真正主导财源（冯俏彬，2005）。

6.3.2　中国皇权专制社会的财政管理[*]

与财政收支相比，皇权专制社会历代的财政管理，如王室财政与国家财政的关系、中央与地方的财政关系更能说明财政的性质。与法国类似，中国皇权专制社会利益集团成员享有多种免除

---

　　[*]　本部分主要参考冯俏彬：《私人产权与公共财政》，中国财政经济出版社 2005 年版，第 133～135 页。

赋役的特权。与中世纪英法两国类似，王室财政与国家财政经常混库。

　　首先，皇权专制社会的大部分时期，王室财政与国家财政处于混合状态。《史记》卷三十《平准书》中记载，汉初"天下已平……量吏禄，度官用，以赋于民。而山川园池市井租税之人，自天子以至于封君汤沐邑，皆各为私奉养焉，不领于天下之经费"。颜师古注《汉书·百官公卿表》中也说："大司农供军国之用，少府以养天子也。"后世多以此作为证据说明早在汉代，我国王室财政和国家财政就分开了。但是，仅在汉武帝时期，少府监收盐铁之利的职能就划归了大司农。光武中兴以后，少府收取"山泽陂池之税"的职能也改属司农，少府卿仅仅"掌中服御诸物，衣服、宝货、珍膳之属"，相当于只执掌帝室的经费支出而已，已不再是一套独立的理财系统。全国财政是由司农统一打理，皇帝日常生活所需经费纳入国家财政支付。史书中再一次出现王室财政与国家财政的分离已是杨炎行两税法之时。❶此后，尽管历代保持着"大盈库""内库""太府"等皇帝金库的称谓，但基本上已经是仓库性质而不是理财系统了。大部分时期，王室财政与国家财政都处于混合状态，一般情况是由国家财政负责开支皇室生活费用，但有时也发生主管财政的大臣主动请求将国家经费置入皇室内库管理的事。如唐大历年间，鉴于京师豪强任意侵夺左藏库，主管财政的大臣建议将原属于其管理的金帛纳入皇帝的大盈库管理。元初，国家财政和宫廷财政虽然有不同的收支

---

　　❶　公元 799 年，在杨炎的建议下，唐德宗颁布诏书："凡财赋皆归左藏库（国库）……每岁于数中量进三五十万入大盈（天子内库），而度支先以全数闻。"（《旧唐书·杨炎传》）

系统，但这种区别并不太严格，不时发生两者之间的混同。至于明代，黄仁宇说"明代财政管理一个大的缺陷是皇帝的内库与公共资金混淆不清"，以至于"许多官员都坚信向民间加征的任何额外的税收不久以后都可能被皇帝挥霍浪费殆尽"。❶

因此，总的来说，皇权专制社会的大部分时间里，王室财政与国家财政的区别并不严格，这既有广袤中国需要一个共同拥戴的中心以保持统一和稳定的需要，也与全能主义皇权息息相关。皇权同时吸纳了行政权、立法权和执法权，当然也包括了制税权。

其次，中央横向财政管理的逐渐分权。从财政管理体制上看，总体上与同期政治体制的发展趋势保持同步（财政体制本身就是政治体制的一个组成部分）。横向上看，财政管理呈现出分权、逐渐趋于复杂化的特点。秦时，中央一级的财政职能权归于丞相。汉成帝设"大司马、大司空、大司徒"三公之后，财政收支方面的职能归于大司马，但财政监察权则归大司空。三省制度形成以后，尚书省下设吏、户、礼、兵、刑、工部，户部是财政方面的行政机关，户部尚书同其他五部一起同为尚书省的下属机构。此后一直到清代，机构都保持了这种基本格局。以明代为例，据黄仁宇描述：户部的编制有一名尚书、两名侍郎，下属十三清吏司分别对应帝国的十三个行省，每一个司中有三名到四名文官，但常有空缺。不仅直属于户部的服务性机构很少，而且各省也没有户部的分支机构。明代的户部"是一个大型的会计管理部门而不是一个执行机构"。在正常的情况下，户部的主要职责

---

❶ 黄仁宇：《十六世纪明代中国的财政与税收》，生活·读书·新知三联书店 2001 年版，第 236 页。

是负责解运银两和簿记。不仅不能控制财政支出，而且收入方面的职能也被肢解。军队、宫廷、工部、兵部、光禄寺的账目都是单独管理，户部只能进行很有限的调整，如有时改变物资和资金的起运地点、修订折纳比例、为皇帝提供财政建议等。至于户部尚书，则"必须时刻记得他只是皇帝的臣仆"，"多数时候，他们扮演着皇帝的财政顾问的角色"，而且"皇帝常常以很残酷的方式对待户部尚书，很少顾及他们的尊严"，大多数户部尚书未能善终。

最后，纵向财政管理上的逐渐集权。与财政管理横向上的分权趋势不同，纵向上，即中央与地方之间的财政关系则趋于明显的集权。宋代以前，地方一级政府拥有包含军、政、民、刑、财在内的完整的权力，宋以后上收到中央。与此相适应，汉朝时各封国有其独立的财政来源（封国内的山川园池租税收入，包括盐铁收入等），七王之乱后收归到中央，光武中兴以后转归地方各郡。在《后汉书》里有"郡国盐官铁官原属司农，中兴皆属郡县"的记载。❶ 唐天宝年间，各地节度使集军、民、政、财政、监察于一身，权高位重，财源丰厚。"安史之乱"后，唐宪宗李纯借势"分天下之赋以为三，一曰上供，二曰送使，三曰留州"，将地方财政收入一分为三。其中，上供是地方交给中央的部分，送使是地方按中央指令就近向诸节度使、观察使提供的军费，仅有留州部分为地方收入。三种收入都有定额，若有结余，全额上解中央，这意味着地方失去了财政收入方面的管理权限。北宋时期，宋太祖大力加强中央集权建设，把财政权从地方长官手中全面收归中央。他首先废除了地方向附近的军队提供财政收入的做

---

❶　《后汉书》卷三十六，《百官志·大司农》本注。

法，以防止地方与军队之间的勾结，然后加紧了对留州钱物的控制。开宝六年（973），宋太祖下诏，宣布"诸州旧属公使钱物尽数系省，毋得妄有支用"，从此建立了"统收统支"的财政管理体制。宋真宗时，分别确定了地方应向中央交纳的各项钱粮的定额，如米纲〔以淮南、江、浙、荆湖南、荆湖北路以至道二年（996）至景德二年（1005）终十年酌中之数定为年额，上供六百万石〕、银纲（以大中祥符元年以前最为多者立额）、钱纲、绢绵等。定额之后的"遗利则付之州县桩管"，相当于在地方设置中央金库的分库将上解后的余额存入作为财政后备金，用于"备边、河防及缓急支用"，非经朝廷批准，地方不得擅用。到了清朝，完备的国库系统已经建立起来了，分中央库藏（又分内府库藏和户部库藏）、地方库藏。地方库藏中最典型的是省直布政司库，其职责"为一省财赋总汇，各州县田赋、杂赋，除留存支用外，余悉输入"。❶

总之，中国皇权专制社会期间，与全能主义皇权相适应，财政方面呈现出明显的非公共性。这主要表现在：首先，政府是各类财政收入的唯一决定者，而且财政征收收入的过程中随处充满了任意性和不确定性；其次，财政支出方面尽管也有相当部分用于某种特殊的公共需要，如治理河道、抵御外敌等，但支出的目的是维护统治秩序，不是公众主动参与选择的结果；最后，财政管理上纵向的高度集中更确凿无疑地彰显出财政的集权性质。

通过研究两千多年间中国政治、公民社会与财政发展的主要轨迹，我们的基本认识是：在政治、社会与财政状况上，近代以

---

❶ 陈光焱、刘孝诚、叶青编著：《中国财政史》，中国财政经济出版社 2001 年版，第 321 页。

前的中国与中世纪法国更加接近，而与中世纪英国相去甚远。基于特殊的地缘政治压力和军事压力，加之特殊的大一统文化传统，中国很早就建立起高度集权的皇权专制国家。皇权同时吸纳了行政权、立法权和执法权，当然也包括了制税权，导致中国历史留下突出的"强国家"传统和人治传统，难以产生独立的公民社会要素，尽管以"王权止于县政"为代表的民间自治传统从未灭绝。由于没有公民社会来平衡和制约公权力，在中世纪英国发生的以贵族集团为主，与国王之间进行主权争夺并获胜，进而建立起宪政国家的故事在中国没有重演。其制度后果是赋税制度属于典型的非公共财政——"竭天下之财以餍一己之私"的王室财政，且历时更长。财政公共化程度低于中世纪法国，更低于中世纪英国。尽管如前所述，后两者中世纪财政形态总体上也未脱离王室财政。

7　变革中的中国当代公民社会
与公共财政

　　前面三章分别从正反两个方面检验了本书的基本假设：公民
社会是公共财政的必要条件和结构性动力。本章继续利用当代中
国的公民社会与公共财政发育状况检验该基本假设。与前面三章
有所区别的是，基于前文的基础性工作，本章的研究带有一定的
应用性。必须指出，中西公民社会与公共财政发育的历史条件、
外部环境和现实基础有重大区别，照抄照搬西方公民社会与公共
财政发育的经验和做法是不可取的。但当我国实施市场化取向改
革，特别是确立社会主义市场经济体制目标模式以来，我国公民
社会与公共财政发育的外部条件又和西方先行国家有一定的共通
性。在此意义上，英法等先行国家公民社会与公共财政发育的经
验和做法又是值得重视和借鉴的。本章将主要以当代中国为对
象，重点观察最近 30 多年来，以经济市场化、公共管理社会化
为导向的改革在公共领域、产权、非营利性事业、财政、治理等
方面所引起的变化。总的来说，经济市场化、公共管理社会化改
革带来了巨大的影响。经济体制上，已经从控制性的计划经济体
制逐渐过渡到初步完善的市场经济体制；产权结构上，已经从
"公有产权"为主逐渐过渡到"私有产权"比重显著上升、产权
清晰程度大大提高的过程；社会逐渐从国家中脱离出来，获得了

独立的自由空间与流动的自由资源；相对独立的社会力量如企业家阶层、个体户阶层以及知识阶层逐渐形成，这部分人在社区层次上对经济社会生活的参与明显增加，私营企业主更高层次的政治参与引人注目；公民社会自组织程度在增强，出现了包括行业协会、商会、文化体育协会、学术性的学会或协会、基金会、联谊会、俱乐部以及各种名目的草根组织等在内的非营利性组织；❶公共领域和非营利性事业得以扩展；公共政策的社会基础和社会过程明显加强。总之，中国公民社会的成长日益呈现出良好的势头，尽管其成长迄今仍在遭遇"强国家"传统形成的社会结构惯性和现实障碍的严格约束。上述深刻变化推动着财政形态由"国家财政"逐步向"公共财政"转型，推动着政府施政和社会治理模式向良政与善治转型，公民社会已经成为我国公共财政建设的主要推动力。

　　近代中国社会在帝制崩溃后有过一段短暂的社会自发现代化的政治环境，但很快又在"救亡压倒启蒙"的背景下重新回到国家主义的轨道上。1978 年以后，随着改革开放，公民社会的发展才开始重新获得空间。

7.1　改革开放以前的公民社会因素与财政

7.1.1　改革开放以前的公民社会因素：一个简要勾勒

　　进入近代以后，中国经历了一个社会激烈变革的时期。清末

---

❶　孙立平："改革以来中国社会结构的变迁"，载《中国社会科学》1994 年第 2 期。

洋务运动以来，工商业经济得到官府的推动。与此同时，政治统治权力走向衰弱，控制力大为降低。中国的乡村社会也在经历衰败，宗族逐渐松散化，一股离村脱序的浪潮掀起。由此，工商业经济在近代转型时期获得了从未有过的发展空间，开始了较快的发展。在经济转型的推动下，社会在思想、组织上都出现了一个小阳春式的状态。思想上，对皇权专制进行批判、要求个人解放的自治思潮扩展着公共领域和公共空间。光绪末年和宣统初年提倡"乡镇自治"，光绪三十四年（1908），晚清政府制定出中国历史上第一部《城镇乡自治章程》，轰轰烈烈的"清末立宪"运动就是在上述思潮直接影响下发生的。

帝制崩溃后，一批自由主义的知识分子也初步成长起来。政治力量甚至提出了联邦主义的主张。组织结构上，全国主要的城市中出现了历史上首次的结社繁荣，社会产生了众多新型的工业、商业、学会、协会、农会等组织，公共领域和公共空间进一步得以扩展。特别是民国时期，《东方》《民国时报》《新青年》《每周评论》等报刊如雨后春笋般涌现，公权力受到了一定监督。

然而，在民族危机感严重的背景下，中国的思想与政治又同时存在向国家主义复归的趋势。在思想上，从严复、梁启超到孙中山都在抨击宗族之弊的同时发展着某种国家主义倾向，在此潮流中的五四新文化运动也是反"儒"而不反"法"，没有清理具有深厚传统的国家主义。

20世纪20年代中期，以毛泽东为代表的中国共产党人注意到农民运动和中国革命的密切联系，即着手建立农民协会的工作。农民协会后来在动员和组织农民参与政治生活、土地改革和夺取政权等方面发挥了非常重要的作用。20世纪30年代起，中国共产党在其领导的中央苏区、抗日根据地与解放区进行了大量

民主政治实验，其中最为著名的是陕甘宁边区。1937 年 9 月，中
共中央将陕甘宁革命根据地改建为陕甘宁边区政府。它是一个边
区的自治性地方政府，中共中央赋予它的任务包括进行抗战动
员、民主政治建设和增进国防与民生等内容。1939 年 1 月召开的
陕甘宁边区第一届参议会，通过了边区自治性宪法文件《陕甘宁
边区抗战时期施政纲领》。规定陕甘宁边区政府机关，设边区、
县、乡三级，主要领导人由同级参议会选举产生。1946 年 4 月，
由陕甘宁边区第三届参议会通过的《陕甘宁边区宪法原则》规
定，"边区、县、乡人民代表大会（参议会）为人民管理政权机
关"；"乡代表会即直接执行政务机关"；"采用直接、普遍、平
等、无记名的选举制，健全民主集中制的政治机构，增强人民的
自治能力"；"保证人民言论、出版、集会、结社、信仰、居住、
迁徙与通信等多方面的自由"；"建立便利人民的司法制度，保障
人民有检举与告发任何工作人员的罪行之自由"❶；等等。"延安
的民主政治实验中浓墨重彩的一笔是中共领导的'三三制'政权
的成功实践。1940 ~ 1941 年，'三三制'在边区及各敌后抗日根
据地普遍开始推行，曾出现当被选举出来的共产党员超过 1/3
时，中共成员主动退出政府或参议会"。❷ 延安的民主生活中比较
著名的还有认人投豆的"豆选"。陕甘宁边区民主政治中这些制
度和实践，夯实了中国共产党的公信力基础，对中国共产党的发
展壮大起到了非常重要的作用。

　　1949 年中华人民共和国成立以后，在国际"冷战"格局的外

---

❶　韩延龙：《中国新民主主义革命时期根据地法制文献选编》第 1 卷，
中国社会科学出版社 1981 年版，第 56 页。

❷　李炜光："论延安时期的民主政治与民主财政实践"，载《现代财
经》2001 年第 7 期，第 4 页。

部压力和国内政治重塑的双重驱动下，形成了既区别于皇权专制社会，又与苏联体制不同的国家形态。按邹谠的观点，这一国家形态的特征是，政治权力可以侵入社会的各个领域和个人生活的诸多方面，在原则上它不受诸多方面的限制，❶ 社会独立空间有所丧失。与这一国家形态相匹配，新中国成立后，较快地消灭了私有产权制度。1958 年以后，户籍管制、统购统销、人民公社制度和城市的单位制度，共同规定着中国的社会结构，建基于四项制度的身份制度主导了社会集团区隔。但各个社会集团内部具有很强的同质性，阶层分化并不严重；各个集团之间社会封闭性强，社会流动缓慢，公民权赖以产生的社会分化机制没有确立。"文革"期间，更是经历了全社会的高度政治化。

总之，近代以来至改革开放，尽管存在沉重的历史传统，中国公民社会还是获得了一定发展。受清末自治风潮的影响，民国时期社会的自主性有所提高，公共领域有所扩展，商业和私人产权有所发育，甚至出现过结社高峰；陕甘宁边区的民主自治实验也积累了宝贵经验。但新中国成立后至改革开放前，复杂的国际国内环境促使国家政权层级增加，民主自治传统式微。

7.1.2　改革开放以前的国家财政

1978 年以前，我国主要实行高度集中统一型的财政体制，在财政形态上属于典型的"国家财政"。财权主要集中于中央政府，地方政府与企业的自主权很小。这种体制的基本框架形成于新中

---

❶ 邹谠：《二十世纪中国政治——从宏观历史与微观行动的角度看》，（香港）牛津大学出版社 1994 年版，第 223 页。

国成立初期，它是为适应当时特殊的外部压力和国内政治经济重塑而建立的。

1949～1952 年，财政的目标主要有两个：一是应付军费开支；二是恢复国民经济。前者更加优先。为了适应财政目标的要求，财力分散的格局迅速被打破，财力集中型的国家财政制度确立起来，其基本内容包括：统一全国财政收支，统一全国物资调度，统一全国现金管理。1953 年，中国开始实行第一个五年计划，需要集中主要力量进行以 156 个项目为代表的重点项目建设，尽快建立社会主义中国独立的工业化体系。国家财政的目标主要是筹集建设资金支持工业化，财政形态由革命根据地时期的供给型财政转为生产建设型财政（贾康，2005）。此后，在整个计划经济时期，财政的目标主要是为生产建设筹集资金，满足全能型国家的各项职能实现的要求。

在高度集中统一的计划经济体制时期，国家全面介入并直接管理经济活动。整个国家成为一个大公司，政府是这个大公司的董事长兼总经理，所有的部门，无论何种性质，都成为国家公司中的组成部分，形成了政府对企业乃至全社会的"条块分割的行政隶属关系控制体系"（贾康，1994）。此时，财政基本成为贯彻国家计划的账房。1956 年社会主义改造完成后，公有制经济在整个国民经济中占据绝对统治地位，且公有制经济又是以国有经济为主体的。相应地，企业财务成为国家财政的主要组成部分，国有企业财务更是国家财政的大动脉。国家对国有企业实行的是一种统收统支的制度。企业实现利润要全部上缴财政，甚至包括折旧基金；企业扩大再生产的资金全部由财政无偿提供。企业的产供销和人财物处于国家的高度控制下，成为国家公司的一个车间。

经过 1953 年、1958 年、1973 年数次以简化税制为导向的税制改革，尤其是 1958 年的改革，新中国成立初的复合税制已经转变为单一税制。有限的几个税种基本上从人们的视野中消失了，国家财政收入的主要来源是国有企业上交的利润。国有经济向国家提供的财政收入 1951 年为 59.74 亿元，占 47.5%；1952 年为 101.01 亿元，占 58.1%。国家成为全社会资产的所有者和经营者，经济被政治吸纳，产权与政权高度统合。计划经济体制时期的财政，作用空间不仅仅是公共产品，还大量介入私人产品的生产和提供，财政职能"大而宽"。

这种控制性体制的低效很快暴露无遗。实施不久，中央就不得不尝试对其进行一定程度的修正。但截至 1979 年，修正主要在体制内，即在中央与地方之间进行"行政性分权"。以"政企分开，两权分离"为代表的"经济性分权"的思路暂未进入人们的视野。伴随着"行政性分权"，财权始终在中央与地方之间进行着收收放放的探索，并且成为改革开放前财政体制改革的主要基调。

贾康认为，1980 年前，我国财政体制最少有 8 次较大的调整：❶

（1）1950 年，改变长期革命战争中财经工作分散管理的局面，实行高度集中、"统收统支"的财政管理体制。

（2）1954 年前后，在前期提出"分级管理，高度集中"已有所松动的基础上，实行收入分类分成（将财政收入划为中央、地方的固定收入与固定比例分成收入和中央调剂收入），支出按

---

❶ 贾康："我国财政体制改革的回顾与评析"，载《财经科学》1999 年第 5 期。

隶属关系编制预算，地方预算每年由中央核定的"划分收支，分级管理"体制进行。

（3）1958年，随着下放企业财权，实行"以收定支，五年不变"的财政管理体制，规定地方可在5年内按照收入情况自行安排支出。但由于经济出现问题，这一体制只执行了一年。

（4）1961年，以1959年开始实行的"总额分成，一年一变"体制为格式，与调整时期上划企业等措施相配合，重新将财权向中央集中，扩大中央固定收入，基建支出全归中央专案拨款。这一体制在1965年之后作过一些旨在"调动地方积极性"的小改进，除了在"文革"的非常时期（1968）暂时实行"收支两条线"（收入全部上缴，支出由中央分配）外，一直执行到1970年。

（5）1971年再次下放企业，下放财权，实行"收支包干"的财政管理体制，扩大地方财政的收支范围，按核定的绝对数包干，超收全部留归地方。

（6）1974年，在经济受"文革"严重破坏的情况下，"包干"体制已执行不下去，改行"收入按固定比例留成，超收另定分成比例，支出按指标包干"的体制，简称"旱涝保收"体制。

（7）1976年，为解决固定比例留成体制收支不挂钩、不能体现地方财政权责关系的问题，再次实行"收支挂钩，总额分成，一年一变"的财政管理体制。1978年，还在部分省市试行了"增收分成"办法。

（8）1980年，在经济体制改革中，中央又一次下放财权，并按照经济管理体制规定的隶属关系，明确划分中央财政和地方财政的收支范围，实行"划分收支，分级包干"的财政管理体制，简称"分灶吃饭"体制。

这些调整中特别值得一提的是 1958 年那次，当年我国将 80% 左右的中央企业下放给地方管理，调整的主要内容与后来实施的"分灶吃饭"办法有相似之处，"收支自求平衡"意味着地方政府于中央划定的收支范围内拥有自主权。这次调整首次对高度集中的统收统支体制实现了突破。另外，为调动地方、部门、企业的积极性，很早在统收统支体制之外形成了预算外财力，虽不规范，但在一定程度上分担了政府的困难。但总的来看，上述 8 次财政体制调整始终是在"收权"和"放权"之间循环，对集中型体制没有实质性突破。因此，1978 年以前，我国财政体制的基本特征是高度集中统一型体制，地方财政和企业的自主权非常有限，这是由当时高度集中的经济体制决定的。

可以看出，改革开放前的中国，经济领域高度政治化，独立的经济主体被消灭，国家集产权与政权于一身，且社会控制较为严密。与之相应，标示国家与社会、政府与公民之间经济关系的税收范畴式微，以公有制财政、生产建设财政和吃饭财政为特征的"国家财政"臻于极致。出于技术、信息等方面的制约以及对效率、社会整合的追求，中央政府向地方政府下放了部分财权。因此改革的主旋律是行政性分权。这种体制内自我调节式的改革不仅贯穿整个计划经济时期，而且成为市场化改革启动后财政变革的主线（冯俏彬，2005），以致财政变革未能触及财政公共化的灵魂。

7.2 改革开放以来公民社会的发育

改革开放以后，国家放弃了以阶级斗争为纲，转向以经济建设为中心的目标。经济市场化、公共管理社会化改革带来了巨大的影响。经济体制上，已经从控制性的计划经济体制逐渐过渡到初步完善的市场经济体制；产权结构上，已经从"公有产权"为主逐渐过渡到"私有产权"比重显著上升、产权清晰程度大大提高的过程；社会逐渐从国家中脱离出来，获得了独立的自由空间与流动的自由资源；在党的"多种所有制经济共同发展"的政策激励下，相对独立的社会力量如企业家阶层、个体户阶层以及知识阶层逐渐形成，在社区的层次上，这部分人对经济社会生活的参与明显增加，私营企业主更高层次的政治参与引人注目；公民社会自组织程度在增强，出现了包括行业协会、商会、文化体育协会、学术性的学会或协会、基金会、联谊会、俱乐部以及各种名目的草根组织等在内的非营利性组织；❶ 公共领域和非营利性事业得以扩展；公民权有所扩展，公民参与的规模得到了扩展，公共政策中日益加入社会和民众因素。总之，在国家政策支持下，中国公民社会的成长愈发呈现出良好的势头。

　　公共风险和危机往往是经济社会变革的重要节点和契机，公民社会的成长也是这样。在汶川和玉树地震、怒江水电开发事件、厦门 PX 项目事件、圆明园"防渗膜事件"、中华文化标志城事件、广州"散步"反焚事件等近年来焦点公共事件中，人们清晰地看到，得益于改革开放，公民意识和公民权利在成长，公共领域和公共空间在扩展，非政府组织在行动。中国公民社会的兴起和发展已经成为当代中国引人注目的一个事实。这也是改革开放红利社会化扩展的自然结果。许多人都开始对中国公民社会的前景充满乐观。

---

　　❶ 孙立平："改革以来中国社会结构的变迁"，载《中国社会科学》1994 年第 2 期。

下面分别以市场机制和私人产权发育、非营利性事业的发展两个方面为例考察改革开放以来公民社会的发育。

7.2.1 市场机制、私人产权的发育与私营企业主阶层的政治参与

生存危机和财政压力是 20 世纪 80 年代中国实施改革开放的主要原因。农民自发改革的红利，诱导政府将经济目标而不再是阶级斗争移入政治行动的中心，在保持政治和组织人事上集中制度的同时把市场激励引入了地方行政系统，财政分权下的竞争促进了民营经济的崛起，大大促进了经济发展（孙凤仪，2009）。特别是 1988 年实行财政包干制后，地方政府"公司化"，获得了公共经济的剩余控制权，刺激地方政府之间展开激烈竞争，加速了公有制企业民营化；中央和地方政府围绕分成讨价还价的过程最终迫使计划经济走上了"双轨制"。这样，中国以特有的"增量改革"方式引入了市场机制。改革红利和补偿的帕累托改进强化了市场化进程并使之变得不可逆。1992年后，市场化进程提速。迄今为止，我国已形成市场主体多元发展、市场体系比较完备、市场机制在资源配置中起基础性作用的比较健全的社会主义市场经济体制。特别是多种所有制形式和分配方式的确立，劳动力和其他生产要素流动大大加快，原有的单位社会开始高度分化和整合。人们的独立性增强，在追求个体自治的同时又关注与民生相关的公共利益，公民共和主义逐渐复苏。多元化的交往方式、活动方式和平等竞争，又使人们彼此以较为宽容的心态来看待各种价值观差异，尊重、宽容、参与的公民性在社会层面逐渐出现。市场交易的主要内容就是产权，私人产权随着市场的扩展和分工的细化快速发展

起来。市场经济的发展不仅形成了独立的私人领域，而且为公共领域和志愿活动提供了经济基础。

30 余年来的改革，一定意义上是一个非国有化的过程。民营企业成为改革开放的生力军。近年来，民营经济❶仍表现出良好的发展态势，在企业的数量、注册资本金的投入、企业利润的实现、国家税收的完成情况等多方面的增长率都高于全国企业平均水平，大大促进了整个国民经济的健康发展与和谐社会的建构。自中共"十六大"明确了其政治地位以来，私营企业主在继续努力保持企业快速成长的同时，自身在政治参与方面的需求也愈益显露出来。具体来说：

第一，数量上民营企业继续增长。截至 2008 年年底，私营企业的登记注册数量达到 657.42 万户，比 2007 年年底增加了 54.37 万户，增长了 9.0%；个体工商户达到了 2 917.3 万户，比 2007 年年底增加了 175.8 万户，增长了 6.4%（见表 7-1）。从 2002 年至 2008 年，个体工商户不仅在户数上持续增加，并且增长率连续 6 年表现出明显的上升态势。

第二，资金规模上民营企业连续大幅增加。截至 2008 年年底，在注册资金方面，私营企业达到 11.74 万亿元，比 2007 年年底增加了 2.35 万亿元，增长了 25%；个体工商户达到了 9 006亿元，比 2007 年年底增加了 1 655.2亿元，增长了 22.52%（见

---

❶ 本书参考全国工商联黄孟复主编《中国民营经济发展报告（2008~2009）》关于民营经济的定义：①指广义民营经济，系除了国有及国有控股企业以外的多种所有制经济的统称；②内资民营经济，指广义民营经济减去港澳台资和外资企业，包括集体企业、个体户、私营企业和其他私人控股的混合经济；③狭义民营经济，单指个体、私营经济。一般情况下采用定义③。

表 7-2)。虽然受国际金融危机的影响，2008 年的国内经济下行压力增大，可是私营企业的注册资金增长率还是比经济形势最好时期的 2006 年、2007 年略高；个体工商户的注册资金增长率比 2007 年增加了 8.92%。

表 7-1　2002~2008 年个体、私营企业户数及增长率

年份	私营企业户数 （万户）	增长率（%）	个体工商户户数 （万户）	增长率（%）
2002	263.83	20	2 377.5	-2.3
2003	328.72	24.6	2 353.2	-1
2004	402.41	22.4	2 350.5	-0.1
2005	471.95	17.3	2 463.9	4.8
2006	544.14	15.3	2 595.6	5.3
2007	603.05	10.8	2 741.5	5.6
2008	657.42	9	2 917.3	6.4

注：①表中历年私营企业户数均包含分支机构数量；②数据来源于国家工商行政管理总局。

资料来源：黄孟复，《中国民营经济发展报告（2008~2009）》，社科文献出版社 2009 年版。

第三，投资方面民营企业快速增长。在全社会固定资产投资中的比重，私营企业投资逐年增加，而国有经济投资逐年下降。到 2008 年年底，固定资产投资方面，民营企业达到 11.18 万亿元，同比增加了 2.65 万亿元，增长了 31.07%，比国有经济的增幅高出 11.07%，也比外资企业的增幅高出 25.54%。

表 7 – 2　2002 ~ 2008 年个体、私营企业注册资金数额及增长率

年份	私营企业注册资金 （万亿元）	增长率 （%）	个体工商户注册资金 （亿元）	增长率 （%）
2002	2.48	35.9	3 782.4	10.1
2003	3.53	42.3	4 187	10.7
2004	4.79	35.7	5 057.9	20.8
2005	6.13	28	5 809.5	14.9
2006	7.6	24	6 468.8	11.3
2007	9.39	23.6	7 350.8	13.6
2008	11.74	25	9 006	22.52

注：①表中历年私营企业户数均包含分支机构数量；②数据来源于国家工商行政
管理总局。

资料来源：黄孟复，《中国民营经济发展报告（2008 ~ 2009）》，社科文献出版社
2009 年版。

第四，税收上民营经济快速增长，但纵向回落明显。到 2008
年年底，私营经济税收总额达到 5 873.68 亿元，同比增长了
23.1%，在全部税收中的比重占到 10.2%，比 2007 年提高
0.6%；个体经济税收总额达到 1 988.68 亿元，同比增长了 34%，
在全部税收中的比重占到 3.4%，比 2007 年提高 0.4%。而 2009
年第一季度，全国税收总额达到 14 063.9 亿元，首次出现 6.9%
的负增长，其中私营经济税收总额完成 1 441.82 亿元，同比下降
3.8%，比全国增长率少下降 3.1%，比国有企业增长率少下降
12.1%（见表 7 – 3、表 7 –4）。

表7-3　2000~2009年中国民营经济税收状况

时间	税收收入（亿元）	私营经济		个体经济		民营经济	
		绝对数（亿元）	占比（%）	绝对数（亿元）	占比（%）	绝对数（亿元）	占比（%）
2000 年	11 855.78	414.42	3.5	762.7	6.4	1 177.12	9.9
2005 年	30 308.78	2 715.96	9	1 385.67	4.6	4 101.63	13.5
2006 年	36 949.59	3 505.22	9.5	1 663.51	4.5	5 168.73	14
2007 年	49 449.29	4 771.51	9.6	1 484.26	3	6 255.77	12.7
2008 年	57 862.39	5 873.68	10.2	1 988.68	3.4	7 862.36	13.6
2009 年第一季度	14 063.9	1 441.82	10.3	477.13	3.4	1 918.95	13.6

　　资料来源：历年《中国税务年鉴》。税收收入不含农税和关税，含海关代征两税（下同）。2008年和2009年第一季度数字来自国家税务总局计划统计司《税收月报快报2008（12）》《税收月报快报2009（3）》。

表7-4　2000~2009年各种经济成分税收总额及增长率

指　标		2000 年	2005 年	5 年平均增长率	2006 年	2007 年	2008 年	2009 年第一季度
国有企业	税收总额（亿元）	5 399.9	7 487.9	—	8 061.7	9 512.1	10 000.98	2 323.13
	增长率（%）	—	9.3	6.8	7.7	18	5.1	-15.9
内资民营	税收总额（亿元）	5 049.1	17 029.4	—	21 624.2	30 031.4	33 772.19	8 646.54
	增长率（%）	—	31.2	27.5	27	38.9	12.5	-5.9
私营企业	税收总额（亿元）	414.42	2 715.96	—	3 505.22	4 771.51	5 873.68	1 441.82
	增长率（%）	—	36.1	45.3	28.6	36.1	23.1	-3.8
个体	税收总额（亿元）	762.7	1 385.7	—	1 194.7	1 484.26	1 988.68	477.13
	增长率（%）	—	14.3	12.7		24.2	34	-9.1
外资企业	税收总额（亿元）	2 216.7	6 348.5	—	7 950.4	9 905.8	11 960.85	3 094.23
	增长率（%）	—	18.5	23.4	25.2	24.6	20.7	-0.8
全国	税收总额（亿元）	12 665.8	30 865.8	—	37 636.3	49 449.3	57 862.39	14 063.9
	增长率（%）	—	20	19.5	21.9	31.4	17	-6.9

　　注：①2006年个体经营税中不含利息所得税，统计口径与前期和表7-3不同，因此无法与前期数据和表7-3进行比较；②根据国家税务总局资料计算整理和笔者的计算；③2009年第一季度增长率为同期比较。

　　资料来源：黄孟复，《中国民营经济发展报告（2008~2009）》，社科文献出版社2009年版。

　　第五，在政治参与上私营企业主阶层开始介入。中共"十七大"报告要求，要从各个层次、各个领域扩大公民的有序政治参与。所谓政治参与，乃是公民为了争取、实现和维护自己的切身利益，通过各种合法的渠道或自发的方式，参与社会政治生活并试图影响政治系统决策过程的活动。私营企业主阶层参与政治活动，是为了维护和实现自身的物质利益和精神利益。追求经济利益最大化，是私营企业主阶层目前从事各种政治活动的出发点和落脚点。作为一个曾经在中国政治舞台上处于边缘地位、身份模糊的利益群体，他们很在意公众的评价，很在意自己的社会声誉。目前，捐助社会公益事业已成为私营企业主提高自己社会声望的重要内容。随着经济实力的增强和阶层队伍的扩大，私营企业主阶层中的代表人士一定会提出相应的愿望和要求，并通过一定途径和形式实现政治参与，以表达本阶层的意愿。少数经济实力较强、综合素质较高、可以超脱企业日常管理的有实力、有知识、有闲暇的人士，在寻找机会和方式反映其政治要求。有这类要求的私营企业主，有的已经直接地参与政治生活，并已经获得不同层次的政治安排。如进入各级人民代表大会或政治协商会议，或者在工商联、青联、妇联等社会团体中担任一定的职务。他们积极参与各种政治活动，努力发出自己的声音，一定程度上完善了中国公共政策的基础结构。

　　总之，改革开放以来，随着我国工业化的加速推进，社会分化成为一个必然的过程，市场成为相对独立的提供资源和机会的源泉之一，私有产权的发育确保了个人自治，同时致使政府对资源的控制放松，个人对国家的依附性下降，私营企业主阶层的政治参与悄悄改善着政治生态，这些均有利于实现良政与善治。

7.2.2 非营利性事业的发展

首先值得一提的是志愿者服务事业。改革开放 30 余年来，我国志愿者服务事业经历了从无到有、逐渐发展壮大的过程。到今天，志愿者运动在我国已形成热潮。据有关统计，自 1993 年年底团中央发起实施青年志愿者行动以来，志愿服务已在全国范围开展 16 年，按照《中国注册志愿者管理办法》进行规范注册的志愿者人数达到 3 047 万人；累计已有 4.03 亿多人次的青年和社会公众为社会提供了超过 83 亿小时的志愿服务；全国 90% 以上地市（市、州、盟），80% 以上的县（区、市）以及 1 968 所高校成立了青年志愿者协会；在各级党政和人大的支持下，在共青团组织的积极推动下，广东、山东、福建、河南、黑龙江、吉林、宁夏、湖北、江苏、北京、浙江、天津、江西、新疆、海南、上海、四川等 17 个省（区、市、自治区）和宁波、杭州、成都、深圳、南京、济南、青岛 7 个副省级城市以及抚顺、银川、淄博 3 个市相继颁布实施了志愿服务地方性法规。❶ 我国的志愿者在环境保护、社区服务、社会治安、慈善、国际援助、国际合作、扶贫等方面均为社会和国家作出了重要贡献。尤其是经过抗震救灾、奥运会、服务西部、援助非洲、防治艾滋病等志愿服务工作的洗礼，他们更加成熟了。

30 余年来，政府逐步转变职能，向社会放权。在大部分微观领域，如生产、经营、文化、学术等活动中，政府不再履行直接的管理职能，而是将这些职能通过授权转交给相关的社会组织或民间组织，如一些行业协会、商会组织、同业组织等，政府则主

---

❶ 中国共青团网 2009 年 12 月 6 日讯。

要负责政策和法规的制定。1988 年，我国政府将民间组织管理的职能交给民政部门。1989 年，我国政府颁布了《社会团体登记管理条例》，对各种民间组织进行了重新登记和清理。1996 年，我国政府决定对民办非企业单位进行依法归口登记管理。1998 年 10 月，国务院进行修订后又颁布了新的《社会团体登记管理条例》，同时还第一次颁布了《民办非企业单位管理条例》。这两个条例确立了目前中国政府管理民间组织的基本框架，形成了"分级登记，双重管理"的模式。至此，中国的民间组织概念、类型和内涵基本形成。由社会团体（包括基金会）和民办非企业单位共同组成的民间组织，已成为中国最具发展潜力的社会组织之一。自 1989 年以来，随着市场经济的发展和民主政治的发展，中国民间组织开始了"爆炸式增长"。据统计，1989 年在民政部门登记的只有 4 446 个，但截至 2002 年年底，我国共登记的民间组织已发展到 13.3 万个，比上年增加 3.1%。其中，全国性及跨省、自治区、直辖市的社团 1 712 个，比上年增加了 25 个；省级及省内跨地（市）域活动的社团 20 069 个，比上年增加了 529 个；地市及县以上活动的社团 52 386 个，比上年增加了 1 753 个；民办非企业单位作为一种新的社会组织形式得到了蓬勃的发展，在各项社会活动中发挥着日益重要的作用。到 2004 年，中国经过注册登记的社会组织总计 26 万多个，其中全国经过民政部门登记的社会团体 14.2 万个、民办非企业单位 12.4 万个、基金会 1 200 多个。截至 2007 年 9 月底，社会组织总计 36 万多个，包括社会团体 19.5 万个，民办非企业单位 16.4 万个，基金会 1 245 个。根据民政部 2012 年第三季度统计，全国总计社会团体 25.9 万个、民办非企业单位 20.9 万个、基金会 2 793 个，呈现出平稳较快的增长趋势。但上述数据仅仅是指在民政部门经过正式登记的组织。

除此之外，由于种种原因，现实中还存在大量未能正式登记的民间组织。比如，农村中的各种养殖协会、玉米种植协会等，松散联盟型的一些组织，为农民提供服务性质的，发育程度还不高的一些组织以及民间自发的一些组织等。上述数据也没有包括在工商局以公司和咨询事务所名义注册的组织。早在 2010 年，据保守估计，中国的 NGO 已达到 300 万个。❶ 这种鲜明的个人社团化趋势是符合现代社会治理规律的，善治的本质就是政府与公民社会的良好合作。

不过，由于较长时期内，社会组织注册登记的前提是政府部门作为业务主管单位，因而政府组建、为政府帮手的"政府办社会组织"仍然占有相当比例。而许多民办的志愿组织，尚难以获得法律的认可。横向比较来看，日本平均 400 人、美国平均不到 200 人、英国平均 100 人就拥有一个公民社会组织，而中国平均 4 000 人才有一个社会组织。即使将未获得法律认可的草根组织纳入，也平均约 2 000 人才拥有一个组织。可见中国的公民社会组织处在快速生长但仍相当不足的阶段。在公民社会组织的社会功能方面，整体上处于提供辅助服务的初级阶段，其作为治理主体的地位，以及倡导功能的效力，尚没有明显呈现。公民社会组织的社会功能可以集中概括为两方面：一方面是直接提供公共服务，另一方面是通过影响公共政策提升公共利益，促进政府和企业履行社会责任，即发挥公共政策的倡导作用。倡导已被视为公民社会组织发挥社会作用的灵魂。与政治敏感性的顾虑相关，中国的公民社会组织倾向于单纯提供社会服务，特别是助残帮困等

---

❶ 兰方："中国 NGO 等待'特区'"，载《新世纪》2010 年第 21 期，第 11 页。

辅助性社会服务，而尽量避免倡导行为。专门从事政策倡导的倡导类公民社会组织就更少了，只有在环境政策倡导等与国际大背景和中国政府政策相一致的领域才较活跃。当然，民间组织已经在某些公共服务领域发挥了极为重要的作用。比如，中华慈善总会、中国扶贫基金会、南都基金会、宋庆龄基金会、中国青少年发展基金会等民间组织在帮助失学儿童、救济灾民和贫民方面卓有成效，增加了公民对社会的认同感。此外，在公民参与、公民社会组织、联盟和网络、国际联系、部门关系与合作、公民社会支持性平台等每一个纽带的弱节点上，都在发生新的推进。❶ 值得特别指出，2012 年，中国社会组织的政策环境发生了可喜的变化。党的"十八大"报告提出了社会建设和社会体制改革的重要目标，要求"加快形成政社分开、权责明确、依法自治的现代社会组织体制"；各地通过转移职能、购买服务、税收优惠等方式，为社会组织发展创造良好环境。❷ 民间长期十分关注的社会组织直接登记取得新突破。民政部民间组织管理局把直接登记对象自非公募基金会扩展至社团与民办非企业单位，全年直接登记了 18 个全国性社会组织。目前，广东、深圳已经全面展开社会组织直接登记，青海等 18 个省（市）业已启动直接登记。

　　总之，中国公民社会已经初步形成。它具有公民社会的一般特征：它的相对独立性和自主性有所增强；它的主体是非政府和非营利性的民间组织；它和市场经济与民主政治相互呼应；它日益深入地参与公共事务和公共服务。当然，中国公民社会也有自

---

❶　贾西津："中国公民社会图纲"，载 http：//www. ccpg. org. cn/Article/ShowArticle. asp？ArticleID＝390&Page＝2；2010 年 6 月 28 日访问。

❷　高一村："社会组织生态 2012"，载《中国社会组织》2013 年第 1 期。

己的独特之处：目前许多中国公民社会组织是"官民合办"的，带有法团主义性质，中国公民社会的参与性重于独立性。这与"强国家"传统形成的路径依赖息息相关。

7.3 公民社会推动公共财政成长：若干案例与思考

与经济体制改革一样，中国财政制度改革最初并没有明确的目标。初期的改革是在直接吸取了改革开放前一些经验教训的基础之上进行的。随着改革过程中利益主体多元化格局的形成，中国财政制度改革主要是在不断地响应各利益主体的要求下自上而下进行的。改革开放以来，我国财政公共化取向的改革进程沿着三条主线进行：其一，国有企业改革和国有资产管理体制改革，表现为财政从一般竞争性领域中逐渐退出，国有企业实行所有权与经营权分离，政企分开，政资分开；其二，财政分权导向下的财政体制改革，表现为分税制改革和与之相应的税制改革以及转移支付改革，地方获得了较大的自主性，财政与企业财务分开；其三，公共财政的基本制度即公共预算制度改革，表现为建立和完善包括公共预算、国有资本经营预算、社会保险基金预算和政府性基金预算在内的复式预算制度，实行部门预算、国库集中收付、政府集中采购和绩效预算等预算制度配套改革（钟晓敏、金戈，2009）。这个进程有几个重要的节点：1983 年、1984 年的两步"利改税"改革，1994 年的分税制改革，以及 1999 年起的部门预算、国库集中收付和政府采购改革。这个进程标志着中国已经启动了从"自有国家"向"税收国家和预算国家"的转型（王绍光、马骏，2008）。

应该承认，虑及改革的起点和中国的复杂国情，上述财政公共化改革的成就❶是非常重要的，并且为地方政府和市场提供了重要激励。但总体来看，改革开放以来，我国财政公共化进展并不快。上述改革基本属于政府内部资产管理、预算管理改革和支出制度建设，重在政府内部建立预算的行政控制。即便学界和实务界均十分看重的部门预算、国库集中收付、政府集中采购等预算制度改革也仅仅为公共财政提供了部分制度基础，至少还缺少一套以人大对预算实施实质性审查为基础的、程序化的、公众参与的民主审查预算制度和一套科学的绩效评价制度（最近两年有重要改观）。真正触及公共财政灵魂的预算政治过程和政治控制刚刚启动，公众偏好显示和传递机制在财政决策中的主导作用尚未形成。因此，真正意义上的公共财政建设刚刚展开。而且标志这些进展并急切寻求进一步突破的改革当前主要来自两种渠道。一种是原来由上往下的预算管理改革的深化与拓展，温家宝总理2010～2013年连续四年政府工作报告都将推进预算公开透明作为重要内容，坚决推进"三公"经费（公务接待、公务车购置使用、因公出国出境经费）公开。他著文提出"大力推进预算决算公开，进一步扩大公开范围，细化公开内容"，"更好地接受社会监督"。❷ 2012年3月26日，在国务院廉政工作会议上，温家宝总理强调"深入推进政务公开，创造条件让人民群众监督政府"。❸ 在中央政府的大力推动下，截至2012年7月20日，已有至少98个中央部门和部分省市向社会公开了2011年度部门决算

---

❶　这方面更详尽的分析可参阅贾康、赵全厚：《中国财税体制改革30年回顾与展望》，人民出版社2008年版，第2、第4、第5、第8章。
❷　温家宝："让权力在阳光下运行"，载《求是》2012年第8期。
❸　中国政府网，2012年3月26日。

和"三公"经费的情况，且数据比上年更加全面详细。❶ 2013 年 3 月 17 日，新任国务院总理李克强答记者问时庄严承诺：本届政府内，一是政府性的楼堂馆所一律不得新建；二是财政供养的人员只减不增；三是公费接待、公费出国、公费购车只减不增。这三条中央政府要带头做起，一级做给一级看。❷ 2013 年 3 月 26 日，国务院召开新一届政府首次廉政工作会议，李克强总理再次重申要着力建立一个廉洁政府，"建立公开、透明、规范、完整的预算制度，把政府的所有收入和支出都纳入预算，形成强有力的约束机制。一个不透明、预算不细化的政府就有可能是不受监督的政府，而一个不受监督的政府，很难成为廉洁的政府。让权力的运行公开、透明，这是廉洁政府建设的重要保障。公开透明是现代政府的基本特征，也是最有效的防腐剂。让权力在法治的轨道上进行，以完善的市场规则和严格的法律制度，来约束和规范权力运行和政府行为，从源头上最大限度地遏制滥用权力、以权谋私和权钱交易等腐败现象"。❸ 2013 年 4 月 12 日，李克强总理主持新一届政府首次经济形势座谈会，指出："目前，我们要先推动预算改革，树立公信力，再谈进一步推动其他方面改革的问题。"❹ 改革开放以来的历史已经反复证明，我国最高决策层的政治决心，对于重大改革的推进和突破极为重要。另一种是由下

---

❶ 倪思洁："三公经费公开有四大期待"，载《人民日报》2012 年 8 月 1 日。

❷ "李克强答中外记者问"，载《人民日报》海外版 2013 年 3 月 18 日。

❸ 李克强："要给权力涂上防腐剂、紧箍咒"，中国网，2013 年 3 月 27 日访问。

❹ 人民网北京 2013 年 4 月 14 日电。

往上的渠道，比如，中国实践中涌现出由下往上发展、公众积极参与、条件成熟后继续向上延伸的参与式预算改革；纳税人和公民社会组织推动的财政公开和财政透明；纳税人公益诉讼；公共服务的非政府组织供给（包括政府向非政府组织购买公共服务）等。这些是财政公共化的重要生长点和主渠道，其动力主要来自公民社会。令人可喜的是，这两种渠道目前呈现出良性互动的局面。这种局面再次印证了我们前文的理论分析，即我国的公民社会与国家的关系与西方国家不同，绝不是"制衡"甚至"对立"的关系，而是"良性互动"与"合作"的关系。同时也印证了现代治理的一个基本共识：现代政府必须是一个公开透明的政府，必须是一个回应性政府。30 余年来，举凡我国取得成功的改革，几乎都经历了政府成功回应民间需求的过程。

7.3.1 纳税人有权知道和预算公开的破冰之旅

2008 年 5 月 1 日，《政府信息公开条例》正式实施，摸清政府花钱的来龙去脉，成为纳税人最有热情的追问。2008 年 6 月，北京公民朱福祥申请审计署公开北京市违规使用多少土地出让金、北京市有多少土地净收益未纳入预算管理、北京市高尔夫球场以何种方式供地的信息。10 天后，朱福祥得到答复：这些信息社会关注度高、敏感性强，公开后可能对社会稳定带来不利影响，不予提供。❶ 2008 年 6 月，河南省南阳公民王清向全市 181 个政府部门申请公开 2007 年、2008 年各项财政专项资金、专项

---

❶ 韩永："政府信息公开诉讼尴尬"，载《中国新闻周刊》2009 年第 18 期；林世钰："信息公开申请'开头难'"，载《检察日报》2008 年 7 月 23 日。

经费的分配、使用情况，以及职务消费、公款报销、公务接待、会议费、差旅费、培训费、车辆费、固定资产购置费、购买小汽车费用、公款出国等具体信息。有的单位居然怀疑王清的身份，对此，王清声称："我是纳税人，有权知道政府部门把我的钱花到哪里去了。"❶ 2008 年 6 月，北京大学三位法学教授向北京市发改委、交通委发起申请，要求公开首都机场高速公路自 1993 年收费以来的收入总数，以及资金流向。2009 年 1 月，中央新增 4 万亿元投资的消息刚一发布，追问资金流向的公民申请便接踵而至。上海律师严义明申请国家发改委公开 4 万亿元资金来源及具体流向。❷ 2009 年承德政府预算报告草案两次遭同级人大驳回。2009 年全国"两会"期间，全国政协委员、上海财经大学发布蒋洪教授及其团队历时一年完成的中国省级财政透明度报告，基本结论是，政府的透明度整体上十分低下，省级财政信息透明的平均得分是 20（百分制）。同一团队 2010 年发布的透明度报告表明，中国省级财政的透明度没有实质性的提高，31 个省份的平均得分为 21.87 分。一时间公民追问预算的行为此起彼伏，说明公民社会发育带来的纳税人权利意识在迅速觉醒。更准确地说，它早已在公民社会的基础结构中窨制和涵养了许久，只不过借助于《政府信息公开条例》的实施集中式地展现在财政公开上。

2008 年以来，多家媒体报道了深圳公共预算观察志愿者小组

---

❶ 赵涵漠："王清：我是在推动社会进步"，载《人民日报》海外版 2009 年 9 月 2 日。

❷ 王亦君："拒绝公开信息，'国家秘密'成挡箭牌?"，载《中国青年报》2009 年 12 月 2 日。

的破冰之旅。❶ 自 2008 年 5 月《政府信息公开条例》实施以来，深圳君亮资产管理公司 CEO 吴君亮和他领导的深圳公共预算观察志愿者小组利用业余时间向多个政府部门申请公开部门年度财政预算报告。在不懈的努力下他们"小有收获"，不但获得了深圳市 2008 年度市级部门预算草案，还获得了卫生部、民政部、教育部、环保总局等中央部委的部门预算资料。其中深圳市政府属于全国首个向普通公民公开预算报告的政府部门，意义重大。尽管这份预算报告是在不外借、不复印、可阅览的约束条件下，吴和同事们还是将《2008 年度深圳市级部门预算草案》拍成 300 张照片。吴君亮们因此获得了来自全国诸多素不相识的人士的赞美与支持，而最让吴君亮感到高兴的是，电邮和电话中，全国有近百名人士向他们表示愿意加入他们的行列，申请成为志愿者，共同推动政府预算的公开。在这些人中，有大学生、省委党校干部、县财政局官员，还有著名教授。吴君亮对记者说："还是有很多人愿意为了公共利益做点事情的。"他期待着有更多的人"公民意识觉醒"，共同来推动公共预算的信息公开。在获得深圳市预算草案的映像资料后，公共预算观察志愿者小组写了一份关于草案的评读，在评读中提出了他们自己的一些质疑。他们将这一评读报告挂到了自办的"中国预算网"上，结果得到了网友的一片赞许之声。首战告捷激发了吴君亮等人的信心，于是他们每天利用两个小时的业余时间，向下至深圳各个区政府、全国各大城市的市政府，上至中央各大部委，纷纷发出要求公开部门预算

---

❶　本案例参考韩永："财政预算公开：全国齐步走？"，载《中国新闻周刊》2010 年第 5 期；邢少文："深化改革的深圳式'摇摆'"，载《南风窗》2008 年第 26 期。

报告的申请。但接下来的结果并不理想，应者寥寥。"按照《政府信息公开条例》，应该是他们要主动公开，但在中国，类似的改革要完成都是自上而下的，但如果不去争取，不做互动，这样的进程就会很慢。"吴君亮说。为促进政府开支更加公开透明，政府行政更加民主、公正，"公共预算观察志愿者"于2008年、2009年两次向广州市财政局提出财政预算申请。在他们的努力推动下，2009年10月，广州市财政局率先在网站上公布了广州市114个政府部门的预算，供人免费下载，一时间网络瘫痪，众声喧哗。除了广州以外，2009年以来，吴君亮与其团队，曾向十几个中央部委、十几个地方政府，一次次提出查看预算案的申请。这是一群"非常"查账人，他们的不懈努力背后蕴含着浓厚的公民意识，他们是真正的中国公民。由于热心推动预算公开，吴君亮入围人民网"2009年度责任公民评选"，《中国新闻周刊》、人民网等主流媒体多次追踪报道其团队事迹。

　　引起公民社会的讨论和评判正是财政公开的重要价值所在，只有拥有了知情权，才能够拥有财政监督权。只有公开之后，纳税人才能判断资金流向是否符合自己的偏好和公共需求，进而促进公民参与决策。而此前，财政决策和执行只是"财政部门的事"。英法公共财政之路已经证明，公共协商和讨论，就是不同利益群体互相博弈和为公共物品定价的过程；财政公开对于政府部门和纳税人都是互相促进的，一方面可以促进政府效率的提高，另一方面可以创造纳税意愿。财政公开，是政府践行信息公开承诺、接受社会预算监督的重要表征。当然，讨论和评判也会扩大公共空间，促进公民社会发展。总之，公民社会已经发育到和政府良性互动的阶段，尽管由于中国公民社会成长面临的历史传统和现实约束，又注定这个过程不会一帆风顺。正当吴君亮团队感觉预算公开之旅喜忧交织时，2009 年 12 月 27 日，温家宝总理接受新华社专访，称坚定推进"政务公开、财政预算公开"，吴君亮团队备受鼓舞。❶ 2010 年春节过后，中国迎来了更大规模的财政公开，气势汹涌。

斯坦福大学社会学泰斗格兰诺维特教授早年一篇论文❷曾深刻揭示"社会集体行动原理"，俗称"多米诺效应"。社会集体行动往往只需要第一个人参与，然后，由于集体行为可能非常敏感地依赖于个体行为，"集体意识"被这第一个人的行动激活，迅速卷入行动，后者于是升级为"社会集体行动"……使得社会集体行动逐步升级的决定性参数被称为"个体从众倾向"。当这一参数的取值超过某一阈值时，该个体可被任一微不足道的事件激发从而实施非常行动。可设想一群个体按照他们从众倾向的阈值的顺序，从低到高排列为一条"社会集体行动"曲线——阈值最低者最先受到激发参与集体行动。关键在于，沿着这条社会集体行动曲线，只要阈值最低的个体受到激发参与行动，其余的个体将依次受到激发，纷纷参与社会集体行动。也就是说，这一群体的集体行为的阈值，可由社会集体行动曲线的最低阈值代表。贝克尔和墨菲在新作《社会经济学》中试图解释的也是这类现象，只不过他们引入的核心概念是"社会资本"而不是"阈值"。根据贝克尔的定义，凡影响个体行为并且不显著受个体行为影响的集体行为因素，都可归入"社会资本"概念。由此，贝克尔推演出一项基本原理：群体行为可以非常敏感地依赖于个体行为，以

---

❶ 徐焱："吴君亮：三五年内彻底脱下财政预算神秘外衣"，载《人民网》2010 年 4 月 2 日。

❷ Mark Granovetter, threshold models of collective behavior, *American Journal of Sociology*, Vol. 83, No. 6, pp. 1420~1443, 1978.

致在该群体内没有哪一个体感受到自己的行为发生显著改变时却可以感受到群体行为发生了显著改变。这一原理十分类似于格兰诺维特论证的社会集体行动原理。格兰诺维特和贝克尔论证的原理可以恰当地解释此起彼伏的公民"查账"行为以及民意汹涌下的财政公开，也给政府引导和规制公民社会以重要启示。

7.3.2 "纳税人诉讼第一案"：财政公共化的微动力 *

"他们为什么敢这样乱花钱？"当蒋某了解到常宁市财政局超出年度预算购买两台豪华轿车时如此问道。当他 2006 年 4 月 3 日上午，走进常宁市人民法院，将起诉财政局的诉状递交立案庭时。他没有想到这就是"纳税人诉讼第一案"的开端，他也没有想到诉讼未获立案却赢得许多思考与讨论，赢得足够敬意，甚至中国政法大学为此召开了很高规格的专题研讨会。

蒋某，1964 年生，湖南常宁市荫田镇爷塘村主任。2006 年 1 月 18 日，他了解到常宁市财政局上一年在预算没有安排的情况下购买了两辆小轿车，给市财政局寄去了《关于要求常宁市财政局对违法购车进行答复的申请》，认为财政局的别克牌小车和蒙迪欧牌小车是违法所购，是对纳税人税款的不当利用。声称依据《宪法》有关规定，自己有权要求财政局将对此事的处理情况给予答复。2 月 16 日，财政局党组成员、纪检组长雷某一行专程到了蒋某家里，对其申请材料进行了简单的答复。

但是，蒋某对雷某的答复不满意，于 4 月 3 日将一纸诉状递到常宁市人民法院，提出了三条诉讼请求：第一，确定被告拒不

---

* 本案例参考陈晶晶："纳税人诉讼离我们还有多远"，载《法制日报》2006 年 5 月 10 日。

履行处理单位违法购车和给原告答复的法定职责行为违法；第二，确认被告在 2005 年超政府预算超政府小车编制购买两辆豪华轿车，滥用国家税款侵害纳税人合法权利的行为违法；第三，依法将违法购置的轿车收归国库，维护财政"管家"的职责。2006 年 4 月 10 日，经审查，常宁市人民法院立案庭作出了《行政裁定书》并送达蒋某。《行政裁定书》称："起诉人蒋某所诉事项不属于人民法院行政诉讼受案范围，不符合起诉条件，故法院不予受理。"

对此，常宁市财政局局长问道：如果每个人都起诉，那岂不是给购车的单位带来很多的麻烦？他同时质疑，原告蒋某是一个农民，现在已经取消农业税，他是否具有纳税人的资格呢？当有人告诉他纳税人资格无疑后，局长接着问，那他缴的税到底够不够买一台车呢？

当一个人的想法得到公众的讨论，无论褒贬，都从私走向了公，具备了公共性。蒋某诉财政局一案，未获立案却成为中央政法委《法制日报》评选的影响性诉讼和我国纳税人权利发展的一个标志性事件，原因即在于其高度的公共性。首先，这件事情充分反映出委托代理双方权利义务关系的严重不对称，纳税人权利意识在觉醒，个别政府官员对纳税人权利和自己的受托责任一无所知。全能主义国家下索贡与纳贡的强制性、无偿性和绝对服从关系，阻碍了现代社会纳税人意识的培育和纳税人权利的保障，以至于一些人对蒋某行为不理解，局长的话更是违背常识。其次，纳税人寻求公益诉讼救济，以图解决我国现行财政决策、执行和监督机制存在的问题，说明纳税人对于实务界津津乐道的公共财政框架与预算管理改革并不完全满意，对仅以公权力制约公权力没有充分信心。最后，中国已步入微动力推动时代，必须以纳税人权利为中心，重构国家、政府与纳税人之间的权利关系，推进财政公共化。在一个渐进式制度变迁的时代，为了防止社会失谐，哈维尔认为必须高度重视"无权者的权力"和"公民的首创精神"。这启发我们每个人承担责任，边际改进，长期渐进，坚韧不拔，这就是微动力。微动力的重要作用日益凸显并受到重视。治理是以公民担责为基础的社会行动，新政治经济学大师威廉姆森将治理机制（mechanism of governance）定义为"一种互动的完整性在其中得到确定的制度矩阵"。❶ 任何人从自己合意的地方开始，从身边的治理做起，交互影响，以微动力推动变革与繁荣，可能是新时期最重要的发展趋势。考虑到"互联网"的媒介和扩散效应，更是如此。中国应遵循该趋势，以纳税人权利为中心，进一步促进公民社会发育，重构国家、政府与纳税人之间的权利关系，推进财政公共化，促进社会和谐发展。

作为代理人的政府没有主动向作为委托人的纳税人报账，委托人到代理人那里查账，居然或被置之不理，或被质疑有无资格。充分说明，迄今为止财政决策和执行仍被很多人视为"财政部门的事"，充其量是"公共部门的事"。公共财政，很大意义上被视为公共部门加强财政资金管理的工具，而不是纳税人监督和控制政府行为的手段。这是在判断"公共财政到底走了有多远"时存在重大分歧的根本原因。本案例发生时间较早，前已述及，2009 年以来，中央已坚定推进预算公开并取得实质性进展，尽管公费购车问题仍在引发强烈关注，仍需持续努力。❷ 总之，财政

---

❶ ［美］奥利弗·E. 威廉姆森著，王健等译：《治理机制》，中国社会科学出版社 2001 年版，第 479 页。

❷ "公车花掉六成三公经费 车改关乎政府公信力"，载《人民日报》2013 年 4 月 15 日。

公共化本质上是对公民权利确认、实现和维护的过程。这和良政与善治的根本追求、以人为本的科学发展是一致的。

7.3.3　政府购买公共服务：多中心治理下的财政公共化

现代公共经济学区分了公共服务的提供和生产的概念。早在1959 年，马斯格雷夫就对提供和生产作了基本的区分。他指出："公共需要的提供……并不要求它必须有公共生产的管理，正如公共生产的管理并不要求它必须有公共需要的提供。"❶ 埃莉诺·奥斯特罗姆等也曾指出，"提供"指的是通过集体选择机制对以下问题作出决策：一是由指定的一组人提供各类物品和服务，以及决定被提供物品和服务的数量和质量；二是如何安排这些物品和服务的生产；三是如何对这些物品和服务的提供进行融资；四是如何对生产这些物品和服务的人进行管理。而"生产"指的是将投入变成产出的更加技术化的过程，通常包括公共物品的设计、建造、维护和经营等。❷ 因此，狭义上公共服务的提供是指谁为公共服务出资。如果某公共服务是政府出资，即通过预算程序来出资，消费者通常可以免费获得，可以说它是政府提供的；如果是个人自愿捐资的，可以说它是自愿提供的。而公共服务的生产是指公共服务由谁运用生产要素生产出来。对于公共提供的公共服务来说，它可以由政府生产，即公共生产，例如政府机构提供的服务；也可以由公民社会中的非政府组织和营利性企业生产，政府来购买。

---

❶ ［美］理查德·A. 马斯格雷夫著，邓子基等译：《财政理论与实践（第 5 版）》，中国财政经济出版社 2003 年版，第 51 页。

❷ ［美］埃莉诺·奥斯特罗姆著，陈幽泓译：《制度激励与可持续发展》，上海三联书店 2000 年版，第 87 页。

因此，公共服务的生产方式和提供方式并不是一回事，两者可以形成多种相互交错的组合：有些公共服务是公共提供、公共生产，如政府机关、国防等部门提供的服务以及这些部门从国有企业购置的办公用品和设备，属于这一类，还有垄断性国有企业提供的物品，也属于这一类；有些公共服务是公共提供、私人生产，如政府部门从私人企业采购设备和购置办公用品，向非政府组织购买公共服务等；至于公共生产部分收费或私人生产由政府给予补贴的混合物品，则属于公共生产、混合提供或私人生产、混合提供（陈共，2007）。

一般认为，由于公共物品具有消费上的非竞争性和非排他性，当公共物品由个人提供时，个人会面临"搭便车"的货币激励——在公共物品供给博弈中，只要提供公共物品的边际收益小于其边际成本，局中人的占优策略均衡将是选择"搭便车"而不贡献任何公共物品，从而导致公共物品个人供给的帕累托无效率。但在现实生活中，由于纯粹的利他主义、互惠及尊奉效应，个人志愿提供公共物品的情况却很多。例如，世界各地广泛存在的捐赠现象就是志愿提供公共物品的典型例子，在这类现象中人们捐款给慈善机构、政治组织、宗教和文化团体等。

政府购买公共服务，就是政府提供资金、非政府组织或营利性企业生产、通过契约关系实现特定公共服务的机制，要领是公共服务的契约化提供模式。本质上是对新时期政府职能公共政策化、公共服务社会化趋势的响应。它要求作为购买方的政府和作为被购买方的非政府组织或营利性企业之间保持独立性，非政府组织或营利性企业独立决策、独立运作、承担责任，而政府依据合同进行管理，聘请第三方对绩效进行独立的评估。彼得斯曾评述说："政府的改革之道，就是运用它的力量去培育创造出更多的第三部门。……顺应这些改革也就建立了所要求的组织结构。剩下的问题就是指导这些组织使之符合社会的价值要求并且有能力去解决社会问题。"❶

针对纳税人对公共服务要求的提高和细分，原本在公共服务方面就存在成本高、效率低、质量差等问题的政府疲于应付。公民社会恰是在应对这种治理的新挑战中兴起的，它本质上就是通过政府购买公共服务等方式实现多中心治理，追求良政与善治。布坎南认为"多中心治理"是一种介于无政府和利维坦之间的制度权衡和安排。奥斯特罗姆夫妇及其同人成功地将"多中心"理念从迈克尔·博兰尼聚焦的市场领域转移到公共服务领域。治理实质是一种民主合作管理，它所欲扬弃的是历史与实践中的"中心—边缘"的治理结构。"多中心治理"是一种直接对立于一元或单中心权威秩序的思维。它意味着地方组织为了有效地提供公共服务，实现持续发展的绩效目标，由社会中多元的独立行为主体，基于一定的集体行动规则，通过相互博弈、相互调适、共同参与合作等互动关系，形成多样化的公共事务管理制度或组织模式。❷ 多中心治理不仅是公共物品的再生产，也是公民性和公共性的再生产，包括了公民权利的成长和公共权力的理性化。按照历史与逻辑相统一的方法进行考察，人类社会治理存在着统治型社会治理模式、管理型社会治理模式和服务型社会治理模式三种基本历史类型。与服务型社会治理模式生成、构建密切联系的多中心治理，是合作治理的结构基础，是财政公共化的核心机制。

---

❶ ［美］B. 盖伊·彼得斯著，吴爱明等译：《政府未来的治理模式》，中国人民大学出版社 2001 年版，第 72～73 页。

❷ ［美］迈克尔·麦金尼斯著，毛寿龙译：《多中心体制与地方公共经济》，上海三联书店 2000 年版，第 69～75 页。

目前，学术界已基本达成共识，认为构建多中心的公共物品供给体制是解决公共物品供给问题的合理选择。公共物品供应者不是垄断的，而可能存在多个相互竞争的部门。❶

上海浦东新区 1995 年就启动了政府购买公共服务的探索，确立了著名的"罗山会馆"模式，打破了政府垄断公共服务提供和生产的传统模式，迈出了国内政府向非政府组织购买公共服务的第一步。经过多年的发展，浦东新区 2006 年、2007 年、2008 年购买服务资金已分别达到 2 228.2 万元、4 197.3 万元、5 955 万元。据不完全统计，近年来上海各区县政府和市级机关各部门每年购买公共服务的资金从几百万元至数亿元不等。以 2006 年为例，仅上海市有关部门经由上海文化发展基金会用于购买公益文化项目的资助经费达 1.5 亿元之多，市、区两级政法系统购买辖区犯罪矫治、问题青少年引导及吸毒人员管理等公共服务的资金达 6 779 万元；仅黄浦区购买公共服务的资金达 2 219 万元。主要方式有"钱随事转"、项目发包、公开招标等形式。

自 2003 年以来，上海、北京、江苏、浙江、广东、四川等各地方政府向非政府组织购买公共服务的数量和领域不断增多，花样翻新。领域已经拓展到教育、扶贫、养老、环境保护、公共卫生、残疾人服务、心理辅导、城市规划、艾滋病防治、戒毒、社区矫正、文化、政策咨询等诸多方面。

2005 年 12 月 19 日，由国务院扶贫办、亚洲开发银行、江西省扶贫办与中国扶贫基金会联合发起的"非政府组织与政府合作

---

❶ Bruno S. Frey and Reiner Eichenberger, *The New Democratic Federalism for Europe*：*Functional, Overlapping and Competing Jurisdictions*, Edward Elgar, 1999.

实施村级扶贫规划试点项目"在北京启动。这是我国第一个通过规范招投标程序进行的大型公共服务购买项目，标志着政府服务购买开始走向规范化、契约化。2012 年，中央财政首次安排 2 亿元专项资金支持社会组织参与社会服务，这标志着我国中央政府已经建立公共财政对社会组织的资助和奖励机制。资助项目类型包括发展示范项目、承接社会服务试点项目、社会工作服务示范项目、人员培训示范项目等。项目共带动社会资金 3.2 亿元，有185 万名左右群众直接受益。有专家评价："这是中国社会组织发展史上的一件大事，具有重要的现实和符号意义。"2012 年，各省对社会组织的扶持力度也正逐步加大。广东等 7 个省市就政府向社会组织转移职能和购买服务进行了试点，四川等 11 个省份建立了社会组织培育发展中心或孵化基地，广西安排 9 000 万元财政资金，扶持 3 000 个示范性农村老年协会。❶

与企业追求利润最大化的偏好不同，非政府组织视"非营利性"为其基本宗旨和原则。仅此而言，非政府组织和政府部门供给公共服务的价值追求一致，均视满足社会公共需要为己任。但是，正如本书第三章分析的，非政府组织由于其非营利性宗旨、多元、专业、志愿、灵活、贴近受众等特点，供给公共服务具有相对于政府的独特优势，具体表现在：提供的一般公共服务相对政府质优价廉高效且更具个性化；对弱势群体、特殊人群及社区服务的专注入微；协商和参与式供给；具备危机应对和倡导功能。

政府购买公共服务的基本理念之一是通过引入市场机制来提

---

❶　高一村："社会组织生态 2012"，载《中国社会组织》2013 年第 1 期。

高政府运作的效率。市场机制必须遵循竞争法则。因此，在政府购买公共服务过程中，不仅政府和非政府组织甚至企业在供给公共服务方面要竞争，而且非政府组织之间、企业之间也要形成竞争。通过竞争参与、在参与中竞争，这样就能保证政府采购达到提高资金运用效率、提高治理水平的目的。传统政府垄断体制下，政府缺少激励改善公共服务，公共资源在体制内封闭流动、运作，公共服务绩效亦由政府来评价审计，缺少第三方监督和控制。而政府购买公共服务的优势恰在于，将政策、执行和评价主体分离并制衡，加强了财政监督，提高了服务绩效。

总之，政府购买公共服务有利于促进公共服务社会化和财政公共化，有利于最终提高治理水平和政府绩效。2013 年 3 月 26 日，李克强总理主持新一届政府首次廉政工作会议时指出，政府机构改革核心是转变职能，简政放权，"放权是新一届国务院要办的第一件大事"。❶ 这为进一步推进公共服务社会化指明了方向。

7.3.4　新绩效预算的公民社会基础

相对于 20 世纪 50 年代实施的绩效预算，当今许多国家竞相探讨和实践的"以产出—结果为导向的预算"又被称为新绩效预算。新绩效预算的要义是用企业家精神改造政府，把纳税人视为顾客，要求政府的一切活动都要从满足顾客需求出发。因此，实行新绩效预算，就是为了提高政府行政效率，更好地为纳税人提供优质的公共服务。可见，新绩效预算是对良政与善治的回应，本质上是纳税人中心主义的回归，从根本上也离不开公民社会的

---

❶ 冯悦："李克强：放权是新一届国务院要办的第一件大事"，中国广播网，2013 年 3 月 27 日访问。

推动。绩（output）和效（outcome 或 performance）的考核，特别是后者（强调产出的结果及其福利效应）是严格以纳税人为依归的。纳税人是公共服务的消费者，同时又是绩效信息生产的源泉。而绩效信息是绩效预算的生命线。从公共部门战略计划的确定，到根据战略目标确定项目，再到确定绩效指标、签订绩效合同，最后到公布绩效评价结果报告，每个环节均要严格贯彻纳税人中心主义，始终紧紧围绕纳税人的公共需求。除年度政府绩效报告为纳税人评价和监督政府提供了一个有效的渠道外，与传统预算相比，新绩效预算对每一个政府项目、绩效评价和预算信息都给出了描述。从而有助于纳税人能够了解政府的主要活动，方便监督，并促进政府赢得纳税人理解和支持。公共部门采用绩效评价和绩效预算编制的动机，经常来自公民社会对于公共服务规模与质量的问责。如果缺少公众参与，绩效管理和绩效编制就可能退化成为政府内部官僚活动。这是国外新绩效预算非常重视公众评价法的根本原因，尤其是在项目绩效难以用量化指标直接确定时，常常采用公众问卷调查结合专家评估的方法。新绩效预算，包括了从财政资金分配（事前的绩效预算评估）、管理执行（事中的过程评价）、使用到评估（事后的结果评价）的整个过程。我国目前多数地方的实践不是严格意义上的新绩效预算，而是项目支出的绩效后评价。

上海闵行区在财政部财政科学研究所、中国政法大学宪政研究所等学术机构的智力支持下，逐步建立起以结果为导向、以成本为衡量、以绩效为目标、以评价为核心的财政资金分配、使用机制，不断优化财政资源配置，新绩效预算改革走在全国前列。❶

---

❶　主要资料来源于闵行财政局网站。

在前两年实施以结果为导向预算编制改革的基础上，2009 年进一步推进预算编制模式的改革。首先，利用新建的区级预算项目绩效网上信息发布平台，将 2010 年全区 45 个 500 万元以上民生、公共服务项目，进行了网上公示，广泛听取社会公众意见，总金额达 14.5 亿元。其中政策补贴类 30 个，资产购置与维护类项目 11 个，提供公共服务类 4 个，并对项目使用 PART 工具进行自评。其次，在预算单位上报绩效预算材料和自评的基础上，区财政局组织相关部门和人员对 2 000 万元以上的涉及公共服务、民生的重大项目开展区评工作。通过立项前的评价，进一步规范和加强了部门预算支出管理。同时，2009 年还对预算金额为 3.21 亿元的"过程绩效评价"项目进行网上公示，共有 3 500 多人次浏览了该栏目，并提出了意见和建议。另外，借助新民晚报闵行版刊登绩效预算项目专栏，以及通过闵行电视台专题报道形式加以宣传，较好地提高了广大纳税人的知情率和绩效评价的参与率，得到了较高评价。为进一步促进预算公开透明，扩大预算草案初审过程中的公众参与，2009 年 12 月区人大常委会组织了 2010 年 5 个预算项目的初审听证会。涉及金额 1.9 亿元，参与听证会的人大代表和社会公众超过 230 人次，并分别形成项目听证结果报告，通过人大与政府网站向社会公开。同时有关部门根据听证会意见，从三类五个方面进行了整改和完善，其中评级"一般"的项目一个取消、一个进行了项目调整，其余项目都进行了体制机制的完善和方案的优化，进一步提高了公共预算的绩效。前期绩效评价中预算单位设定的绩效项目及相关材料作为日后开展过程评价和结果评价的重要依据。2010 年 7 月，由第三方完成 2009 年 28 项民生项目支出绩效评价报告，9 月在闵行区政府网站和财政局网站公开。2010 年年底，闵行区在各镇、街道选取 2011

年部分实事项目或部门预算中涉及民生、公共服务的重点项目进行"以结果为导向"的绩效前评价，分别按要达到的预期结果、预算经费和绩效指标向人大代表、社会公众公开，拟吸纳各方意见形成预算草案初审报告交乡镇人代会审议。将绩效评价前移到预算编制阶段，进一步向完整意义上的新绩效预算靠近了一大步，对于实现向财政资金管理投入与产出结果并重的转型，提高预算资金分配的科学性有着积极的意义。

总之，尽管清末民初以来我国社会的自主性有所提高，陕甘宁边区的民主自治实验也积累了宝贵经验，然而由于新中国成立后复杂的国际国内环境促使国家政权层级增加，社会独立空间有所丧失，自治传统式微，直至改革开放。与之相应，1978 年以前，我国主要实行高度集中统一型的财政体制，在财政形态上属于典型的"国家财政"。1978 年以来，中国公民社会的成长愈发呈现出良好的势头，中国公民社会已经初步形成。它符合公民社会的一般特征，也有自己的独特之处。尽管其成长迄今仍在遭遇"强国家"传统形成的社会结构惯性和现实障碍的严格约束，中国公民社会的结构性要素都在发育却不完善。中国公民社会的成长正推动着财政形态由"国家财政"逐步向"公共财政"转型，正推动着政府施政和社会治理模式向良政与善治转型，公民社会已经成为我国公共财政建设的主要推动力。变革中的中国当代公民社会与公共财政再次证明：公民社会是公共财政的必要条件和结构性动力。

8 结 语

　　良政与善治何以可能，是本书的深切追问。历史上中国社会经济积弊之根本源头，在于契约主义文化的缺失和压力型体制。新中国成立以来，特别是改革开放以来，中国启动了从身份到契约的过程，社会经济状况才发生了非常显著的改善。

　　本书秉持让历史告诉未来的历史实证主义方法证实，以公民性为核心的公民社会及其行动可以促进公共财政的发育，进而促进良政与善治的发展。其背后的深层逻辑在于：财政，简言之，即"以财行政，以政控财"。

　　照抄照搬西方公民社会与公共财政发育的经验和做法是不可取的。但当我国实施市场化取向改革，特别是确立社会主义市场经济体制目标模式以来，我国公民社会与公共财政发育的外部条件又和西方先行国家有一定的共通性。在此意义上，英法等先行国家公民社会与公共财政发育的经验和做法又是值得重视和借鉴的。

　　公民社会概念在不同国家、不同历史时期侧重点有所不同。在英国传统中，公民社会主要是指私人领域，兼及公民权利和公共领域；而在法国传统中，公民社会则主要是指社会运动、公民权利和公共领域，兼及私人领域；迄今为止的中国公民社会以上要素都在发育却不完善，参与性重于独立性。尽管如此，公民社会概念拥有其一般内涵，英、法、中三国的公共财政之路共同检验了本书的基本假设：公民社会是公共财政的必要条件和结构性动力。一个活跃的、参与式的公民社会能增加政府的回应性，促进公共服务的合作提供和财政公共化，促进良政与善治。

公民通过参与各种志愿性活动，培养尊重、信任、互惠、合作、同意等公民性，形成区别于物理意义上的"互联网"，即社会关系网络和价值共同体。它们是经济发展和政治民主不可或缺的社会资本。"互联网"媒介下的公民运动，对于传统治理模式最具冲击力。孤立地看，"互联网"上的每个节点似乎都微不足道，但其力量源于节点间在精神气质上的相互勾连。这种勾连，看不见摸不到，即便当事人都不易察觉。然而，一旦"互联网"上任何一个节点遭受冲击或感应，整个网络都会迅速动员起来作出反应。在许多公共事件中，大量非利益相关者也参与进来，根本原因就在于此。纳税人之间即存在这样一个"互联网"：没有中心，没有权威，但彼此依存，相互贯通，生生不息，一个人受到感应后，集体出动，排山倒海。英、法、中三国的公共财政之路即充分证明了这一点。无论是英国的纳税人代议制历程，还是法国的抗税运动，抑或是中国的预算公开之旅，惊心动魄的背后均可见公民社会的"互联网"在发力。公民社会推动财政公共化改革是实现良政与善治的有效途径。中国财政改革诸多难题的最终破解仍然需要继续依赖公民社会"互联网"的力量，强化并拓宽财政公共化的生长点和主渠道，深化财政的法治化与民主化，并从财政的法治化与民主化路径出发谋求政治体制改革的方向和空间。

当然，财政公共化反过来也会促进公民社会的发育。政府向非营利组织购买公共服务为非营利组织发展扩展了空间。按照

《中华人民共和国企业所得税法》第 26 条、第 28 条的规定，社会团体、基金会和民办非企业单位的许多收入属于免税收入，它们中绝大多数属于小型微利企业，能够享受税收优惠。除企业所得税外，非营利性组织在营业税、增值税、关税、房产税、城镇土地使用税等方面都享有减免税的政策优惠。这些规定有利于公民社会的发育。

黄仁宇在其著作中多次指出，"数目字管理"是传统时代西方区别于中国并领先中国的关键原因，但他没有解释这个概念究竟何指，对此学界争议很大。吴思认为是指与工商社会对应的那套技术，也有人认为是指数字化、精确管理。实际上，黄仁宇多次论述从非"数目字管理"进入"数目字管理"状态的三个条件：资金广泛的流通，产业所有人雇佣经理，技术上的支持因素共通使用。❶ 前两个条件实际强调生产要素的自由流动，指向市场化、货币化、资本化；第三个条件实际强调交通、通信、法律体系等。黄仁宇还说，这三个条件全赖信用，信用则须有法律支持。这实际强调经济社会生活的制度化、规范化，指向法治化、民主化。因此，笔者认为，黄仁宇是用"数目字管理"来指称一个国家进入资本主义❷体制时的状态和管理方式，借此说明一个国家的发达进步离不开市场化、货币化、资本化、法治化、民主化。

英、法、中三国的公共财政之路证明，公民社会私人领域的

---

❶ 黄仁宇：《资本主义与二十一世纪》，生活·读书·新知三联书店 2006 年版，第 216 页；黄仁宇：《放宽历史的视界》，生活·读书·新知三联书店 2001 年版，第 70 页。

❷ 此"资本主义"不是中国传统认识中的意识形态含义，而主要是指以资本和货币为纽带的工商业组织方式。

扩展带动了市场化、货币化、资本化；公民社会又从推动公共预算改革和财政公共化入手，控制国家，保障民权，带动了法治化、民主化的发展和社会进步。习近平总书记指出："依法治国，首先是依宪治国；依法执政，关键是依宪执政。"❶ 我国新一届政府成立伊始即鲜明地提出，积极推动公开透明规范的财政预算制度改革，可谓切中肯綮。

当前，中国公民社会的发育有着强劲的内在动力，在各级政府鼓励和支持下，已经对中国政治民主进程产生了积极的影响。基层民主蓬勃发展，政治参与逐步扩大，绩效管理思想逐渐渗入行政过程，政府趋于透明化，民间力量已经在影响公共政策，尽管目前还主要限于环保公共政策等少数领域。各级政府特别是中央政府也日益重视公共政策的民意基础和公共选择过程。党的"十八大"报告特别提出了社会建设和社会体制改革的重要目标，要求"加快形成政社分开、权责明确、依法自治的现代社会组织体制"。各地通过转移职能、购买服务、税收优惠等方式，为社会组织发展创造良好环境。❷ 党的"十八大"前后，民间长期十分关注的社会组织直接登记取得新突破。从社会组织申请登记必须先挂靠一个政府部门作为业务主管单位，由业务主管部门和民政部门实行"双重管理"，到社会组织可直接向民政部门申请登记，这是社会组织管理制度的显著进步，无疑会大大促进公民社会的发育。

当然，中国公民社会摆脱数千年"强国家"传统形成的社会

❶ 习近平："依法治国首先要依宪治国"，载《人民日报》2012年12月13日。

❷ 高一村："社会组织生态2012"，载《中国社会组织》2013年第1期。

结构惯性和现实障碍的约束仍会有一个过程。这两大约束的存在，致使中国公民社会一方面要突破传统和现实制度的限制，另一方面限于生存压力又不得不依赖政府权力。党的"十八大"以前，"官民合办"是中国公民社会组织的显著特征，中国影响力较大的 NGO 绝大多数由政府创建，也受政府主导，❶ 实际上带有法团主义性质。为了进一步推动财政公共化，进而追求实现社会主义法治化、民主化，必须努力创造条件尽早打破约束与限制，促进公民社会快速良性成长。

首先，应引导发挥"互联网"的释放、贯通和传导作用，着力拓展基层和弱势群体利益表达的公共领域。网络媒体不仅可能，而且应当装满公民的声音。传输社情民意，引导公众情绪，疏导民生热点，厉行舆论监督，保障公民的知情权、表达权和监督权，理应成为媒体的基本追求。

其次，应降低民间组织的准入门槛，大力发展民间组织。随着中国步入以社会建设为重点的阶段，公民社会倡导的多中心治理有利于减少社会排斥，促进社会和谐。遵循公共管理社会化的规律，政府应进一步处理好与市场和社会的关系，放松准入门槛限制，大力发展民间组织，否则繁重的公共事务会导致政府在必尽责任的领域"缺位"。深圳在我国最早实现社会组织直接登记，并将"建设现代公民社会"写入了"十二五"规划，民间组织与政府协同治理的效果已经显现。

再次，应扩大基层选举和"草根民主"。县乡两级选举可在试点的基础上渐进铺开。在巩固村民自治和加强社区建设的基础

---

❶　李凡："中国民主发展的公民社会路径"，载世界与中国研究所：《背景与分析特刊》第 37 期。

上，灵活开展社会基层单位自治和民主试验，疏导民意和压力，增加社会资本。

最后，应着力涵养契约主义文化，培育积极公民。契约主义文化是法治化、民主化的根基。应总结提炼契约的精神性要素与制度性要素，并在普法、执法、司法中努力践行，特别是各级政府应该率先垂范。应利用公民共和主义的复兴，唤醒公民对公共财产、公共事务的主人翁意识，积极参与，理性批判，合法反对。

一个健全的公民社会除了捍卫民主与多元共治的核心价值外，还应借助于自身的"互联网"机制激发公民的公共性，激发公民更多的投入、参与和更多的共同行动。当前中国进入以社会改革引领改革全局的新阶段，进入公共服务需求急剧增加的新阶段，应该充分重视并发挥公民社会的协作治理与公共服务的合作提供功能。当然，发挥公民社会的善治功能，首先必须解决好公民社会自身的善治问题，近年来，"郭美美事件"等社会事件充分说明了这一点。因此，同样应注意发挥政府引导和规制公民社会的作用，不可神化公民社会。

还应承认，公共财政不是良政与善治的充分条件，也不是公民社会推动良政与善治的唯一工具和手段。至少还需要配套进行政治体制改革、契约主义文化建设，方可实现良政与善治所要求的社会法治化、民主化，尽管公共财政建设也能积极促进政治体制改革、契约主义文化建设。但无论如何，公民社会是实现社会主义法治化、民主化的有生力量。"没有宪政，不受限制的权力迟早要走向崩溃，而如果没有公民社会的现实力量存在，则宪政就难以得到切实的落实"。❶ 华炳啸以此为基本理念，提出了复合民主论与政团三层面民主结构理论，并借此构建了宪政社会主义的基本框架。他指出："民主政治改革的明智方向，就是在保持其一元战略共识层面的传统优势的同时，积极建构体制内的二元公共政策竞争层面（首先把竞争机制引入政府治权领域，试行政府治理团队的二元竞选组阁），同时发扬人民政协（议政院）传统优势，借鉴法团主义理论成果，积极培育体制外的多元利益表达层面，建构公民社会，弘扬公民性。"❷ 从这些理论出发，华炳啸主张实行党内民主和司法独立，主张党权（主要负责价值信仰系统）追求一元共识，而治权（主要指行政和司法等政治结构系统）追求制衡，并进而主张在坚持社会主义核心价值观（国家战略共识）与党的领导（战略稳定力量）前提下，建设宪政民主。批判借鉴这种以公民社会为出发点的温和政治体制改革观，建设性地推进政治体制改革，对于彻底摆脱官僚政治与压力型体制有着非常积极的意义。

对于良政与善治的前景，有理由谨慎乐观，因为我们拥有新知识，我们懂得向公民社会借力。

---

❶ 江平："宪政社会主义是大势之所趋"，载《南方周末》2010 年 10 月 28 日。

❷ 华炳啸：《超越自由主义——宪政社会主义的思想言说》，西北大学出版社 2010 年版，第 455～456 页。

参考文献

中文著作

1. 岑科. 走向"阳光财政"——2009 公民税权手册. 传知行社会经济研究所，2009. http：//blog. renren. com/share/251402610/1340005096.

2. 陈剩勇等. 组织化，自主治理与民主——浙江温州民间商会研究. 北京：中国社会科学出版社，2004.

3. 陈文海. 法国史. 北京：人民出版社，2004.

4. 程汉大著. 英国政治制度史. 北京：中国社会科学出版社，1995.

5. 邓正来著. 市民社会理论研究. 北京：中国政法大学出版社，2002.

6. 邓正来，杰弗里·亚历山大主编. 国家与市民社会：一种社会理论的研究路径. 上海：上海人民出版社，2006.

7. 冯俏彬. 私人产权与公共财政. 北京：中国财政经济出版社，2005.

8. 费孝通. 乡土中国·生育制度. 北京：北京大学出版社，1998.

9. 葛兰西. 狱中札记. 台北：谷风出版社，1988.

10. 顾忠华.解读社会力——台湾的学习社会与公民社会》,台北:左岸文化出版公司,2005.

11. 高培勇.为中国公共财政建设勾画"路线图".北京:中国财政经济出版社,2007.

12. 高丙中,袁瑞军主编.中国公民社会发展蓝皮书.北京:北京大学出版社,2008.

13. 何增科.公民社会与民主治理.北京:中央编译出版社,2007.

14. 华炳啸.超越自由主义——宪政社会主义的思想言说.西安:西北大学出版社,2010.

15. 黄孟复主编.中国民营经济发展报告(2008—2009).北京:社科文献出版社,2009.

16. 蒋孟引主编.英国史.北京:中国社会科学出版社,1988.

17. 贾康.财政本质与财政调控.北京:经济科学出版社,1998.

18. 贾康著.转轨时代的执着探索——贾康财经文萃.北京:中国财政经济出版社,2003.

19. 贾康,赵全厚.中国财税体制改革30年回顾与展望.北京:人民出版社,2008.

20. 贾西津著.中国公民参与——案例与模式.北京:社科文献出版社,2008.

21. 焦建国著.英国公共财政制度变迁分析.北京:经济科学出版社,2009.

22. 吕炜.我们离公共财政有多远.北京:经济科学出版社,2005.

23. 刘新成著.都铎英国王朝议会研究.北京:首都师范大学出版社,1995.

24. 刘军宁.共和·民主·宪政——自由主义思想研究.上海:生活·读书·新知三联书店,1998.

25. 马克垚著. 英国封建社会研究. 北京：北京大学出版社，1992.

26. 马长山著. 国家、市民社会与法治. 北京：商务印书馆，2002.

27. 庞金友. 现代西方国家与社会关系理论. 北京：中国政法大学出版社 2006.

28. 钱乘旦，陈晓律著. 英国文化模式溯源. 北京：上海社会科学院出版社，成都：四川人民出版社，2003.

29. 秦晖. 传统十论——本土社会的制度，文化及其变革. 上海：复旦大学出版社 2003.

30. 沈汉，刘新成著. 英国议会政治史. 南京：南京大学出版社，1991.

31. 孙健波. 财税改革的理想与现实——宪政视角. 北京：经济科学出版社，2008.

32. 王觉非主编. 近代英国史. 南京：南京大学出版社，1997.

33. 王信贤. 争辩中的中国社会组织研究："国家—社会"关系的视角. 中国台湾：韦伯文化国际出版有限公司，2006.

34. 王乃耀著. 英国都铎时期经济研究. 北京：首都师范大学出版社，1997.

35. 王养冲. 法国大革命史. 北京：东方出版中心，2007.

36. 魏建国. 自由与法治——近代英国公民社会形成的历史透视. 北京：中央编译出版社，2005 .

37. 萧延中，谈火生等. 多难兴邦——汶川地震见证中国公民社会的成长. 北京：北京大学出版社，2009.

38. 熊培云. 重新发现社会. 北京：新星出版社，2010.

39. 俞可平等. 中国公民社会的制度环境. 北京：北京大学出版

社，2006.

40. 于建嵘. 岳村政治. 北京：商务印书馆，2001.

41. 郁建兴等. 民间商会与地方政府：基于浙江省温州市的研究. 北京：经济科学出版社，2006 年 2 月版

42. 郁建兴，江华，周俊. 在参与中成长的中国公民社会——基于浙江温州商会的研究. 杭州：浙江大学出版社，2008.

43. 张馨. 公共财政论纲. 北京：中国财政经济出版社，1999.

44. 张馨. 财政公共化改革：理论创新·制度变革·理念更新. 北京：中国财政经济出版社，2004.

45. 张乃和主编. 现代公民社会的起源. 哈尔滨：黑龙江人民出版社，2007.

46. 张静编. 国家与社会. 杭州：浙江人民出版社，1998.

47. 朱孝远著. 近代欧洲的兴起. 北京：学林出版社，1997.

48. 朱孝远著. 欧洲涅槃——过渡时期欧洲的发展概念. 北京：学林出版社，2002.

49. 赵文洪著. 私人财产权利体系的发展——西方市场经济和资本主义的起源问题研究. 北京：中国社会科学出版社，2001.

50. 曾军平. 自由意志下的集团选择：集体利益及其实现的经济理论. 上海：生活·读书·新知三联书店，2009.

51. 中国发展研究基金会. 公共预算读本. 北京：中国发展出版社，2008.

52. 邹谠. 二十世纪中国政治——从宏观历史与微观行动的角度看. 香港：牛津大学出版社，1994.

53. ［澳］布伦南，［美］布坎南. 宪政经济学. 冯克利，秋风，王代，魏志梅等译. 北京：中国社会科学出版社，2004.

54. ［比利时］亨利·皮朗著. 中世纪欧洲经济社会史. 乐文译. 上

海：上海世纪出版集团，2001.

55. ［比利时］亨利·皮朗著.中世纪的城市.陈国译.北京：商务印书馆，1985.

56. ［德］恩格斯.家庭、私有制和国家的起源.见：马克思恩格斯选集.第4卷.北京：人民出版社，1972.

57. ［德］恩格斯.论封建制度的瓦解和民族国家的产生.见：马克思恩格斯全集.第21卷，北京：人民出版社，1965.

58. ［德］恩格斯.英国状况，英国宪法.见：马克思恩格斯全集.第1卷.北京：人民出版社，1956.

59. ［德］恩格斯.英国状况十八世纪.见：马克思恩格斯选集.第1卷.北京：人民出版社，1995.

60. ［德］黑格尔著.法哲学原理.范扬，张企泰译.北京：商务印书馆，1996.

61. ［德］柯武刚，史漫飞著.制度经济学——社会秩序与公共政策.韩朝华译.北京：商务印书馆，2002.

62. ［德］马克思.《政治经济学批判》导言.见：马克思恩格斯选集.第2卷.北京：人民出版社，1972.

63. ［德］马克思.《黑格尔法哲学批判》导言.见：马克思恩格斯选集.第1卷.北京：人民出版社，1972.

64. ［德］马克思.论犹太人问题.见：马克思恩格斯全集.第1卷.北京：人民出版社，1956.

65. ［德］马克思.黑格尔法哲学批判.见：马克思恩格斯全集.第1卷.北京：人民出版社，1956.

66. ［德］马克思.政治经济学批判.见：马克思恩格斯全集.第46卷（下）.北京：人民出版社，1980.

67. ［德］马克思.1844年经济哲学手稿.见：马克思恩格斯全集.

第 42 卷.北京：人民出版社，1979.

68. ［德］马克斯·韦伯著.民族国家与经济政策.甘阳等译.上海：生活·读书·新知三联书店，1997.

69. ［德］马克斯·维贝尔（韦伯）著.世界经济通史.姚曾广译.上海：上海译文出版社，1981.

70. ［德］马克斯·韦伯著.经济与社会.上，下卷.林荣远译.北京：商务印书馆，1997.

71. ［德］马克斯·韦伯著.论经济与社会中的法律.张乃根译.北京：中国大百科全书出版社，1998.

72. ［德］斐迪南·滕尼斯著.共同体与社会.林荣远译.北京：商务印书馆，1999.

73. ［德］尤尔根·哈贝马斯著.合法化危机.刘北成等译.上海：上海人民出版社，2000.

74. ［德］尤尔根·哈贝马斯著.公共领域的结构转型.曹卫东等译.北京：学林出版社，1999.

75. ［德］尤尔根·哈贝马斯著.公共领域.汪晖译.见：汪晖等主编.文化与公共性.上海：生活·读书·新知三联书店，1998.

76. ［法］基佐著.欧洲文明史：自罗马帝国败落起到法国革命.程洪逵，沅芷译.北京：商务印书馆，2005.

77. ［法］布瓦松纳.中世纪欧洲生活和劳动.潘源来译.北京：商务印书馆，1985.

78. ［法］邦雅曼·贡斯当著.古代人的自由与现代人的自由.阎克文，刘满贵译.北京：商务印书馆，1999.

79. ［法］费尔南·布罗代尔著.十五至十八世纪的物质文明，经济和资本主义.第 2 卷.顾良等译.上海：生活·读书·新知三联书店，1993.

80. ［法］费尔南·布罗代尔著.十五至十八世纪的物质文明，经济和资本主义.第3卷.施康强，顾良译.上海：生活·读书·新知三联书店，1993.

81. ［法］雅克·阿达著.经济全球化.何竟，周晓幸译.北京：中央编译出版社，2000.

82. ［古希腊］亚里士多德著.政治学.姚仁权编译.北京：北京出版社，2007：38

83. ［美］埃莉诺·奥斯特罗姆.制度激励与可持续发展.陈幽泓译.上海：生活·读书·新知三联书店，2000.

84. ［美］埃尔斯特，［挪］斯莱格斯塔德著.宪政与民主——理性与社会变迁研究.潘勤，谢鹏程译.上海：生活·读书·新知三联书店，1997.

85. ［美］巴顿·摩尔著.民主和专制的社会起源.拓夫等译.北京：华夏人民出版社，1987.

86. ［美］B.盖伊·彼得斯.政府未来的治理模式.吴爱明等译.北京：中国人民大学出版社，2001.

87. ［美］保罗·肯尼迪著.大国的兴衰.梁于华等译.北京：世界知识出版社，1990.

88. ［美］查尔斯·蒂利著.欧洲的抗争与民主（1650－2000）.陈周旺，李辉，熊易寒译.北京：格致出版社，上海人民出版社，2008.

89. ［美］戴维·米勒等著.布莱克维尔政治学百科全书.邓正来等译.北京：中国政法大学出版社，1992.

90. ［美］道格拉斯·诺斯，罗伯斯·托马斯著.西方世界的兴起.厉以平，蔡磊译.北京：华夏出版社，1999.

91. ［美］道格拉斯·C. 诺斯著. 经济史中的结构与变迁. 陈郁，罗华平等译. 上海：生活·读书·新知三联书店，上海人民出版社，1994.

92. ［美］菲利克斯·格罗斯著. 公民与国家. 王建娥，魏强译. 北京：新华出版社，2003.

93. ［美］菲利普·T. 霍夫曼著. 财政危机，自由和代议制政府（1450—1789）. 储建国译. 上海：上海人民出版社，2008.

94. ［美］弗里德里希·沃特金斯著. 西方政治传统——现代自由主义发展研究. 黄辉，杨健译. 吉林人民出版社，2001.

95. ［美］康芒斯著. 制度经济学（下）. 于树生译. 北京：商务印书馆，1962.

96. ［美］黄仁宇. 中国大历史. 上海：生活·读书·新知三联书店 1997.

97. ［美］黄仁宇. 放宽历史的视界. 上海：生活·读书·新知三联书店，2001.

98. ［美］斯科特·戈登. 控制国家——从古代雅典到今天的宪政史. 应奇等译. 江苏人民出版社，2005.

99. ［美］迈克尔·麦金尼斯. 多中心体制与地方公共经济. 毛寿龙译. 上海：生活·读书·新知三联书店，2000.

100. ［美］玛格丽特·利瓦伊. 统治与岁入. 周军华译. 上海：上海人民出版社，2010.

101. ［美］M. J. C. 维尔著. 宪政与分权. 苏力译. 上海：生活·读书·新知三联书店，1997.

102. ［美］R. 科斯等著. 财产权利与制度变迁. 胡庄君等译. 上海：生活·读书·新知三联书店，上海人民出版社，1994.

103. ［美］塞缪尔·P. 亨廷顿著. 变化社会中的政治秩序. 王冠华

等译. 上海：生活·读书·新知三联书店，1989.

104. ［美］汤普逊著. 中世纪欧洲经济社会史（上·下）. 耿淡如译. 北京：商务印书馆，1963.

105. ［美］汤普逊著. 中世纪晚期欧洲经济社会史. 徐家玲等译. 北京：商务印书馆，1992.

106. ［美］托马斯·雅诺斯基. 公民与文明社会. 柯雄译. 沈阳：辽宁教育出版社，2002.

107. ［美］W. W. 罗斯托著. 经济增长的阶段. 郭熙保，王松茂译. 北京：中国社会科学出版社，2001.

108. ［美］威尔·杜兰著. 世界文明史——信仰的时代. 幼狮文化公司译. 北京：东方出版社，1998.

109. ［美］约翰·N. 德勒巴克等编. 新制度经济学前沿. 张宇燕等译. 北京：经济科学出版社，2003.

110. ［美］约翰·基恩著. 市民社会：旧形象，新观察. 王令愉，魏国琳译. 上海：上海远东出版社，2006 .

111. ［美］詹姆斯·M. 布坎南著. 民主财政论——财政制度与个人选择. 穆怀明译. 北京：商务印书馆，1993.

112. ［美］詹姆斯·M. 布坎南，理查德·A. 马斯格雷夫著. 公共财政与公共选择：两种截然不同的国家观. 类承耀译. 北京：中国财政经济出版社，2000.

113. ［瑞典］汤姆·R. 伯恩斯等著. 结构主义的视野——经济与社会的变迁. 周长城等译. 北京：社会科学文献出版社，2000.

114. ［日］美浓部达吉著. 议会制度论. 邹敬芳译. 北京：中国政法大学出版社，2005.

115. ［英］阿克顿著. 自由与权力. 侯健，范亚峰译. 北京：商务印书馆, 2001.

116. ［英］安东尼·吉登斯著. 社会的构成. 李康, 李猛译. 上海: 生活·读书·新知三联书店, 1998.

117. ［英］安东尼·吉登斯著. 民族——国家与暴力. 胡宗泽, 赵力涛译. 上海: 生活·读书·新知三联书店, 1998.

118. ［英］伯纳德·E. 布朗. 法国现代化的道路. 见: 谢立中, 孙立平主编. 二十世纪西方现代化理论文选. 上海: 生活·读书·新知三联书店, 2002.

119. ［英］E. E. 里奇, C. H. 威尔逊主编. 剑桥欧洲经济史. 第 5 卷（近代早期的欧洲经济组织）. 高德步等译. 北京: 经济科学出版社, 2002.

120. ［英］弗里德利希·冯·哈耶克著. 自由秩序原理（上, 下）. 邓正来译. 上海: 生活·读书·新知三联书店, 1997.

121. ［英］弗格森著. 文明社会史论. 林本棒, 王绍祥译. 沈阳: 辽宁教育出版社, 1999.

122. ［英］弗雷德里希·奥古斯都·哈耶克著. 自由宪章. 杨玉生译. 北京: 中国社会科学出版社, 1999.

123. ［英］卡尔·波兰尼著. 大转型: 我们时代的政治与经济起源. 冯刚, 刘阳译. 杭州: 浙江人民出版社, 2007.

124. ［英］科林·琼斯著. 剑桥插图法国史. 杨保筠, 刘雪红译. 北京: 世界知识出版社, 2004.

125. ［英］克拉克主编. 新编剑桥世界近代史. 第 1 卷. 中国社会科学院世界历史研究所组译. 北京: 中国社会科学出版社, 1999.

126. ［英］迈克尔·曼著. 社会权力的来源（第 1 卷）. 刘北成, 李少军译. 上海: 上海人民出版社, 2002.

127. ［英］佩里·安德森著. 从古代到封建主义的过渡. 郭方等译. 上海：上海人民出版社，2001.

128. ［英］R. B. 沃纳姆编. 新编剑桥世界近代史. 第 3 卷. 北京：中国社会科学院世界历史研究所组译. 北京：中国社会科学出版社，1999.

129. ［英］T. H. 马歇尔著. 公民身份与社会阶级. 刘训练译. 南京：江苏人民出版社，2007.

130. ［英］托马斯·霍布斯著. 利维坦. 黎思复，黎廷弼译. 北京：商务印书馆，1985.

131. ［英］约翰·洛克著. 政府论（上，下册）. 叶启芳，瞿菊农译. 北京：商务印书馆，1982.

132. ［英］约翰·密尔著. 代议制政府. 汪暄译. 北京：商务印书馆，1984.

133. ［意］卡洛·M. 奇波拉主编. 欧洲经济史. 第二卷. 贝昱，张菁译. 北京：商务印书馆，1988.

中文文章

1. 安体富，高培勇. 社会主义市场经济体制与公共财政的构建. 财贸经济，1993（4）.

2. 安戈，陈佩华. 中国，组合主义及东亚模式. 战略与管理，2001（1）.

3. 白景明. 如何构建政府绩效评价体系. 财经论丛，2005（3）.

4. 白景明. 推行绩效预算必须解决的四个重要问题. 财政与发展，2006（1）.

5. 蔡英文. 公民德性、市民社会与主权国家：现代市民社会论述之探讨. 政治科学论丛 ，2000（10）.

6. 陈佩华. 革命乎？组合主义乎？——工人及工会在后毛泽东时期. 当代中国研究, 1994 (4).

7. 陈共. 关于"公共财政"的商榷. 财贸经济, 1999 (3).

8. 陈少晖. 新合作主义. 当代经济研究, 2008 (1).

9. 邓正来. 国家与社会：回顾中国市民社会研究. 香港《中国社会科学》季刊, 1996 (2).

10. 邓正来. 关于国家与市民社会框架的反思与批判. 吉林大学社会科学学报, 2006 (3).

11. 郑秉文. 合作主义——中国福利制度框架的重构. 经济研究, 2002 (2).

12. 樊纲. 灰市场理论. 经济研究. 1988 (8).

13. 方朝晖. 市民社会的两个传统及其在现代的汇合. 香港《中国社会科学》季刊, 1994 (5).

14. 高培勇. 中国公共财政建设指标体系：定位, 思路及框架构建. 经济理论与经济管理, 2007 (8).

15. 高培勇. 公共财政：概念界说与演变脉络——兼论中国财政改革 30 年的基本轨迹. 经济研究, 2008 (12).

16. 高晓红. 政治文明与公民政治参与, 公民社会. 东南大学学报, 2004 (6).

17. 顾昕. 当代中国有无公民社会与公共空间？——评西方学者有关论述. 当代中国研究, 1994 (4).

18. 顾昕. 公民社会发展的法团主义之道：能促型国家与国家和社会的相互增权. 浙江学刊, 2004 (6).

19. 顾昕. 能促型国家的角色：事业单位的改革与非营利部门的转型. 河北学刊, 2005 (1).

20. 顾昕, 王旭. 从国家主义到法团主义：中国市场转型过程中家与专业团体关系的演变.社会学研究，2005（2）.

21. 何增科.市民社会概念的历史演变.中国社会科学，1994（5）.

22. 何增科.中国公民社会发展的制度环境影响评估.江苏行政学院学报，2006（4）.

23. 贾康.公共财政导向下的预算改革.中国财经信息资料，2000（29）.

24. 贾康，孙洁.农村公共产品与服务提供机制的研究.管理世界，2006（12）.

25. 贾康.关于财政理论发展源流的概要回顾及我的"公共财政"观.经济学动态，2008（4）.

26. 贾康，孙洁.公私伙伴关系（PPP）的概念，起源，特征与功能.财政研究.2009（10）.

27. 井明.民主财政论——公共财政本质的深层思考.财政研究，2003（1）.

28. 康晓光.权力的转移.香港《中国社会科学》季刊，2000（2）.

29. 康晓光.分类控制：当前中国大陆国家与社会关系研究.社会学研究，2005（6）.李景鹏.后全能主义时代的公民社会.中国改革，2005（11）.

30. 李炜光.公共财政的宪政思维.战略与管理，2002（3）.

31. 李炜光.论延安时期的民主政治与民主财政实践.现代财经，2001（1）：4.

32. 李丁赞，吴介民.公民社会的概念史考察.2006年台湾社会学会年会会议论文.

33. 吕炜.现代公共财政的定位：一种分析框架.经济学家，2006（5）.

34. 刘迎秋. 我国财政体制改革的更高目标——建立公共财政. 改革，1994（7）.

35. 刘邦驰. 当前财政学建设的若干理论问题. 财政研究，1996（7）.

36. 沈越. 马克思市民经济思想初探. 经济研究，1988（2）.

37. 沈越. "市民社会"辨析. 哲学研究，1990（1）.

38. 孙树明. 关于公共财政的一些基本问题. 中国财经报，1996-03-19.

39. 孙立平. 民间公益组织与治理："希望工程"个案. 见：俞可平主编. 中国公民社会的兴起与治理的变迁. 北京：社会科学文献出版社，2002.

40. 孙雷. 公共财政：渐进式改革新的"发动机". 21 世纪经济报道，2008-12-30.

41. 孙凤仪. 理解中国模式. 财政研究，2009（10）.

42. 王雍君，吴强. 走向公共财政：摆脱财政困境的根本出路. 当代经济科学，1990（4）.

43. 王绍光，何建宇. 中国的社团革命：中国的结社版图. 浙江学刊，2004（6）.

44. 王绍光，马骏. 走向"预算国家"——财政转型与国家建设. 公共行政评论，2008（1）.

45. 吴志成. 中国公民社会：现在与未来——与德国著名中国问题研究专家托马斯·海贝勒教授学术对谈. 马克思主义与现实，2006（3）.

46. 吴敬琏. 建设民间商会. http：//wujinglian. net/Articles/articles020529/htm.

47. 吴敬琏，江平. 市场经济与法治的对话. http：//www. china-

lawyer. org. cn/forum/showthread. asp/thread＝5121&goto＝prev.

48. 吴军民.行业协会研究综述：在国家与社会之间.理论与改革,
2007（4）.

49. 项怀诚.准确把握形势继续实行积极的财政政策.历年全国财
政工作会议专题库.http：//www. den. en/［oginCt/
pageproeess? pageur!＝ztkxx/2005 —11/23/ eontent— 41548.
jspo.

50. 许毅.对国家,国家职能,财政职能的再认识.财政研究,
1997（5）.

51. 杨临宏,翟秀红.试述中国公民社会存在的必要性及构建的路
径.云南大学学报,2003（1）.

52. 叶振鹏.适应社会主义市场经济的要求重构财政职能.财政研
究,1993（3）.

53. 郁建兴等.中国民间组织的兴起与国家—社会关系理论的转
型.人文杂志,2003（4）.

54. 俞可平.社会主义市民社会：一个新的研究课题.天津社会科
学,1993（4）.

55. 俞可平.中国公民社会研究的若干问题.中共中央党校学报,
2007（6）.

56. 张耀伦,周少云.社会主义公共财政的几点思考.中央财政金
融学院院报,1993（4）.

57. 张馨.也谈公共财政的一些基本问题——兼答孙树明同志.中
国财经报,1996-05-21,1996-05-28.

58. 张馨.论公共财政.经济学家,1997（1）.

59. 张馨.应从市场经济的基点看待公共财政问题——答赵志耘、
郭庆旺同志.财政研究,1999（1）.

60. 张馨. 财政公共化改革：1/4 世纪的制度与理论变迁. 见：中国财政经济理论前沿（4）. 北京：社会科学文献出版社，2005.

61. 张馨，胡志勇. 中国公共财政论 30 年演变之综述. 见：中国财政经济理论前沿（5）. 北京：社会科学文献出版社，2008.

62. 赵志耘，郭庆旺. "公共财政"质疑. 财政研究，1998（10）.

63. 赵秀梅. 中国 NGO 对政府的策略：一个初步考察. 开放时代，2004（6）.

64. 甄静慧. 金融危机下的中国式财政. 南风窗，2010（2）.

65. 钟晓敏，金戈. 三十年公共财政之路：理论与实践. 公共财政评论，2009（1）.

英文著作

1. Andernson, P. Lineag of the Absolutist State. London, 1974.

2. Atkinson, A. B. and Stiglitz, J. E. Lectures on Public Economics. New York: McGraw Hill, 1980.

3. Acemoglu and Robinson. Economic Origins of Dictatorship and Democracy. Cambridge: Cambridge University Press, 2005.

4. Brain O' Connell. Civil Society: the Underpinnings of American Domocracy. Hanover, University Press of New England, 1999.

5. Bendix, R. Nation Building and Citizenship. Berkeley, 1997.

6. Brook, T. and Frolic, B. eds. Civil Society in China. M. E. Sharpe, 1997.

7. Bobbio, N. Thomas Hobbes and the Natural Law Tradition. Chicago, 1993.

8. Bruno S. Frey and Reiner Eichenberger. The New Democratic Federalism for Europe: Functional, Overlaping and Competing Jurisdic-

tions. Edward Elgar, 1999.

9. Buchanan, J. M. Public Finance in Democratic Process. Chapel Hill: University of North Carolina Press, 1967.

10. Downs, A. An Economic Theory of Democracy. New York: Harper and Bros, 1957.

11. Edward Shils. The Virtue of Civility: Selected Essays on Liberalism, Tradition, and Civil Society. Steven Grosby, Indianapolis: Liberty Fund, 1997.

12. Ernest Gellner. Conditions of Liberty: Civil Society and Its Rivals. Allen Lane: The Penguin Press, 1994.

13. John Gray. Post Literalism, Studies in Political Thought. Routledge Press, 1996.

14. John A. Hall and Frank Trentmann. Civil society: A Reader in History, Theory and Global Politics. Palgrave Macmillan, 2005.

15. Jean L. Cohen, and Andrew Arato. Civil Society and Political Theory. Cambridge, Massachusetts: The MIT Press, 1992.

16. Jeffrey, D., ed. Orders and Hierarchies in Late Medieval and Renaissance Europe. Macmillan, 1999.

17. Jones, E. L. The European Miracle. Cambridge, 1985.

18. Martinich, A. P. Two Gods of Leviathan: Thomas Hobbes on Religion and Politics. Cambridge, 1992.

19. Maddison, A. The World Economy—A Millennial Perspective. Paris: OECD Development Centre, 2001.

20. Michael Edwards. Civil? Society. Polity Press, 2004.

21. Migdal, J. S. Strong Societies and Weak States. New Jersey: PrincetonUniversity Press, 1988.

22. Migdal, j. Kohli, A. and Shue, V. (eds.), State Power and Social Forces: Domination and Transformation in the third world. Cambridge University Press, 1994.

23. Morrill, J. Duty and Private Conscience 17th Century England. London, 1994.

24. Musgrave, R. A. and Peacock, A. T., ed. Classiecs in the theory of public finance. London, 1962.

25. Norberton, B. Democracy and Dictatorship. Cambridge, 1989.

26. Palmer, R. A. the Age of Democratic Revolution, Vol. 1. Princeton, 1959.

27. Pherson, C. B, M. The Political of Possessive Individualism: Hobbs to Locke. Oxford, 1962.

28. Pollard, A. F. Factors in Modern History. London, 1997.

29. Roberts, C. The Growth of Responsible Government in Stuart England. Cambridge, 1996.

30. Sabine, G. A History of Political Theory. New York, 1972.

31. Shennan, J. G. The Origins of the Modern Europe State. London, 1974.

32. Smith, A. G. R. The Emergence of A Nation State: The Commonwealth of England, 1529-1660. London, 1984.

33. Timothy Besley. Principled Agents? The Political Economy of Good Government. Oxford University Press, 2006.

34. Tsai, L. L. Accountability without democracy: Solidary groups and public goods provision in rural China. New York, Cambridge University Press, 2007.

35. Turner, R. V. The Conflict of English Constitution in Seventeeth

Century 1603-1689. Cambridge, 1960.

36. Walker, G. The Rule of Law: Foundation of Constitutional Democracy. Melbourne, 1988.

英文文章

1. Acemoglu, D. Why Not a Political Case Theorem?. Journal of Compartive Economics, 2003.

2. Acemoglu and Robinson. J. Inefficient Redistrbution. American Political Science Review, 2001.

3. Besley and Burgess, R. The Political Economy of Government Responsiveness: Ttheory and Evidence from India. Quarterly Journal of Economics, 2002.

4. Besley and Prat A. Handcuffs for the Grabbing Hand? Media Capture and Government Acountability. American Economic Review, 2006.

5. Clarke E H. Multi—part Pricing of Public Goods. Public Choice, No. 11, 1971.

6. Feld, L. P. and Kirchgassner, G. Direct Democracy, Culture, and the Outcome of Economic Policy. European Journal of Political Economy, No. 16, 2000.

7. Grove T, Loeb M. Incentives and Incentives and Public Input. Journal of Public Economics, No. 4, 1975.

8. Grove T, Ledyard J. Optimal Allocation of Public Goods: A Solution to the "Free Rider" Problem. Econometrica. no. 4, 1977.

9. Graham Burchell. Civil Society and the System of Natural Liberty. In: Faucultian Effect. edited by G. Burchell. et al. London: Har-

vester, 1991.

10. Knight. Supermajority Voting Requirements for Tax Increases: Evidence from the states, Journal of Public Economics. No. 76, 2000.

11. Ma, J. &Ni, X. Toward a Clean Government: Does the Budget Reform Provide a Hope? Crime. Law & Social Change, 48 (2), 2008.

12. Mark Granovetter. threshold models of collective behavior. American Journal of Sociology, vol. 83, No. 6, 1978.

13. North, D. &Weingast, B. Constitutions and Credible Commitments: The Evolution of Public Choice in 17 th Century England. Journal of Economic History, 49 (4), 1989.

14. Pocock, F. Burke and the Ancient Constitution—A Problem in the History of Ideas. Historical Journal, No. 3, 1960.

15. Qiusha Ma. Defining Chinese Nongovernmental Organizations. International Journal of Voluntary and Nonprofit Organizations, Vol. 13, No. 2, June 2002.

16. Susan H. Whiting. The Politics of NGO Development in China. in Voluntas: International Journal of Voluntary and Nonprofit Organizations, Vol. 2, No. 2, 1991.

17. Unger, J. Bridges: Private business, the Chinese government and the rise of new associations. China Quarterly, 147, 1996.

18. Vickrey W. S. Counter Speculation, Auctionsand Competitive Sealed Tenders. Journal of Finance, No. 16, 1961.

19. Walkman. J. R. The Civil Society and Public Sphere Debate. Modern China, Vol. 19, No. 2, April 1993.

后　记

本书在我的博士论文基础上修改而成。

于我而言，2006 年以来这是一个攻心的主题。

我深知经济学科的学位论文选题以微观实证为尚，少见宏大历史叙事。但数年来，这个主题对于我是威廉姆·詹姆士所谓"非你莫属"的问题，将我逼到无路可走的境地。当然这源于该主题首先属于"非我们莫属"的问题。贾康老师从基础理论和宏观视角出发研究问题的学术路径也深深地影响了本选题。力有未逮，却只能知难而进，以致本书迄今仍很粗糙，我却为它损失部分健康。值得欣慰的是，本书秉持的"预算为公共财政立宪，公共财政为新一轮改革立宪"的基本精神，在党的十八届三中全会决定中得以印证。

博士求学期间，我在贾康老师那里接受了较为严格的学术训练。恩师精深的学识、严谨的治学态度、高度的社会责任感、诲人不倦的高尚师德给我留下至深印象。本书从选题到定稿全程得到恩师悉心指导，凝结着恩师的许多心血和智慧。恩师温和而坚定的目光激励我在论文写作中度过无数个不眠之夜，无数重艰难险阻，激励我在今后的人生路上勤勉不息。

此书同样献给著名经济学家邹东涛教授。十余年来，恩师及家人对我的关心和培养润心润身，恩师无数次夜行路上的启明与导航感人肺腑、可昭日月。

多年来，我已经奢侈地占用了两位恩师许多时间，并出于对恩师健康的期盼与牵挂，我不愿再占用恩师时间为本书写序。

在财政部科研所求学期间，聆听了叶振鹏老师、于中一老师、白景明老师、高培勇老师、刘克崮老师、王保安老师、苏明老师、王朝才老师、刘尚希老师、赵全厚老师、陈穗红老师、吕旺实老师、孙钢老师、张通老师、孟翠莲老师、张得让老师等的谆谆教诲，并获得诸多帮助，受益匪浅，师恩难忘。

蒋洪教授、李炜光教授、马海涛教授、王雍君教授、蔡定剑教授、丁芸教授等前辈对本选题给予充分肯定，并对我略有新意的观察毫不吝啬自己的鼓励和赞扬，扶掖之情难以忘怀。

选题确定之初，高培勇老师热情地引荐了其博士生孙鑫钢学兄的学位论文。孙鑫钢学兄将其论文慷慨相赠，但我俩至今未曾谋面。和蔡定剑教授的两次长谈廓清了我的许多模糊认识，先生特别嘱我论文完成后送他一册。中国公民社会研究的先驱邓正来教授热情地为冒昧求教的我指导文献，并责成其博士生侯瑞雪女士为我搜集、寄送英文文献。不料天妒英才，如今蔡、邓两位先生已先后驾鹤西归，但愿天堂里不再有宰制之痛和烦扰。永远怀念他们。我的朋友邹光、唐晓玉分别从北京大学、斯坦福大学帮我搜集大量英文文献。我的学生龙志强、王文佳、张志岩帮我搜集了部分中文文献。对他们，我心存感激。

贾康、李炜光、冯俏彬、焦建国、谈火生、郁建兴、魏建国、唐海华、菲利普·T. 霍夫曼、蒂莫西·贝斯利、玛格丽特·利瓦伊、弗朗索瓦·皮埃尔·纪尧姆·基佐、查尔斯·蒂利等人的学术思想对本研究有重要影响，并多有参考。借此机会一并致谢。

感谢国家发改委经济体制与管理研究所聂高民所长、银温泉副所长、李振京副所长、郑志斌副所长、李建新主任、姬鹏程处长等给予的培养和关心。感谢北京工商大学经济学院领导和诸多同事的关心与支持。

刁永祚教授、冯中越教授、谢志华教授、庞毅教授、胡俞越教授、杨德勇教授、董正平教授、陈志楣教授、王再文教授、陈安丽教授、张秀芬教授、刘韵冀兄等师长多年来始终关心我的成长，付出诸多心血，我永远铭记。

感谢北京大学 CCER，我所秉持的"温和的怀疑主义，理性的批判主义，审慎的建构主义"学术价值观，或许和我十年来在那里频繁活动有关。

感谢李全师兄、李志军师兄、王振宇师兄、马衍伟师兄、王桂娟师姐、冯俏彬师姐、袁星侯师兄、苟燕楠师兄、刘钊师兄等，同门之情，温暖人心。感谢白宗青、栗宝卿、张国胜、杜安国、何广前、蒋义、张运鹏、金燕、张晓杰、周劲松、董振海、高鹏等同学，同窗之谊，情同手足。

感谢责任编辑刘睿和罗慧为本书出版付出智慧和辛劳。本书的成书过程充分说明，我国新政治经济学视角下的财政学研究亟待拓深，其话语体系亟待社会化。我深信，没有神智正常的中国人愿以损失健康为代价研究如何使自己的祖国落后或步入歧途。

特别感谢我的家人，父母来京后一直和我们相伴过着十分清苦的生活。母亲和妻子总是冲在第一线，为我阻挡虽费时费力却有利可图的活动，使我安心地坐在书桌旁，也使我更加深刻地认识到学术研究的非营利性质。

2013 年 11 月